SASCHA BISLEY
ZURÜCK AUS DER HÖLLE

W0084741

SASCHA BISLEY

Zurück aus der Hölle

Vom Gewalttäter zum Sozialarbeiter

Econ

Einige Namen wurden gezielt verändert. Diese Änderungen dienen dem Schutz und der Sicherheit der jeweiligen Personen.

Econ ist ein Verlag
der Ullstein Buchverlage GmbH

ISBN: 978-3-430-20170-4

© der deutschsprachigen Ausgabe
Ullstein Buchverlage GmbH, Berlin 2015
Alle Rechte vorbehalten
Gesetzt aus der Scala OT
Satz: Pinkuin Satz und Datentechnik, Berlin
Druck und Bindearbeiten: GGP Media GmbH, Pößneck
Printed in Germany

Für J. K.

INHALT

WIE IMMER. ALLES SCHEISSE

Meine Erinnerung hat sich von den 3,3 Promille Blutalkohol befreit und steht breitbeinig in meinem Kopf. Mit den Händen in den Taschen lacht sie mich aus und nimmt mir jegliche Illusion, die Sache zu einem guten Ende zu führen. Fragmente setzen sich in meinem angeschlagenen Kopf zusammen, ich sehe den gestrigen Abend bruchstückhaft vor mir.

Getrunken, gekifft, das Übliche. Auch die Stimmung war wie immer, laut, schnell, aggressiv. Das war in den letzten Tagen nicht so gewesen. Mein Freund Phillip und ich hatten seit zwei Wochen ein altes Fachwerkhaus renoviert, weit draußen im Wald eines Vororts meiner Heimatstadt. Eigentlich bin ich handwerklich nicht so begabt, obwohl ich Schlosser gelernt und wenige Monate zuvor meine Gesellenprüfung zum Verfahrensmechaniker bestanden habe. Aber die Arbeiten an dem Haus machten uns Spaß, und wir konnten uns unsere Zeiten selbst einteilen. Einen Chef oder etwas Ähnliches gab es nicht vor Ort, somit stand unserer freien Entfaltung auch nicht wie sonst die Ablehnung jeglicher Autoritätspersonen im Weg. Irgendwie konnten wir uns nie daran gewöhnen, dass uns jemand sagte, was wir zu tun und zu lassen haben. Uns beiden hatte das schon in der Schule eine Menge Ärger eingebracht. Phillip zeigte mir alles, an das er sich selbst noch erinnern konnte. Den Rest improvisierten wir. Darin war er spitze. Ich bewunderte seine weltmännische Leichtigkeit, die viele als Naivität missverstanden. Er war ein Kauz, vielleicht. Für mich war er ein Mentor, ein Freund und, ja, auch eine Art Vaterfigur.

Das Fachwerkhaus war 1265 erbaut worden und schloss direkt an eine noch intakte Mühle an, deren Wasserrad durch den kleinen Bach angetrieben wurde, an dem sie errichtet worden war. Die ganze Hütte sah von innen so aus, als wäre seit der Fertigstellung niemand mehr darin gewesen, alles war voller Spinnweben. Die Sonne schien durch die muffig riechenden Holzplanken im oberen Stockwerk und ließ die von uns aufgewirbelten Staubkörner in ihren Strahlen auf und ab tanzen.

George hatte die Mühle gekauft. Er war ein Tätowierer aus England und lebte in der schrecklichen Stadt Hagen, in der auch sein Tattoo-Studio war. Die Betonbauten Hagens mit dem Charme eines Industriegebiets in Bitterfeld kurz nach dem Mauerfall veranlassten ihn zum Kauf der Mühle. Bezahlen wollte uns George mit Tattoos anstelle von Bargeld. Für Phillip und mich der perfekte Deal.

George war so um die fünfzig und wirkte sehr verlebt. Tiefe Furchen waren in sein Gesicht gegraben, und die langen Haare und die dürre Gestalt verstärkten den Eindruck, er wäre ein alter Indianer. Das kam ihm gelegen, denn er trug manchmal indianischen Schmuck, und auch bei den Tattoos hatte er sich auf diese Richtung spezialisiert. In seinem Laden waren indianische Armbänder mit Conchos und Federn daran der absolute Renner und somit der frühzeitliche Vorläufer der Arschgeweihe und Chinazeichen von heute.

George hatte uns einen kleinen Wohnwagen besorgt, den er auf dem Rasen vor der Mühle abstellen ließ. Darin hausten wir nun. In der Mühle konnte man ja noch nicht schlafen, und der tägliche Weg von zu Hause wäre viel zu weit und durch unsere täglichen Alkoholexzesse auch nahezu unmöglich gewesen.

Der Wohnwagen war ein beige-brauner Kasten mit nicht

allzu viel Komfort. Phillip und ich verbrachten bei dem Scheißwetter viel Zeit auf der Sitzgruppe aus Eichenfurnier und spielten Karten. Er musste mir das Kartenspielen erst beibringen, weil ich es nie gelernt hatte. Meine Mutter sagte immer, Kartenspiele seien »Judenspiele« und dass es so was bei uns zu Hause nicht gäbe. Basta. Ich hatte das nie hinterfragt. Das hätte ich mal besser, denn jetzt jagt mir das Wort eine Gänsehaut über den Körper, wenn ich daran denke.

Ein- bis zweimal pro Woche kam George zur Mühle und füllte unseren Kühlschrank auf oder brachte uns Geld für Einkäufe vorbei. Er tauchte unangemeldet auf, weswegen wir Werkzeug vor die Mühle stellten, so dass es aussah, als hätten wir gerade noch gearbeitet. Unsere ausgedehnte Pause, die wir seit Stunden mit Zocken verbracht hatten, wurde so kommentarlos abgesegnet.

An diesem Freitag machen wir nur ein paar Kleinigkeiten am Haus, danach bereiten wir uns auf die Heimfahrt vor. Phillip und ich wollen zu mir, uns von meiner Mutter bekochen lassen, doch vorher wollen wir noch zu George, weil wir vor dem üblichen Saufgelage am Wochenende auf etwas frische Farbe in unserer Haut spekulieren.

Björn, ein Freund aus der Gegend, rollt mit seinem hellgrünen Strich-Achter-Mercedes auf den Rasen der Mühle und winkt uns zu. Wir steigen mit unseren gepackten Sachen in den Wagen und fahren los. Während mein Blick an den mit Stahlnetzen bespannten Steilhängen der bergigen Umgebung vorbeifliegt, unterhalten sich Phillip und Björn über den Ablauf der vergangenen Tage. Ich komme mir wie ein Eremit vor, der aus seinem Loch gekrabbelt ist. Ein paar Tage Abwesenheit reichen also aus, um den Anschluss an die anderen Jungs zu verlieren. Es gibt allerdings nicht viel Neues. Sauerland eben. Alles wie immer. Alles Scheiße.

Die Fahrt erscheint mir unendlich lang. Seit zwei Tagen

habe ich Durchfall, und die zwei Biere, die ich im Benz getrunken habe, machen es nicht besser. Ich fühle mich etwas fiebrig, aber die Lust auf ein Tattoo und ein maßloses Wochenende überwiegt.

Das Studio hat aber schon geschlossen, als wir in Hagen ankommen. George muss wohl wegen etwas Wichtigem den Laden früher zugemacht haben. Das ist sonst nicht seine Art. Wir sind ziemlich verärgert und holen uns an der Pommes-Bude gegenüber für jeden von uns vier Kümmerlinge und ein Bier. Mein Magen zieht sich bei dieser Kombi zusammen und presst die Säfte nach unten; mir ist kalt, dann wieder heiß. Auf der Rückfahrt im Auto versuche ich nicht daran zu denken, es funktioniert nicht besonders gut.

Zu Hause begrüßt uns meine Mutter mit etwas übertriebener Freude. Sie hat Essen gemacht und einen Brief für mich, den ich schnell öffnen soll.

Auf dem Absender steht: »Kreiswehrersatzamt Hagen«.

Ich atme kurz durch, sehe Phillip an und nicke bedeutungsvoll mit dem Kopf. Wir müssen beide grinsen. Nachdem ich den Brief kurz überflogen habe, teile ich meiner Mutter und Phillip mit, dass ich in knapp zwei Wochen meiner Verpflichtung zum Soldaten auf Zeit nachkommen und für unser Vaterland in die Armee einrücken soll. Nach Paderborn. Zu den Panzerjägern. In Phillips Gesicht entdecke ich verwunderte Freude, im Gesicht meiner Mutter taucht Hoffnung auf. Sie stellt sich vor, dass man durch militärische Strenge und einen geregelten Tagesablauf so etwas wie ein funktionierendes Mitglied der Gesellschaft aus mir machen könnte. Vielleicht ist die Bundeswehr wirklich das Beste für mich. Ein Arschtritt. Für meine Zukunft. Das sollte gefeiert werden.

Phillip und ich fahren nach dem Essen mit dem Bus in die Stadt, suchen mehrere Kneipen auf, bestellen Bier und Schnaps, erst hintereinander, dann zusammen. Ich weiß nicht, wie viel ich gesoffen habe, aber ich bin ziemlich voll.

Den Kneipen folgen Diskotheken und weitere Getränke. Freunde tauchen auf, reden mit uns über die Renovierung, die letzten Tage, die Bundeswehr, verabschieden sich. Ich nehme alles wie durch einen Schleier wahr, leicht gedämpft. Getaucht in das Licht, das mir am besten gefällt. Ich bin fertig. Ich fühle mich nicht wie ein Neunzehnjähriger, ich fühle mich alt. Alt und versoffen. Alt, versoffen und dringend reparaturbedürftig. Ich will ins Bett. Phillip bestellt uns noch ein Bier, dazu ordert er Tequila. Aufgeben gibt's nicht. Hart angeschlagen verlassen wir die Barfrau Susi, ihren Tresen und den Laden.

Vor dem Parkplatz treffen wir ein paar Bekannte. Punks aus der Nachbarschaft und ein paar Mädels, die sie im Schlepptau haben. Die bunten Jungs erzählen von einem Penner und seiner weiblichen Begleitung, die sie gerade in einem nahegelegenen Park getroffen haben. Die Frau sei extrem besoffen und habe ständig ihren Rock hochgezogen und darum gebettelt, von irgendwem gefickt zu werden. Wahrscheinlich, um ihrem Typen eins auszuwischen. Egal warum, es reicht, um unser Interesse in einen Wunsch nach einer persönlichen Einschätzung der Lage umzuwandeln. Phillip und ich sagen den Punks, dass wir uns das jetzt mal genauer ansehen werden, und verabschieden uns.

Auf dem Weg zum Park holt Phillip seine kleine Pfeife aus der Hosentasche und füllt den Kopf mit geübten Handgriffen mit etwas Haschisch, das wir noch aus dem Wohnwagen mitgenommen haben. Er raucht das Teil an und hält es mir hin; ich nehme ein paar tiefe, feste Züge. Der warme Rauch verteilt sich brennend in meiner Lunge, die nach dem ganzen Alkohol nicht mehr so empfindlich ist wie sonst, wenn ich kiffe.

Der Park liegt direkt vor uns, am Eingang steht ein kleiner, aus Stein gehauener Berliner Bär, auf dessen Sockel die Entfernung von 483 Kilometern zur Hauptstadt eingemeißelt ist.

Von der begattungswilligen Frau fehlt jede Spur. Wir gehen den Park langsam ab, dann treffen wir auf ihn, den besagten Penner. Ohne Frau, dafür ähnlich besoffen, ähnlich geladen wie wir. Das Interesse an der Alten weicht sofort einem Zustand, den ich gut kenne. Die Situation erinnert mich an ein Duell in einem Westernfilm, bis auf den Umstand, dass es hier nicht sehr ausgeglichen wirkt. Er ist allein, wir sind zu zweit. Er ist betrunken, wir sind betrunken und verrückt. Kurzer Blickkontakt, genaues Taxieren der Möglichkeiten. Die Einschränkung durch den Alkohol scheint immer wie weggewischt, sobald ich das Gefühl habe, jemand tritt in meinen persönlichen Bereich. Ich kann es förmlich riechen, dass der Typ mir gleich im Weg stehen wird. Fehlt eigentlich nur noch der Pianist, der aufhört zu spielen, weil er Angst hat, getroffen zu werden.

Den Umweg durch den Park werden wir noch bereuen. Er auch.

»Wichser!«, zischt er uns zu, als wir auf seiner Höhe sind.

Im Halbdunkel sehe ich sein Gesicht nicht, muss ich auch nicht, seine Umrisse reichen aus, um mein Ziel zu erkennen. Was dann passiert, fühlt sich mittlerweile an wie einstudiert, wie eine Choreographie. Der erste Schlag trifft ihn am Kopf und lässt ihn in sich zusammensacken. Alkohol und Adrenalin streiten sich in mir um den Thron, Adrenalin liegt vorne.

»Was jetzt, du Stück Scheiße? Wer ist jetzt der Wichser?«

Wir stürzen uns auf ihn, ich packe ihn an den Haaren und ziehe seinen Kopf hoch, mit der rechten Faust schlage ich ein paarmal in sein Gesicht, bis mir die Hand weh tut. Er wimmert und will aufstehen. Ich gehe zwei Schritte zurück, meine Hand schmerzt. Er brüllt mich an, unverständlich, versucht uns mit seinem blutigen Mund anzuspucken. Ich nehme Anlauf und trete ihm ins Gesicht, seine Nase bricht unter dem Druck meiner schweren Schuhe.

Er fällt nach hinten auf den Rücken und ist da, wo ich ihn haben will. Kein Entkommen. Ich springe hoch und bearbeite jetzt von oben sein Gesicht, immer und immer wieder. Phillip kniet neben ihm und schlägt mit der Faust auf seinen Körper und die Beine ein. Als sein Kopf zur Seite sackt, stelle ich mich neben ihn und stütze mich mit den Händen auf meine Knie. Ich bin außer Atem, mein Herz rast, ich kriege kaum Luft. Nach ein paar Atemzügen wird es besser. Ich versuche im Dunkeln zu erkennen, wo sein Kopf liegt, man kann ein Blubbern und Röcheln hören.

Mit voller Wucht stoße ich in die Richtung, aus der das Röcheln zu kommen scheint. Das Geräusch der Tritte verändert sich von Mal zu Mal, es wird lauter, irgendwie feuchter. Ich merke, wie mein Schuh tiefer in sein Gesicht eindringt. Bei jedem Tritt. Ich trete weiter zu. Immer und immer wieder. Bis ich mir zwei Zehen meines rechten Fußes breche. Das Röcheln hat aufgehört.

Ich muss lachen. Mein Atem ist schnell und wild, ich fühle mich gut. Ich fühle mich besser als der da unten. Obwohl ich ihn in der Dunkelheit nicht richtig sehe, weiß ich, dass er dabei ist, über den Abgrund zu sehen. Der Abgrund, der die Gewinner von den Verlierern trennt. Ich bin heute Gewinner, so viel ist sicher. Mein Mund ist klebrig und stumpf vom durchgeatmeten Speichel, der sich im Laufe der Anstrengung in meinen Mundwinkeln festgesetzt hat. Die Zehen klopfen schwellend an die Innenseiten meiner Stahlkappen, deren Kälte in meine Füße zu kriechen beginnt.

»Lass uns hier abhauen«, schreie ich Phillip unter angestrengtem Hecheln zu. Wir wenden uns von dem Penner am Boden ab und rennen los.

Die Seitenstraße neben dem Park ist hell erleuchtet, alle zwanzig Meter steht eine hohe, gelb scheinende Straßenlaterne, die unsere Schatten beim Rennen gegeneinander antreten lässt. Nach etwa hundert Metern müssen wir allerdings stoppen, ich bekomme keine Luft mehr. Wir bleiben stehen, sehen uns an und lachen. Wir geben uns High Five und rennen weiter.

Auf der Hauptstraße wechseln wir in ein normales Tempo, um nicht zu sehr aufzufallen, obwohl zu dieser späten Zeit nicht mal die Polizei unterwegs ist. Aber sicher ist sicher. Wir torkeln, uns in den Armen liegend, durch die laue Septembernacht, auf dem Weg zur Wohnung meiner Mutter.

Der Alkohol kommt langsam zurück, seine Wirkung vertreibt das Adrenalin, das mich bis gerade eben noch spüren ließ, ich wäre ein unbesiegbarer Krieger. Trotzdem fühle ich mich gut, besoffen oder nicht. Ich bin lebendig und stark, ein unbeschreibliches Empfinden. Da kann der Schwanzlutscher sich morgen mal fragen, ob es die richtige Entscheidung war, uns blöd zu kommen, denke ich. Schlauer fürs nächste Mal.

»Wer ist jetzt der Wichser?«, schreie ich nochmals über meine Schulter zurück.

Humpelnd wanke ich nach Hause, Phillip lallt dazu Rockabilly-Songs durch die Nacht.

In der Küche mache ich mir ein Brot mit Leberwurst und gehe ins Bett. Phillip klappt die Schlafcouch aus und legt sich wortlos und gähnend hin. Ich bin müde, es war ein harter Tag. Ich schlafe sofort ein.

UNGEBETENER BESUCH

Das Sondereinsatzkommando klingelt um 11.43 Uhr an der Tür. Meine Mutter ist mit einer Freundin auf einer Kaffeefahrt in Holland, Heizdecken kaufen. Der Restalkohol hat mich so im Griff, dass ich erst nach dem dritten Klingeln reagiere. Phillip schläft wie ein müder Hund in seinem Körbchen. Mit verklebten Augen, in Boxershorts, öffne ich die Tür.

Ein Faustschlag trifft mich mitten ins Gesicht, lässt mich in den Flur taumeln und zu Boden gehen. Ich bekomme das Bein eines Stuhls zu fassen und versuche damit auf die Eindringlinge einzuschlagen, vergebens. Breitbeinig steht eine Gestalt in grünem Overall über mir, entreißt mir den Stuhl und schreit mich an. Jetzt erst erkenne ich die Aufschrift »POLIZEI« auf seinem Helm und dass er eine Maschinenpistole auf mich gerichtet hat.

Schöne Waffe, Heckler & Koch MP5, hab ich auch schon mit geballert, geht es mir durch den Kopf. Ich muss lachen. Die Situation ist so skurril, dass ich nur an heute Abend denken kann. Das wird mir keiner glauben, ich hab auf jeden Fall die beste Story auf der Party heute Abend, die anderen werden Augen machen.

Blut läuft aus meiner Nase. Geschätzte acht Leute in Uniform stehen um mich herum und brüllen gegen mein Grinsen an. Ich habe keine Angst. Es ist nicht das erste Mal, dass mir jemand eine Waffe an den Kopf hält, und die hier ist nicht einmal vollautomatisch. Außerdem bin ich mir sicher, dass der Typ nicht abdrücken wird, das war damals anders gewesen.

Ich muss mir keine Sorgen machen, ich hab nichts getan. Die scheiß Bullen sind auf jeden Fall in der falschen Wohnung. Es gibt keinen akuten Grund, warum das SEK meine Bude stürmen sollte, jedenfalls fällt mir keiner ein. Mir fällt aber auch nicht ein, wie ich gestern nach Hause gekommen bin ... verdammt.

Die Wohnung wird immer voller, das Gebrüll etwas weniger. Irgendwer soll irgendwelche Hunde reinholen und sich den Keller vornehmen, zwei Bullen helfen mir unsanft auf die Beine, drücken mich an den Makramee-Teppich, der neben der Tür an der Wand hängt und von meiner Mutter eigenhändig geknotet wurde. Meine Arme werden auf dem Rücken von den beiden Jungs fixiert, und die Kabelbinder an meinen Handgelenken flüstern mir jetzt schon ins Ohr, dass die Blutzufuhr für meine Hände nun in ihrem Ermessen liegt.

Als ich den Kopf zur Seite drehe, sehe ich Phillip, wie er mit erhobenen Händen auf der Couch steht. Um ihn herum sind drei Beamte mit gezogenen Waffen und zielen auf seinen Kopf. Er wurde wohl aus einem guten Traum gerissen, denn seine Erektion ist in seiner Boxershorts deutlich zu sehen. Eine weibliche Beamtin kann sich das Grinsen nicht verkneifen.

Die Situation wird ernster, ich fühle Kälte und Ohnmacht, werde geschubst und festgehalten, getreten und vornübergebeugt. Das Grinsen ist weg. Jetzt geht es durch das Treppenhaus nach unten, schnell und ruppig. Ich erwische nur jede dritte Stufe, das Tempo geben Toto und Harry vor oder wie immer die beiden auch heißen mögen, die sich unter meinen Achseln eingehakt haben. Vor der Tür des Mietshauses werden sie etwas langsamer und bugsieren mich ins Freie. Obwohl sie meinen Kopf fest nach unten drücken, kann ich sehen, was vor unserem Haus los ist.

Entlang der Straße stehen etliche Polizeiwagen und grüne Minnas, Einsatzwagen und Feuerwehr. Aus den Kanaldeckeln ragen Beamtenoberkörper mit Scharfschützengewehren hervor. Das gesamte Haus ist umstellt von maskierten Typen mit Maschinenpistolen. Auf der anderen Straßenseite steht die komplette Nachbarschaft im Halbkreis und schüttelt kollektiv den Kopf, einige applaudieren, als wir zum Streifenwagen geführt werden.

Sie sind sichtlich erleichtert, mich endlich loszuwerden. Ich würde ihnen gern zurufen, dass ich morgen wieder da bin und ihnen für den Applaus die Schädel einschlagen werde, aber dessen bin ich mir jetzt gar nicht mehr so sicher.

Die Tür des grün-weißen VW Passat schließt sich hinter mir, und die Szenerie der Heimatentwurzelung verpisst sich durch die Heckscheibe, bis sie nicht mehr sichtbar ist. Ich habe tausend Fragen im Kopf, die ich den beiden Bullen auf den Sitzen vor mir stellen möchte. Ich tue es nicht.

Meine Hände schwellen durch den Blutstau an, und ich bemerke dieses eigenartige Gefühl, das sich langsam in meinen Bauch schleicht, mir sagt, dass es zu Recht dort ist und bleiben wird, bis mir eingefallen ist, warum ich es verdient habe, mich gerade jetzt genau so zu fühlen. Es dämmert mir. Undeutlich, aber ich erinnere mich.

Der Kaffee auf der Wache schmeckt beschissen. Ich mag keinen Kaffee, bekomme aber trotzdem einen, als ich um ein Wasser bitte. Fragen zur Person beantworte ich schnell und ohne nachzudenken, Fragen zu gestern Abend nur zögernd.

Die Polizeiwache ist sehr alt, und ich kenne hier fast jeden Verhörraum. Den hier nicht. Er ist im hinteren Teil des Gebäudes, klein, ohne Fenster und mit uralten zerkratzten Eichenholzaktenschränken und einem Schreibtisch vollgestopft. Ich muss schmunzeln, als ich bemerke, wie das Spiel mit meinen beiden Verhörspezialisten beginnt.

Der eine sitzt vor mir am Tisch. Er hat ein jugendliches, schelmisches Gesicht, das er zum Ausgleich mit einem dicken Oberlippenbart dekoriert hat. Er redet mir mit seiner sonoren Märchenonkel-Stimme gut zu, während der andere nervös hinter mir auf und ab geht, Zwischenfragen brüllt und sich über meine Antworten lustig macht. Ich sehe ihn nur kurz, wenn er rechts und links in meinem Sichtfeld auftaucht. Nach ihm umdrehen will ich mich nicht, das hätte er gern. Ich bleib schön hier sitzen und versuche ganz ruhig zu bleiben.

Stundenlang die gleiche Scheiße, wie im Fernsehen, das sage ich auch öfter. Alles ist dennoch anders als sonst auf der Wache. Der Raum, die Bullen, der Ton, das alles fühlt sich ernst an. Ja, ernst. Das ist das Wort dafür. Ich bekomme Angst. Ich bin müde. Ich will nach Hause. Ich weiß, dass das heute nichts mehr wird. Morgen wohl auch nicht. So langsam ahne ich, dass ich gerade dabei bin, ein ganz neues Gebiet zu betreten, ein unbequemes Gebiet.

Ich hab Scheiße gebaut, richtig große Scheiße. Dass das hier mein Leben verändern wird, ist mir jetzt klar. In welchem Ausmaß und wie genau, weiß ich nicht, aber es wird sich verändern. Ab jetzt. Was hab ich getan? Was zum Teufel hab ich getan? Gestern Nacht, und eigentlich mein ganzes Leben. Was war das bis jetzt überhaupt für ein Leben?

HINEINGESPRUNGEN IN ALLE VERSUCHUNGEN

Manche Freunde erzählen mir von Erlebnissen aus ihren ersten Lebensjahren, teilweise sehr detailliert. Mir wäre das vollkommen unmöglich, ich erinnere mich an nichts. Bis zu meinem fünften oder sechsten Lebensjahr ist alles, was ich über mich weiß, auf Fotos in alten Fotoalben zu sehen. Selbst bei Erinnerungen bin ich mir manchmal nicht sicher, ob es sich um real Erlebtes handelt oder ob meine Vorstellungskraft die Fotos zu bewegten Filmen macht.

Oft hole ich die Alben nicht aus dem Schrank. In der untersten Schublade des kleinen, verlebten Schrankes im Flur liegen sie, fünf an der Zahl. Zwei davon sind sehr alt, das eine blau, das andere weiß. Die Seiten sind aus dickem Karton, und dazwischen sorgen Trennblätter aus halbdurchsichtigem Pergamentpapier mit Eisblumenmuster dafür, dass die Fotos nicht aneinanderkleben und Schaden nehmen.

Am Beginn einer neuen Beziehung habe ich sie manchmal hervorgekramt, da die ersten Seiten fast immer für ein glücklich beseeltes Frauengesicht sorgten. Sie zeigen die üblichen Bilder, die man in meiner Kindheit im Eingangsbereich jedes großen Supermarkts von seinen Zöglingen machen lassen konnte. Ich habe dicke Bäckchen auf diesen Fotos und trage einen Strampelanzug in dunkelblauem Strick, auf späteren Aufnahmen einen weißen Overall mit Kapuze aus flauschigem Nicki-Stoff. Irgendwie ist das alles auch demütigend, sieht man doch auf mindestens der Hälfte der Fotos ein von Weinkrämpfen verzerrtes Gesicht, das alles andere als kindliche Zufriedenheit verströmt.

Auf der ersten Seite des ältesten Albums befindet sich ein Bild, das kurz nach meiner Geburt aufgenommen wurde. Darunter hat meine Mutter mit ihrer Sonntagsschrift einige Anmerkungen notiert. Überhaupt stehen unter vielen Fotos kurze Kommentare mit schlimmen Rechtschreibfehlern.

Unter meinem Geburtsfoto stehen allerdings harte Fakten:

3569 Gramm
54 Zentimeter
9.42 Uhr
15. 02. 1973

Auch daran habe ich natürlich keine Erinnerung. Kein tunnelartiges Geburtserlebnis, keine Nestwärme, die ich noch spüre, oder sonst eine Emotion, die mir die Illusion einer normalen Kindheit vermittelt. Obwohl – eigentlich war sie schon normal. Wenn man davon ausgeht, dass der ganz normale Wahnsinn und andere Verfehlungen in eine Familie gehören, dann war alles ganz normal.

Ich frage mich oft, wann mein Leben einen Knick bekommen hat und ob ich an einem bestimmten Punkt eine falsche Abzweigung genommen habe.

Es waren sicher mehrere falsche Ausfahrten, denen ich gefolgt bin, und jede Menge mit Scheiße gefüllte Töpfe, in die ich mit Anlauf hineingesprungen bin. Ich habe nichts ausgelassen, habe mich freiwillig allen Versuchungen und Verfehlungen hingegeben. Ich. Ich selbst. Niemand anderes. Das, was ich jetzt mein Leben nenne, ist eigentlich das Ergebnis konsequenten Aufstehens und Weitermachens, eine Abstrafung meines alten Daseins, eine Mahnung an vergangene Zeiten.

Mein Nacken tut weh. Ich starre schon seit zehn Minuten nach oben auf das Fenster, zweiter Stock links. Meine dürren Beinchen stecken in einer kurzen braunen Cordhose, meine Füße in Ledersandalen, die ich immer trage, wenn das Wetter es zulässt, weil ich keine Schleife binden kann. Ich mag Schnürsenkel nicht. Sie machen mir irgendwie Angst. Auf meinem orangefarbenen T-Shirt prangt eine Motoröl-Werbung.

Endlich öffnet sich das Fenster, und Cornelia sieht zu mir herunter. Sie ist blond, ihr fehlen die beiden oberen Schneidezähne und sie ist sechs Jahre alt, wie ich. Sie grinst mich mit ihrer Zahnlücke an und ruft mir zu, dass sie gleich unten ist. Das Kettcar ist gelb und steht abfahrbereit neben mir, das Plastikschild mit der Nummer 1 vorne ist blitzblank geputzt. Cornelia kommt aus der Tür gesprungen und stellt sich direkt hinter das Kettcar. Wortlos steige ich auf, und sie schiebt mich die Auffahrt zur Straße hoch. Seit ein paar Jahren kenne ich sie, ihre Eltern sind kurz nach uns in das Haus gezogen, und weil wir im selben Alter sind, spielen wir zusammen im Sandkasten, wir gehen zusammen zur Schule und wir gehen zusammen auf Kindergeburtstage. So ist das im Sauerland.

Wir fahren auf dem Bürgersteig auf und ab. Nein, ich fahre, Cornelia schiebt. Wir wechseln uns nicht ab, Cornelia schiebt lieber, sagt sie. Ich glaube, sie ist in mich verknallt. Über so was reden wir aber nicht, wir sind Kinder. Manchmal umrunden wir unser Haus, um auf der Rückseite nachzusehen, ob unsere Eltern auf dem Balkon sitzen. Wir parken das Kettcar rückwärts an der Teppichstange, die wir trotz der Steinplatten darunter manchmal als Schaukelstange benutzen, und winken in Richtung der Balkone.

Im Erdgeschoss sitzt meine Mutter in einer ärmellosen blauen Kittelschürze auf dem Balkon an dem kleinen Tisch mit der Plastikdecke und winkt zurück.

»Lass Cornelia auch mal fahren«, ruft meine Mutter rüber.

Cornelia sieht nach unten.

»Nee, sie schiebt lieber«, rufe ich zurück.

Meiner Mutter gegenüber sitzt mein Vater und raucht. Er raucht Reval ohne Filter in einer schwarz-silbernen Zigarettenspitze, die er zwischen den Zügen mit dem Daumen rhythmisch hin und her bewegt. Das hat fast etwas Hypnotisches, es ist allerdings eher eine Art Zwang, denn er macht das auch ohne Zigarette, nur reibt er dann mit dem Daumen die Innenseiten der Finger rauf und runter.

Er ist alt. Meine Mutter ist auch alt, aber mein Vater sieht sehr alt aus. Wie ein Opa. Wie mein Opa aussah, weiß ich nicht, ich habe ihn nie kennengelernt. Genau wie meinen anderen Opa oder meine Omas. Sie sind schon tot. Meine Mutter ist von ihren Eltern verstoßen worden, und mein Vater war zum Zeitpunkt meiner Zeugung bereits sechsundsechzig. Das Alter meiner Großeltern muss biblisch sein. Ich kenne nicht einmal ihre Namen.

Irgendwie lustig, wie die beiden da sitzen unter dem fransengesäumten Sonnenschirm und nichts tun. Meine Eltern bräuchten eigentlich keinen Kleiderschrank, denke ich bei mir. Mama hat immer eine Kittelschürze an, mal blau, mal grün, mal mit Blumenmuster, aber immer eine Kittelschürze. Dazu fleischfarbene Nylonstrumpfhosen und Schlappen. Papa trägt ständig ein weißes Oberhemd mit Brusttasche, in der die Reval stecken, dazu Hosenträger. Für einen Gürtel ist er zu dick, deswegen müssen die Hosenträger die Anzughose halten.

Es sind ausschließlich Anzughosen, klassischer Schnitt, grau, blau oder schwarz. Sein linkes Bein wurde ihm nach einem Betriebsunfall bis kurz über dem Knie amputiert, deswegen ist das eine Hosenbein doppelt umgeschlagen und an der Seite mit einer Sicherheitsnadel am Hosenbund befestigt.

Beim Rangieren mit einem Elektrokarren hat er sich das Bein zwischen Wand und Fahrzeug zerquetscht. Trotz mehrerer Operationen konnte es nicht gerettet werden. Danach hat er sich verändert, habe ich Mama mal sagen hören. Gesoffen hat er schon immer, aber nach dem Unfall wurde er jähzornig und verbittert. Mein Vater war ein Lebemann, ein Frauenheld und Dandy, der mit seinen Kumpels auf Tour war, die Nacht zum Tag machte und seine Lohntüte am Fabriktor direkt an meine Mutter abgeben musste, damit er sie nicht auf dem Heimweg in seiner Stammkneipe versoff.

Bis heute weiß ich nicht viel über meinen Vater, obwohl er bis zu seinem Tod mit mir zusammenwohnte. Manchmal hat er mir Geschichten erzählt oder ich habe Anekdoten über ihn aufgeschnappt, die auf Familienfeiern vorgetragen wurden wie Erlebnisse auf einer Großwildjagd. Da war das In-sich-Gekehrte dann wie weggewischt. Papa wurde zum Märchenonkel und konnte die gesamte versammelte Verwandtschaft in einen Lachrausch versetzen, als hätte er seit Jahrzehnten eine eigene Fernsehsendung.

Ein durchgeknallter Bauer hat ihm einmal auf der Flucht mit einer Schrotflinte in den Arsch geschossen, nachdem mein Vater eine seiner Bekanntschaften am Hühnerstall gevögelt hat und dieser unter dem Gerammel zusammenbrach. Erzählte er solche Dinge, ging meine Mutter in die Küche oder hatte sonst etwas Wichtiges zu erledigen. Sie mochte diese Geschichten nicht, auch wenn sie lange vor ihrer Zeit mit meinem Vater passiert waren.

Eine andere Episode aus seiner Sturm-und-Drang-Zeit: Damals hieß die Kirmes noch Rummel, und mein Vater und seine Freunde haben nachts in den Schlagkopf eines Hau den Lukas geschissen, nur um am nächsten Tag aus sicherer Entfernung zu beobachten, wie der Erste herzhaft zuschlug und die Scheiße von fünf infantilen Männern über den ganzen Rummelplatz spritzte.

Der Verlust seines Beines muss für meinen Vater wie

eine Entmannung gewesen sein. Er schämte sich für seine Behinderung und beschloss bald, das Haus nicht mehr zu verlassen. Bis zu seinem Tod saß mein Vater in unserer Wohnung in einem Fernsehsessel oder im Sommer auf dem Balkon. Sechzehn Jahre lang. Bei fünf oder sechs Gelegenheiten brach er seinen Schwur und rutschte auf dem Hintern die Treppen herunter, um mit Krücken von der Haustür bis zum Auto zu humpeln.

Er hatte ein Holzbein, das in der Abstellkammer im Flur aufbewahrt wurde. Ein Klassiker, um meine Freunde zu erschrecken, wenn sie zum Spielen zu Besuch kamen. Mein Vater hat es zwei- oder dreimal angelegt, wurde aber nicht warm damit. »Schlimmer als nur ein Bein zu haben ist es, ein Holzbein zu haben«, sagte er.

Ich konnte das nachvollziehen, selbst ich schämte mich manchmal. Für ihn. Für meinen alten Vater. An manchen Tagen habe ich andere Kinder nicht korrigiert, wenn sie ihn für meinen Opa hielten.

Und auch der Beinstumpf war kein schöner Anblick. Bei uns zu Hause hat man sich selten nackt gesehen. Eigentlich nie. Aber mein Vater cremte manchmal den Stumpf seines amputierten Beines mit einer Salbe ein, die zwar keine Wirkung hatte, aber sein Gewissen beruhigte. Wenn er sich in Sachen Gesundheit, Ernährung, Alkohol und Rauchen schon immer abseits des Empfehlenswerten bewegte, so wollte er wenigstens etwas tun, was mit Pflege zu tun hatte.

Er saß dann in seinem Sessel, die Hose bis zum Knie heruntergezogen, und schmierte sich dicke Salbenstreifen aus einer Riesentube auf den Stumpf, der in fast tänzerischen Bewegungen hin und her schwenkte. Der Anblick war widerlich, ich hasste es, nach Hause zu kommen und ihn bei seiner Leichenteil-Salbung zu überraschen. Er mochte es genauso wenig.

Meine Geschwister und ich hatten alle eine andere Art und Weise entwickelt, mit unseren Eltern umzugehen. Jeder für sich, jeder anders. Ich teilte mir das Kinderzimmer mit meinen beiden älteren Brüdern. Sie schliefen übereinander in einem Doppelbett, unten Christian, oben Stefan, ich gegenüber in einem Klappbett. Christian hatte ein Auto, eine Freundin und war Schalke-Fan. Stefan hatte ein Mofa, eine Freundin und war Dortmund-Fan. Ich machte mich unbeliebt, weil ich, wie kleine Geschwister nun mal sind, nichts von alldem verstand. Außerdem musste ständig jemand auf mich aufpassen. »Der Kurze kann das noch nicht, der Kurze braucht eure Hilfe.« Alles, wofür meine Brüder und meine beiden Schwestern Petra und Sonja hart gearbeitet hatten, wurde von mir im Vorbeigehen abgeerntet und als selbstverständlich angesehen.

Schnell wusste ich, welche Knöpfe ich bei meiner Mutter drücken musste, um zu bekommen, was ich wollte. Bei meinem Vater war ich mir manchmal nicht sicher, ob er überhaupt Knöpfe hatte, die ich drücken konnte.

Es war keine Gleichgültigkeit oder so etwas wie fehlende Liebe, es gab ja diese Momente, wo ich auf seinem halben Schoß saß und den kratzigen Dreitagebart bei Umarmungen fühlen konnte. Vielleicht war es eine Mischung aus Verbitterung und der Tatsache, dass er aus einer anderen, vergangenen Zeit stammte und immer noch in ihr lebte, vielleicht war das der Grund dafür, dass er mir so weit weg vorkam.

Christian gegenüber benahm er sich wie der Patriarch, der strenge, regelsetzende Vater, der den Ältesten in seinen Fußstapfen sehen möchte. Mein Bruder begann seine Lehre als Kaufmann in demselben Betrieb, in dem mein Vater sein Bein verloren hatte. Kein gutes Vorzeichen, rückblickend gesehen. Mein Vater drehte fast durch, als Christian beschuldigt wurde, in der Berufsschule Stühle und Tische aus dem Fenster im dritten Stock geworfen zu haben, und aus der Lehre geschmissen wurde. Ich glaube, das hat beide voneinander entfernt, um es vorsichtig auszudrücken.

Für Stefan wurde mein Vater mehr und mehr zum Kumpeltyp, ein mit Männergehabe geschwängertes Verhältnis, um das ich ihn immer beneidet habe. Sie tranken zusammen Bier, lachten und schauten Fußball. Eine Verbindung, die ich nicht herstellen konnte. Weder zu Stefan noch zum Vater. Ich war in dem Alter, in dem ich mir gewünscht hätte, mein Vater brächte mir Fahrradfahren bei oder Schwimmen oder ohne Hilfe eine Schleife zu binden. Bislang konnte ich nichts davon. Er nicht mehr. Stefan heiratete später seine Freundin und bekam eine Tochter. Jacqueline, tolles Mädchen.

Meine Schwestern hatten gar kein Verhältnis zu ihm, ich kann mich jedenfalls an nichts erinnern, was die drei verband oder hätte trennen können. Es war ein emotionales Vakuum, das insbesondere für Petra leicht herzustellen war, da sie alle paar Jahre, manchmal alle paar Monate, in einer anderen Stadt, einem anderen Land oder sogar auf einer Insel wie Helgoland wohnte, liebte und arbeitete. Ich mochte meine Schwester, sie war die junge Version meiner Mutter. Optisch und auch so. Manchmal brachte Petra Männer mit nach Hause, feste Freunde oder später auch die große Liebe, die geheiratet wurde.

Klaus, ihr erster Mann, blieb nicht lange in unserer Familie. Er soff zum Frühstück heimlich einen Liter Rotwein, um auf Touren zu kommen, und kippte auf unserer Weihnachtsfeier zu Hause vom Sessel, weil er zwei Tage abstinent geblieben war, um nicht aufzufallen. Mit Schaum vor dem Mund wurde er vom Rettungssanitäter unter unserem Weihnachtsbaum aus dem Delirium zurückgeholt. Danach die Scheidung. Heute lachen wir über Klaus, damals war er ein Stolperstein für die Familienehre.

Petra heiratete ein weiteres Mal und bekam zwei Mädchen, Zwillinge. Sabrina und Christiane, ebenfalls wunderbare Mädchen. Der Vater starb vor ein paar Jahren. Auch zu ihm hatte ich, wie zu vielen unserer Familienmitglieder, ein sehr distanziertes Verhältnis. Ich habe ihn wohl so wenig interessiert wie er mich. Jetzt, wo er tot ist, wüsste ich gern mehr über ihn, und damit meine ich nicht das übliche »Vermisst-man-erst-wenn's-nicht-mehr-da-ist«-Gelaber.

Er hatte viel von meinem Vater. Er saß in einem Sessel, redete kaum und rauchte eine Kippe nach der anderen. Der Unterschied war, dass der Mann meiner Schwester anstelle von Warsteiner lieber literweise Kaffee in sich reinschüttete. Vielleicht waren es diese Parallelen zu meinem Vater, die ihn so undurchsichtig für mich machten.

Sonja war die jüngere Schwester und war in ihrer Entwicklung zurückgeblieben. Meine Mutter überreichte mir kurz vor ihrem Tod einen handschriftlichen Ordner mit Notizen über ihre Schwangerschaft mit Sonja. Sie hatte dilettantisch mit Drähten und injizierten Lösungen herumhantiert, um die Schwangerschaft ohne ärztliche Hilfe abzubrechen.

Sonja wurde mit einem schweren Herzfehler geboren und war dadurch das Sorgenkind der Familie. Ich liebe sie und habe sie immer wieder unterstützt und ihr geholfen. Sie heiratete jemanden mit ähnlichen Problemen, ebenfalls einen Idioten, ließ sich scheiden und behielt außer einer gehörigen Ablehnung gegenüber Männern einen Sohn, Jan-Michael, der lernbehindert zur Welt kam. Der Vater hatte sich dem Jungen in nicht eindeutig geklärter Weise genähert, weshalb die Ehe in die Brüche ging. Es wurde in der Familie darüber diskutiert, ob wir ihn dafür bestrafen sollten. Die Bestrafung blieb aus, genau wie die Unterhaltszahlungen.

Das meinte ich mit der Aussage, ich käme aus einer normalen Familie, wenn man diese ganzen verrückten Sachen für normal befindet. Mir selbst erschien meine Familie nicht besser oder schlechter als alle anderen Familien in unserer Straße. Die Nachbarn waren nett und zuvorkommend, putzten regelmäßig und gründlich den Hausflur, beteiligten sich bei der Arbeit im Gemeinschaftsgarten oder der Reinigung der Waschküche, die allen Mietern zur Verfügung stand. Abends hörte man aus denselben Wohnungen, in denen gerade noch die Einkaufskörbe und Wischeimer ihrer Vorzeigebewohner verschwunden waren, die Geräusche des benachbarten Wahnsinns, den man selbst nicht zu Gesicht bekam.

Prügelte der Nachbar über uns seine Frau durch die Bude, sahen sich meine Eltern nur kurz an und schüttelten verständnislos den Kopf. Der Mann war ein nach außen freundlich wirkender Psychopath. Traf man den Scheißkerl am nächsten Tag im Supermarkt als höflichen Verkäufer wieder an, ließ man sich natürlich nichts anmerken.

Die Mutter der Familie aus der Wohnung gegenüber torkelte von Tag zu Tag mehr, wenn sie durch den frisch gewischten Hausflur zum Auto wankte, um ihre Kinder aus der Schule abzuholen. Meine Mutter und die anderen Tratschweiber aus unserer Nachbarschaft grüßten sie immer überschwänglich, nur um ihr beim Wegfahren zuzusehen und dann darüber abzulästern, wie viel Williams-Christ-Birne sie wohl vor der Fahrt gegurgelt habe, um so besoffen zu sein. Niemand sagte ihr das direkt. Irgendwann teilte sie meiner Mutter mit, sie könne nun kein Auto mehr fahren, weil ihr Parkinson-Syndrom ein Stadium erreicht habe, das es ihr selbst zu Fuß schwer machen würde, an ihr Ziel zu gelangen. Alle schämten sich, sie fälschlicherweise für eine Alkoholikerin gehalten zu haben.

Der Nachbar aus der Wohnung unmittelbar neben uns war ein ruhiger Kerl, ein attraktiver, gutgekleideter Mann mit Dreitagebart. Vor Jahren hatte er ein kleines Kind mit dem Container-Lkw der Firma, für die er arbeitete, unverschuldet totgefahren. Niemand sprach ihn darauf an oder bot ihm Hilfe an. Es wurde nur zum Thema, wenn er nicht dabei war.

Bei uns war es nicht anders. Wir waren genauso normal

und verrückt wie alle anderen. Die kleinen und großen Dramen machten die Menschen lebendig und verletzlich, sie machten uns gleich.

Zwei Namen fielen bei uns zu Hause recht selten, doch wurden sie erwähnt, verbreiteten sie eine seltsame Stimmung. Es fühlte sich dann ganz andächtig und ruhig an. Es waren die Namen meiner Geschwister, die verstorben waren. Da ich das jüngste von sieben Kindern bin, fehlen in meiner Auflistung noch zwei weitere Geschwister, die ich selbst nie kennengelernt habe.

Meine Schwester, die vor meiner Geburt starb, wurde vor den Augen meiner Eltern beim Überqueren einer Straße – sie hatte sich von ihnen losgerissen – von einem Auto überfahren. Immer wenn es um den Unfall ging, sagte meine Mutter, meine Schwester sei durch die Kollision mit dem Wagen so hoch in die Luft geschleudert worden, dass sie bereits tot war, bevor sie den Boden wieder berührte. Ein grausamer Superlativ, von dem in stets gleichen Worten gebetsmühlenartig erzählt wurde.

Die kleine Christiane wurde sechs Jahre alt; sie wurde später Namenspatin für einen der Zwillinge. Meine Mutter freute sich über die Entscheidung meiner Schwester Petra, ihrem Kind den Namen ihrer verstorbenen Schwester zu geben. Sie ähneln sich auf Kinderfotos, das finde ich am seltsamsten.

Der Bruder, den ich nie kennengelernt habe, wurde nur dreizehn. Michael starb drei Jahre vor meiner Geburt. Ein neunjähriger Nachbarsjunge hatte meinen damals sechsjährigen Bruder nach der Schule in ein Waldstück gezwungen, ihn mit Stacheldraht gefesselt und mit einem Stein immer wieder auf den Kopf geschlagen. Nachdem er ihn stundenlang gequält und misshandelt hatte, verscharrte er Michael notdürftig in einer Grube. Stunden später wurde mein Bruder von einem Briefträger gefunden, der das Rascheln für einen in die Grube gefallenen Hund gehalten hatte. In Michaels Kopf bildete sich ein Blutgerinnsel, das sich zu einem Gehirntumor auswuchs, während der Nachbarsjunge in einem Erziehungsheim weiterleben musste. Michael starb zu Hause auf der Couch, als er sich ein Fußballspiel ansah. Mein Neffe heißt Michael mit Zweitnamen. Auch die beiden ähneln sich, vielleicht möchte man das auch nur.

Nie habe ich die ganze Geschichte über den Tod meines Bruders gehört, jeder erzählte eine andere Version oder man ignorierte meine Fragen dazu. Das Thema war einfach zu heikel. Meiner Mutter trieb es Jahrzehnte später immer noch Tränen in die Augen, wenn sie uns beim Mittagstisch darüber aufklärte, dass heute sein Todestag oder sein Geburtstag war. Dann wurde es für einen Moment still, und alle schauten irgendwohin, nickten stumm mit der ruhenden Gabel in der Hand und einem ernsten, bedeutungsvollen Blick. Michael war der kleine Held, ein Junge, den ich nicht kannte und doch gern gehabt habe. Auf Fotos sah er aus wie ein Junge aus einer Center-Parcs-Werbung. Er war immer adrett gekleidet, lächelte und sah so gut aus, wie ein kleiner Junge nur gut aussehen kann. Michael war unantastbar. Es gab keine schlechten Erinnerungen an ihn, und wenn es sie gegeben hätte, wären sie beim Erzählen der Familiengeschichte verlorengegangen. Ich hätte Michael gern kennengelernt. Vielleicht wäre ich auch einfach nur gerne er gewesen. Er konnte nichts mehr falsch machen.

AB IN DEN KNAST

Der gute Cop, der böse Cop und ich sitzen stumm und regungslos im Verhörraum, als die Tür aufgeht und zwei weitere Polizisten den Raum betreten. Der eine der beiden bittet mich, aufzustehen und ihm zu folgen. Er sieht aus wie eine blonde Version von Tom Selleck, dem Hauptdarsteller der US-Serie *Magnum*. Sein dicker Oberlippenbart verdeckt seinen kompletten Mund. Mir werden Handschellen angelegt. Durch die Gänge der Polizeiwache werde ich zum Ausgang begleitet. Draußen stehen einige Bekannte und rufen meinen Namen, während ich auf den Parkplatz der Wache geführt werde. Passanten sehen mich an und zeigen auf mich, es wird gelacht, getuschelt und man winkt mir zu; die Situation ist schrecklich. Hier, vor diesem Gebäude, habe ich jahrelang herumgesessen und gesoffen, Ärger gemacht und meine Zeit verplempert. Das ist jetzt vorbei.

In einem Zivilfahrzeug werde ich zum Gericht gefahren, wo mein Haftbefehl vom Jugendrichter, einem humorlosen Juristen der alten Schule, ausgestellt wird. Grimmig, fast wütend füllt er ein paar Formulare aus und nimmt kaum Notiz von mir. Der Bulle, der mir die Handschellen angelegt hat, lacht, als ich ihn frage, wo er mich jetzt hinbringen wird.

»In die JVA ... Knast! Was denkst du denn, zur Bahnhofsmission?«

Die Pisse steht mir in den Augen. Was ist mit meiner Mutter? Sie müsste bald nach Hause kommen, die Bude sieht aus wie Dresden 1945, nachdem die Bullen mit ihren Kötern da durchmarschiert sind. Sie wird sich Sorgen machen, die Nachbarn werden ihr alles erzählen, ich hab nicht mal die Wohnungstür abgeschlossen.

Seit Jahren bin ich regelmäßig in Polizeigewahrsam, in PG. An die zwanzig Verfahren, alles dabei: Nötigung, Raub, Körperverletzung, Erpressung, Verstoß gegen das Kriegswaffenkontrollgesetz, Körperverletzung, Unerlaubtes Entfernen vom Unfallort, Unerlaubter Waffenbesitz, Fußballgewalt mit Stadionverbot, Körperverletzung, Androhung einer Straftat, Vortäuschung einer Straftat, Körperverletzung, Verstoß gegen das Sprengstoffgesetz, Körperverletzung, Körperverletzung, Körperverletzung.

Bislang hatte es immer geklappt. Irgendwie. Ausnüchtern, meine Mutter holt mich auf der Wache ab, Verhandlungen und Verwarnungen oder Verfahren werden eingestellt. Immer. Was zum Teufel passiert aber jetzt? Ich betrete Neuland, und das fühlt sich Scheiße an. Und da ist noch ein Gefühl in mir. Das fühlt sich auch Scheiße an. Dafür habe ich keine Worte.

Ich reiße mich zusammen, versuche es wenigstens. Phillip wird vor mir aus einem anderen Raum auf den Flur des Gerichts geführt. Wir sehen uns kurz an, Phillip kneift ein Auge zu und nickt. Die Aufmunterung funktioniert jedoch nicht.

Jeder von uns beiden hat einen Beamten am Handgelenk, als wir aus dem Gerichtsgebäude herausgeführt werden.

»Was passiert jetzt mit uns?« Ich sehe Phillip erwartungsvoll an. Ohne mich anzusehen, antwortet er:

»Mach dir keine Sorgen.« Er lächelt dabei bemüht, kann mich damit allerdings nicht beruhigen. Ich bin unruhig, aufgekratzt, nervös.

Der Beamte, der Phillip neben mir herschiebt, reißt mit einem Ruck an seiner Handfessel und nölt in einem schrecklichen sächsischen Akzent:

»Wenn ihr meint, ihr könntet wegloofen, dann schieß ich hinter euch her, verlasst euch druff!«

»Findest du dieses Sheriff-Gehabe nicht selbst lächerlich?« Phillip sagt es so verächtlich, wie es nur geht, und sieht dabei stur geradeaus.

Ich muss lachen. Ein Glück, dass ich nicht allein bin.

Der Zonensheriff ist sichtlich verärgert und schubst uns unsanft in einen VW-Transporter, bevor er die seitliche Schiebetür mit einem lauten Schleifgeräusch zudrückt. Phillip und ich sitzen nebeneinander auf der Rückbank des Transporters, unsere Hände sind nun auf dem Rücken gefesselt. Durch die mit Folie verklebten Fenster kann ich nicht sehen, wohin wir fahren, aber das ist auch eigentlich egal. Meine Gedanken kreisen um die, die auf uns warten, die nicht wissen, was hier abgeht. Meine Mutter müsste langsam auf dem Rückweg sein und dann die total zerstörte Wohnung vorfinden. Die Nachbarn werden ihr den Rest wahrscheinlich erzählen.

Nach etwa dreißig Minuten kommt der Transporter zum Stehen, und nach einer kurzen Pause setzt er sich für etwa weitere zehn Meter in Bewegung, nur um dann wieder stehenzubleiben. Ein lautes Geräusch mit einem metallischen Klacken am Ende lässt mich fragend zu Phillip sehen.

»Das ist die Knastschleuse, wir sind da«, sagt er, ohne mich anzusehen.

Wir steigen aus, nachdem Tom Selleck uns die Tür geöffnet hat, und werden von unseren Begleitern in getrennte Räume direkt hinter der Schleuse gebracht.

Der Knast ist laut, dreckig und komplett anders, als ich ihn mir vorgestellt habe. Es trifft mich wie ein Hammer. Ich zucke bei jedem Laut zusammen, Schreie in unterschiedlichen Sprachen mischen sich mit Musik, Gelächter, Flüchen. Metallisches Klappern, Piep-Töne, undefinierbare Gerüche, so muss die Hölle sein. Einige meiner Freunde haben Knasterfahrungen, nach ihrer Heimkehr prahlten sie mit ihren Erlebnissen, schienen allerdings auch seltsam verändert zu sein.

So langsam wird mir klar, dass sie alle gelogen haben und die Geschichten dazu da waren, um die Angst aus ihren Köpfen zu löschen.

Meine Kleidung wird gegen das Knastoutfit getauscht, danach werde ich von einem Schließer, den man hier Beamter nennen muss, auf meine Zelle gebracht. Ich höre zum ersten Mal das Geräusch des sich umdrehenden Schlüssels im Schloss. Ein metallener Doppelschlüssel mit einem Scharnier als Verbindung. Das Geräusch wird mich begleiten und nie mehr loslassen.

Im Haftraum blicke ich in fremde Gesichter, ich bin nicht allein. Ist das gut oder schlecht? Ich weiß es noch nicht. Die Tür schließt sich hinter mir, der Schlüssel ächzt, und ich möchte schreien. Außer mir sind in der Zelle fünf Inhaftierte.

»Hallo, ich bin Sascha«, stelle ich mich vor und reiche dem, der mir am nächsten steht, die Hand. Der hagere Kerl mit fettigen, schwarzen Haaren, die sich im Nacken kräuseln, dreht sich weg. An einem kleinen Holztisch mit abgeranzter Resopalplatte sitzen zwei Typen. Der eine steht auf, kommt auf mich zu, gibt mir seine Hand.

»Hallo, ich bin Heinz, und du solltest dir hier keine Freunde suchen, die gibt's hier nicht. Erstes Mal, Kleiner?«

Ich nicke. Die anderen grinsen. Werde ich gleich in den Arsch gefickt? Niemand ist in der Nähe, der mir helfen könnte, kein Kumpel wie sonst, kein Messer, keine Flasche, kein Knüppel. Blanke Angst dringt aus allen meinen Poren, sie lässt mich vor den anderen die weiße Fahne schwenken. Ich habe mich nicht mehr im Griff. Meine Unterlippe zittert, ich kann nicht sprechen.

Wie oft habe ich Typen gesehen, die sich eingepisst haben, bevor ich ihnen vor ihrer Freundin in die Fresse gehauen habe. Den Weibern habe ich die Haare angezündet, wenn sie rumgezickt haben, gelacht habe ich über sie. Über sie alle. Die ganzen Weicheier, Schwuchteln, Assis und Alkis, die Streetfighter, Kneipenrandalierer und Kirmesmacker. Ich hab sie gerochen, die Schwäche in ihren Körpern, die man nur aus ihnen herausholen musste, um sie sich selbst wie neue Schuhe anzuziehen und sich damit größer und größer zu machen. Dazu muss man kein Superheld sein, keine Muskeln haben. Es reichen ein Aschenbecher, etwas Entschlossenheit und der erste Schlag. Es war mir von jeher ein Fest, sie zu verletzen, sie zu demütigen. Sie alle. Das ist mit einem Mal weg. Ich fühle mich anders. Weich.

Heinz ist klein, etwa ein Meter sechzig, schlank und hat blondierte Haare, die er mit einer Menge Haarspray zu einer Art Fünfziger-Jahre-Tolle nach hinten gekämmt hat. Er trägt eine goldene Carrera-Brille mit blau getönten Gläsern und erinnert mich an die Zuhälter, mit denen ich zu tun hatte. Heinz bietet mir eine Zigarette an. Schwarzer Krauser, vorgedreht.

»Danke«, sage ich und setze mich auf ein Bett, das er mir zeigt.

»Das kannze nehmen, es ist leer. Ich lieg über dir, unten is die Furzkiste ... nennen wir hier so. Riechste heute Nacht, warum!«

Der Typ mit den fettigen Haaren, der wie ein debiler Witzemacher aussieht, lacht. Er hat sicher lange auf seinen Auftritt gewartet, scheint bis zu meinem Eintreffen das schwächste Glied gewesen zu sein. Er stellt sich nicht mit Namen vor, nur mit dem Delikt. Tausend Mark Strafe für eine Graspflanze, die er nicht bezahlt hat. Dafür bekam er eine Ersatzfreiheitsstrafe, drei Monate muss er noch absitzen. Außer seinen fettigen Haaren und einem nervösen Blick, der alle zwei Sekunden etwas anderes zu fokussieren scheint, hat er nichts, was ich für erwähnenswert erachte. Ein Typ wie tausend andere. Ich hoffe, ich bleibe hier nicht allzu lange, dann werde ich ihn innerhalb von einer Stunde aus meiner Erinnerung gelöscht haben.

Der Dritte ist ein Autodieb, der auf seine Verhandlung wartet. Dickbäuchig, klein, mit schmalen Lippen. Alle sind anscheinend unschuldig, so behaupten sie es jedenfalls. Jeder geht bald wieder oder wird angeblich noch diesen Monat entlassen. Das Auto gehörte rein rechtlich ihm, sagt mir der verwirrt wirkende Schmalmund mit den Aknenarben. Er kratzt sich dabei beständig den Unterarm und sieht auf den Boden.

Im Bett neben ihm, einem Doppelbett, liegen zwei Iraner, sie sind auf Heroin- und Kokainentzug.

»Keine Ahnung, wie die beiden heißen, sie reden kaum«, meint Heinz. »Dafür schreien und kotzen sie umso mehr, wenn der Affe zu hart wird. Junkies eben ...« Heinz sieht spöttisch zu einem der beiden rüber und schüttelt den Kopf.

»Weswegen bist du hier?«, fragt er mich.

»Versuchter Mord«, antworte ich.

Heinz lacht. »Willkommen im Club! Achtfacher Banküberfall, zwei mit Geiselnahme, der letzte mit Todesfolge! Ich bin hier nur auf Transport. Übermorgen komm ich weg. Nach Bielefeld, Hochsicherheit.«

Ruhepuls 120. Mir ist schlecht. Die Stunden streichen dahin, der Tag zieht sich wie Kaugummi. Ich räume meinen Kram in ein leeres Regal und nicke zwischendurch, wenn mir Heinz oder der kiffende Hampelmann irgendwelche Regeln und Abläufe erklären. Das alles ist unwirklich, ich bin hin- und hergerissen zwischen Lachen und Weinen. Letzteres überwiegt, allerdings weine ich heimlich in mein Kissen, ich will keine Angriffsfläche bieten nach meinem beschissenen Einstieg in die neue WG.

Es wird geredet, löslicher Kaffee getrunken und »geklammert«, ein Kartenspiel, das man wohl ausschließlich im Knast spielt. Ich fühle mich wie ein Statist in meinem eigenen Leben. Der Gedanke, gleich aus einem bösen Traum zu erwachen, ist verschwunden. Resignation hat Hoffnung abgelöst.

Vier Tage in der kleinen Zelle haben mich geschafft. Ich will keine Striche in die Wand kratzen, um mir zu verdeutlichen, wie lange ich schon Monte Christo spiele, das ist selbst mir zu pathetisch. Es wundert mich, wie gelassen die anderen sind. Heinz ist immer noch da, obwohl er schon seit zwei Tagen in Bielefeld sein sollte. Ihn erwartet »Lebenslänglich«, LL, wie man hier sagt, plus Sicherheitsverwahrung, und trotzdem ist er so gut gelaunt wie Heidi beim Almauftrieb.

Selbst die Junkies strahlen manchmal eine gewisse Zufriedenheit aus. Ich aber kann nicht mehr, mir fehlt jede Möglichkeit, meine Situation objektiv zu betrachten, mich zu beruhigen. Wie kann man nur zehn oder zwanzig Jahre in dieser Scheiße verbringen und danach unbeschadet wieder in das Leben einsteigen? Das will mir nicht in den Kopf. Nicht einmal eine Woche habe ich hinter mir, und die Sehnsucht nach Freiheit, Familie und Selbstbestimmung raubt mir den Verstand.

HANG ZUR GEWALT

»Wie lieb du doch warst. Man konnte dich überall mit hinnehmen«, erzählte meine Mutter immer stolz und zog das *ü* von »überall« ins Unendliche. Freunden sagte sie: »Der Junge hat so ein hervorragendes Benehmen, selbst der Besitzer des Ford-Autohauses wollte ihn mir abkaufen.« Bis heute bekomme ich eine Gänsehaut, wenn ich an dem Autohaus vorbeifahre und mir vorstelle, wie ich bei einem pädophilen Autohändler im Keller angekettet auf dem Boden sitze.

Die Nachteile meines Aufwachsens, die schlechten und die schlimmen Dinge, die hat meine Mutter gern ausgeblendet, verschwiegen oder schöngeredet. Frei nach dem Motto: »Was sollen denn die Nachbarn sagen«, wurden meine Fehltritte mit schlechtem Umgang oder Angestiftet-werden erklärt und entschuldigt. Ich war ihr Kurzer. Der Kleine. Der, der alles darf und nichts falsch tun konnte.

Die Nachbarsjungen hatten Schuld, wenn sich mal wieder die Nachricht über ein Vorkommnis in unserer Straße breitmachte. Ich war immer mit dabei, aber meine Mutter spielte es herunter und verteidigte mich sogar noch an der Haustür, wenn ein Nachbar persönlich klingelte und aufgebracht meine Schandtaten berichtete.

Wir waren eine Gang, eine Bande, wie man damals sagte. Das gefiel mir. Ich gehörte dazu, dafür übernahmen wir auch niedere Tätigkeiten oder setzten uns der Willkür unseres Bandenchefs aus. Ein Junge, der einen ähnlichen Hang zu Gewalt und sozialer Schwäche aufwies, wie er auch mich befallen hatte.

Der portugiesische kleine Junge aus der Nachbarschaft war uns bis ans Ufer der Lenne gefolgt. Die Lenne ist ein kleiner bis mittelgroßer Fluss im Sauerland, der im Sommer recht unspektakulär durch unsere Stadt plätscherte, im Winter und bei Hochwasser allerdings zu einer Gefahr werden konnte. Unsere Bande bestand aus insgesamt vier festen Mitgliedern, von denen ich, Gott sei Dank, eines war. Dann gab es da noch ein bis drei austauschbare Teilzeitmitglieder.

Toni, der kleine Portugiese, gehörte nicht dazu. Wollte es aber. Deswegen befahlen wir ihm, sich auszuziehen und in die Lenne zu springen, an deren Uferböschung sich schon kleine Eisblumen gebildet hatten. Tony war ein fettes Kind mit einem breiten Grinsen, das seine kleinen Mausezähnchen freilegte. An diesem Tag grinste er nicht. Es war Dezember, und die Temperaturen bewegten sich so um den Gefrierpunkt, als wir ihn teilgelähmt und blau vor Kälte wieder aus dem Fluss zogen. Er weinte im Rhythmus seines zitternden Kiefers, als wir ihn vor der Tür seiner entsetzten Mutter ablieferten. Auf dem Heimweg hatten der Bandenchef und ich ihm klargemacht, dass er es nicht überleben würde, wenn er zu Hause die Wahrheit erzählte So konnten wir der dankbaren Mutter von unserer erfolgreichen Rettung ihres Sohnes erzählen, ihr die Story für wahnsinnige zwanzig Mark Belohnung verkaufen und Toni im Weggehen noch ein mahnendes Lächeln zuwerfen.

Ich fühlte mich gut. Für einen kurzen Moment passierte das, was ich wollte. Es war falsch, aber es hatte funktioniert, und es fühlte sich gut an. Es blieb ohne Folgen für mich, obwohl es falsch war. Falsch und schlecht.

Ich nahm mir vor, Toni beim nächsten Mal zu schlagen,

damit er den Mund hielt. Einen Grund brauchte ich nun nicht mehr, er war ein Opfer und ich freute mich darauf, ihn auch so zu behandeln. In die Gang kam er nie. Dafür war er zu schwach. Ich war es eigentlich auch. Das wusste aber keiner. Und meine Mutter wusste nicht, dass ich nachmittags anfing, animiert durch einen Fernsehbericht, den Flüssigkleber meiner Modellbauflugzeuge durch das initialenbestickte Taschentuch meines Vaters zu schnüffeln und Nachbarskinder zu quälen.

Als ich später beim Durchforsten einer alten Fotokiste meiner Mutter einen seltsamen Zettel fand, der mit Wachsmalstiften schwarz ausgemalt und mit roten Kreisen verziert war, wurde mir erklärt, dass es sich um ein Bild handele, das ich im Kindergarten gemalt haben soll. Es sah aus wie von einem Irren gemalt, nachdem er im Absinth-Rausch Stift und Papier in seiner Hausbar gefunden hat. Meine Mutter konnte mir nicht sagen, warum ich das Bild so gemalt hatte, und zuckte nur mit den Schultern.

»Alle Bilder von dir sehen so aus«, meinte sie.

Auf mein dringendes Bitten hin bekam ich die restlichen künstlerischen Gehversuche ausgehändigt und musste tief durchatmen, als ich sie durchsah. Jedes einzelne Bild war mit schwarzer Wachsmalkreide gemalt, die einzige Kontrastfarbe war Rot. Auf jedem Bild. Keine Motive, keine Tiere, keine Sonne, kein Himmel, kein Haus. Nur Kreise, schwarze Kreise, fest aufgedrückt und schnell und unsauber in nicht enden wollenden Spiralen auf das Blatt gequält. Hätte es im Kindergarten einen Psychologen gegeben, er hätte sicher einen Ordner über mich angelegt und meine Bilder auf Konferenzen und Tagungen bei seinen Kollegen herumgezeigt.

Später entwickelte ich eine Leidenschaft für Waffen, sie überfiel mich wie ein Virus. Waffen waren cool. Zumindest interessant. Ich war eine Doppelnull im Schulsport.

Die Bundesjugendspiele waren für mich der totale Horror, und Ehren- oder zumindest Siegerurkunden bekam ich selten bis gar nicht. Dennoch musste ich an ihnen teilnehmen. Schießen galt immerhin als Sport, wenn er auch nicht in der Schule ausgeübt wurde, aber er hob mich trotzdem in eine Liga, der ich sonst nicht angehörte: in die der Sportler.

Wie meine Brüder ging ich zum Schützenverein. Ich war gut. Ein Naturtalent, wie Alfons, mein Schießmeister und Mentor an der Waffe, meiner Mutter gegenüber bekundete. Er trug diese klassischen bayrischen Hüte voller Schießabzeichen und Ehrennadeln und mochte mich sehr. Bei meinem ersten Probetraining konnte ich das Gewehr kaum halten, da es wirklich schwer war, und traf dennoch besser als alle Schützen in meiner Altersklasse und die meisten in der Klasse darüber. Ich war stolz.

Sport ohne Bewegung, kein dämliches Gerenne mit Seitenstichen und Übergeben und trotzdem als Letzter ins Ziel gelangen. Ich war gut in etwas. Und ich bekam Anerkennung dafür. Das fühlte sich perfekt an.

Während des Trainings saß meine Mutter mit ihrer besten Freundin Doris im vorderen Bereich der Kneipe, die an das Schützenhaus angeschlossen war. Die beiden Frauen waren unzertrennlich. Donnerstags trafen sie sich immer und nahmen mich mit. Doris war wie eine Tante für mich. Jedenfalls stellte ich mir eine Tante so vor, meine richtigen Tanten hatten eher spärlichen Kontakt zu mir. Doris rauchte Kim, lange, schlanke, weiße Zigaretten, und hatte ihre hochtoupierten Haare stets blondiert. Ihre Stimme war rauchig und laut, und sie flirtete mit jedem Blick. Die Männer mochten sie. Ich auch.

Schießen und Saufen gehören zusammen, sagte man mir. Ich kann mich gut daran erinnern, dass meine Mutter und Doris manchmal ziemlich angetrunken in unseren grünen Ford Taunus stiegen und mich nach Hause fuhren.

Ich blickte unter ihrem Gekicher aus dem Seitenfenster des Wagens und schoss mit meinem imaginären Gewehr auf Passanten.

Ich begann alles über Waffen zu sammeln. Zuerst Zeitungsberichte, dann schnitt ich Bilder aus Katalogen für Jäger aus. Flinten, Pistolen, Zielscheiben. Später kamen andere Fotos hinzu, aus anderen Publikationen: Panzer, Atomraketen, Aufnahmen von Konzentrationslagern und deren Vernichtungsapparaten. Was faszinierte mich bloß daran? Es bleibt bis heute rätselhaft, aber der Tod zog mich magisch an, ich fand diese Bilder interessant. So interessant, dass ich sie sammeln, sie besitzen wollte.

Bald danach fing ich an, mit den Jungs von der Bande im Wald Wehrsportübungen zu machen. Wir legten bei unseren Märschen einige Kilometer durch dichtes Waldgebiet zurück und verzehrten Einmannpackungen der Bundeswehr. Den Inhalt dieser Verpflegungspakete erhitzten wir über einem Esbitkocher oder einer Feuerstelle. Wenn wir uns gestärkt hatten, galt es Hindernisse zu überwinden oder Prüfungen zu bestehen. Wir kletterten an langen Seilen über kleinere Schluchten und mussten dabei in einer vorgegebenen Zeit von einer Seite zur anderen kommen, oder wir schossen mit Pfeil und Bogen um die Wette. Der Schütze mit der geringsten Punktzahl war der Verlierer und hatte das Nachsehen. Diese Prüfung galt für den Verlierer dann als nicht bestanden.

Die Hierarchie in unserer Bande gefiel mir. Ich musste nur tun, was mir gesagt wurde, und mir konnte nichts passieren. Schaffte man etwas nicht, gab es Schläge mit dem Stock auf die Handflächen oder man musste die eigene Pisse trinken, das hatten wir so im Fernsehen gesehen. Das gefiel mir, solange es nicht mich erwischte. Dafür sorgte ich aber schon. Es gab genügend Nachbarskinder, die uns begleiteten und auf die harte Tour erfahren mussten, dass wir wenig spielten und viel Ärger machten.

Torsten war einer von ihnen. Er galt, wie der Rest seiner Familie, als asozial. Das bedeutete, dass seine Eltern arm waren, ihn barfuß am Turnunterricht teilnehmen ließen und er kein Taschengeld erhielt. Asoziale Kinder quälten wir am liebsten, die waren belastbarer und petzten nicht alles ihren Eltern, aus Angst, von ihnen zusätzlich was auf die Schnauze zu bekommen. Torstens Vater war früher bei der Fremdenlegion gewesen, in der Wohnung hingen überall Bilder aus seinen Kriegseinsätzen, und die weiße Mütze, das Képi Blanc, lag wie eine Trophäe in der Vitrine der Wohnzimmerschrankwand.

Wir fesselten Torsten mit Handschellen und hängten ihn über einen abgesägten Ast, so dass seine Füße den Boden nicht mehr berührten. Dann stießen wir ihn mit Stöcken und Ästen in den Bauch und die Genitalien. Nach Hause entließen wir ihn mit der gleichen Drohung, die wir dem kleinen Toni schon gegeben hatten.

Was genau fand ich daran so toll, dass ich es gemacht habe? Jedes Kind übt sicherlich mal, bewusst oder unterbewusst, Druck auf eine andere Person aus, aber das hier war mehr. Das war sadistisch.

Die Sportübungen im Wald wurden mit der Zeit weniger, und die Bretterbude, die wir uns da draußen für unsere Übungen gebaut hatten, wurde fast ausschließlich zum heimlichen Rauchen und Schnüffeln von Klebstoff missbraucht. Aus dem Klebstoff wurden schnell Chlorethyl und Waschbenzin, und nachdem ich herausgefunden hatte, wie ich fremde Menschen dazu überreden konnte, mir im Supermarkt Bier zu kaufen, wurde unsere Bude zu einem Ort des Rausches. Nahezu jeden Tag saßen wir hier, rauchten Unmengen von Zigaretten und tranken Hansa Pils aus Dosen für 49 Pfennige. Zwischendurch spielten wir Karten, der Verlierer bekam die Augenzahl seiner übrig gebliebenen Karten als Schläge auf die Fingerspitzen ausgezahlt, um das Ganze etwas spannender zu gestalten. Wir spielten

Mau-Mau, etwas anderes konnte ich nicht, da ich zu Hause ja nie Karten spielte.

»Kartenspiele sind Judenspiele!« – ich hatte es wieder in meinen Ohren. Ich verstand nie, warum meine Mutter das immer sagte, wenn ich sie darum bat, mir doch noch ein anderes Kartenspiel als Mau-Mau beizubringen. Ich kannte keine Juden. Meine Mutter aber sagte zu den Nachbarn, die sie nicht mochte, dass sie Judenschweine seien. Natürlich nur, wenn sie es nicht hörten.

Wenn ich so zurückdenke, würde ich meine Mutter nicht als Nazi bezeichnen. Sie war wohl selbst mit solchen Sprüchen aufgewachsen. Sicherlich hätte die Auseinandersetzung mit dem Thema später bei ihr beginnen müssen, aber dazu war sie zu limitiert oder zu dickköpfig. Oder beides. Gab es im Supermarkt Preiserhöhungen, war der Schuldige schnell gefunden, der Jude war's. Wie viele Juden es doch geben musste, dachte ich früher, obwohl ich nie einem begegnet war. Mir war nicht klar, dass meine Mutter dieses Wort inflationär als Schimpfwort für alles und jeden benutzte.

Bei meinem Onkel war das anders. Der Bruder meiner Mutter war, wie alle Männer in unserer Familie, hochgewachsen und hatte eine laute, tiefe Stimme. Einmal saß er auf unserem Balkon, und ich sah eine Tätowierung auf der Innenseite seines Arms aufblitzen, als er sich streckte. In seine Haut gestochen waren seine Blutgruppe und das Zugehörigkeitszeichen der Waffen-SS. Er bedeckte das Tattoo sofort, als ich danach fragte, und wollte mir auch keine Antwort geben. Er führte die Tradition unserer Familie fort, indem er schwieg.

Das Tattoo faszinierte mich, ich mochte Tätowierungen, hatte sie schon oft bei Fremden beobachtet und fasste zwischendurch immer wieder den Plan, mich selbst irgendwann tätowieren zu lassen. Die Vorstellung, mein komplettes Gesicht tätowieren zu lassen, fand ich aufregend und unbedingt erstrebenswert. Für den Anfang würde natürlich auch ein kleines Tattoo, wie das meines Onkels, reichen. Ich stellte mir vor, wie er es wohl bekommen hatte und was für eine Zeit das damals gewesen war. Durch die Erzählungen meiner Mutter über ihre Erlebnisse beim Bund Deutscher Mädel, dem BDM, formte sich in meinem Kopf eine fast romantische Vorstellung vom »Dritten Reich«.

Die grausame und menschenverachtende Haltung dieses Regimes war mir damals nicht klar, ebenso wenig, dass in dieser Diktatur Juden und nicht nur sie getötet wurden. Oder anders gesagt, damals sah ich das Töten als eine praktikable Sache an. Heute kann ich nicht fassen, dass ich das einmal gedacht habe.

In der Schule eckte ich mit meinem neuen Hobby kaum an. Es gab eine Türkin in meiner Klasse, sie war die einzige Ausländerin. Sie sah süß aus. Ich mochte sie. Geredet habe ich nicht ein einziges Wort mit ihr. Aber auch sie regte sich nicht übermäßig auf, als ich begann, Hakenkreuze in die Tische zu ritzen. Nicht einmal die Lehrer griffen ein. Das Ganze hatte für mich keine Bedeutung, ich fand es irgendwie lustig.

Das Sammeln der speziellen Fotos ließ bald nach, das war mir auf einmal zu kindisch. Die Gewalt und die Waffen, der Klebstoff und der Rausch blieben. Ich trug oft ein Messer bei mir, dazu eine kleine Plastiktüte mit Klebstoff, und versteckte alles gut, auch vor Freunden. Ich schnüffelte jetzt heimlich. Heimlich und allein.

Den Kleber kaufte ich weiterhin regelmäßig im Spielwarenladen unserer Stadt, obwohl ich längst nicht mehr Modellflugzeuge baute. Anfangs verfolgten mich die Verkäuferinnen immer durch die Gänge, positionierten sich hinter den Regalen und beobachteten mich und andere Kinder. Eine der Verkäuferinnen hatte es besonders auf mich abgesehen, sie sah mich schon durchdringend an, wenn ich nur den Laden betrat. Sie war der maskuline Typ, sehr groß und mit kantigen Gesichtszügen. Resolut überwachte sie den Laden. Ihre Augen folgten mir überallhin. Und war sie zu beschäftigt, um mich im Visier zu haben, schickte sie schnell jemand anderen hinter mir her.

Nachdem sie aber merkten, dass ich Tuben mit Kleber zur Kasse trug und diese auch bezahlte, wurde ich ein gerngesehener Gast im hiesigen Spielzeug- und Schnüffelparadies. Der Modellkleber war mein Lieblingskleber. Ich probierte auch einige andere Marken aus, aber der Klebstoff aus diesem Laden war der beste. Er hatte einen angenehmen Geruch und erinnerte mich an unsere Garage, in der der grüne Ford Taunus meiner Mutter und die Hercules meines Bruders standen. Eine gute Mixtur aus Verdünnung, Lack und Benzin, fast wie ein Parfum oder wie frisch gemahlener Kaffee. Ich musste immer wieder daran riechen.

MIT GEBROCHENEN RIPPEN AUF DEM BODEN

Der alltägliche Wahnsinn im Knast zermürbt mich, zu essen, während drei Meter neben dir jemand scheißen geht, ohne Trennwand, ohne Privatsphäre. Hustengeräusche machen mich schon nach drei Minuten in der U-Bahn verrückt, dagegen ist das hier der Super-GAU. Noch vor ein paar Tagen saß ich in Dortmund in einem Biergarten und hab mich über Lippenstift an meinem Glas aufgeregt. Jetzt liegt über mir im Doppelbett ein fünfzigjähriger Hepatitis-Kranker und wichst unter lautem Stöhnen, während die anderen mit einem Tauchsieder in einem abgeschnittenen Tetra Pak Nudelwasser kochen. So verschieben sich die Prioritäten.

Dazu kommen Gedanken der Schuld, unerträgliches Selbsthassen für meine Taten, meine Verantwortung, für all das Schlechte, das mich die letzten zehn Jahre umgeben hat und dem ich mich bereitwillig hingegeben habe. Ich denke oft an das, was ich diesem hilflosen Menschen angetan habe, was er durchmachen musste und vor allem, wie er sich gefühlt haben muss. Dieses Ausgeliefertsein, die Unfähigkeit, zu beeinflussen, was in dieser Nacht mit ihm geschehen ist, was wir ihm zugefügt haben. Zu erkennen, dass ich in der Lage bin, und eigentlich schon immer war, einen Menschen zu töten oder es zumindest zu versuchen, lässt mich erschaudern. Ich schäme mich und glaube mittlerweile, dass ich das alles hier verdient habe. Dennoch muss ich hier raus ... irgendwie.

Mein Wunsch wird mir schneller erfüllt als erwartet. Am

Tag sechs bekomme ich die schriftliche Mitteilung, dass ich verlegt werde, schon morgen. Der neue Knast sei moderner und für mich sicher auch besser, da es sich um eine Jugendstrafanstalt handelt, erklärt mir Heinz, dessen Verlegung nach Bielefeld auf unbestimmte Zeit verschoben wurde. Psychologische Betreuung, Sportangebote und sogar ein paar Grünflächen und Bäume im Innenhofbereich werden mich dort erwarten. Es kann nur besser werden, denke ich und beginne, meine Sachen zu packen. Hauptsache raus hier, vielleicht eine Einzelzelle, obwohl die anderen mich davor gewarnt haben. Durch die Isolation würde man schnell anfangen, komische Dinge zu machen. Aber ich sehne mich so sehr nach etwas Privatsphäre, dass ich das in Kauf nehmen würde. Nur raus aus diesem Loch.

Phillip habe ich nur einmal kurz vom Fenster aus gesehen, er liegt zwar im selben Gebäude, jedoch auf einem anderen Stockwerk und ist so unerreichbar für mich. Ich würde ihm gern sagen, dass ich verlegt werde, weiß aber nicht, wie. Phillip kommt bestimmt besser klar mit dem Knast als ich, er hat schon gesessen, achtzehn Monate wegen Körperverletzung. Wenn ich daran denke, selbst so lange in Haft bleiben zu müssen, schnürt sich mir die Kehle zu. Phillip ist aus einem anderen Holz geschnitzt, er hat zwar nie drüber geredet, wie die Zeit im Knast für ihn war, aber er schien unbeeindruckt. Unbeeindruckt wie von allem, was ihm bislang widerfahren war. Er wirkte, als wäre er stets Herr der Lage, das imponierte mir. Und er konnte Hoffnung verbreiten. Nur nicht jetzt. Hier bin ich auf mich allein gestellt, und in wenigen Stunden werde ich noch nicht einmal mehr im selben Gebäude wie er sein. Ich muss in einen anderen Knast. Was erwartet mich da? Ich weiß es nicht. Das macht mir Angst.

Morgens um sieben Uhr geht es los. Der Gefangenentransporter ist eine Art Reisebus in Weiß-Grün, der innen kleine Zellen hat und dessen Fenster gegen schusssichere Sehschlitze ausgetauscht wurden. Die Fahrt ist stickig und dauert ewig. Ich sauge die Außenwelt förmlich mit den Augen auf, beneide jeden, den ich im Vorbeifahren erblicke, will mit jedem tauschen. Durch die Fensterschlitze sehe ich Leute beim Fahrradfahren, auf dem Weg zur Arbeit und mit der Freundin an der Hand. Mir wird schlecht – vor Sehnsucht nach der Welt da draußen.

Als wir endlich da sind, presse ich mein Gesicht gegen die Sichtöffnung. Ich erschrecke. Das Gebäude, das sein stählernes Tor wie ein Maul für den Bus öffnet, ist nichts anderes als ein Monster aus Beton und Stahl. Ungleich trostloser als die Schlangengrube, der ich gerade entkommen war. Tränen schießen mir aus den Augen und rinnen meine Wangen herunter; ich fühle mich wie ein Kind. Damit keiner etwas bemerkt, beiße ich mir vor dem Verlassen des Transporters auf die Lippen, ohrfeige mich fünf-, sechsmal fest hintereinander, um mich wütend zu machen. Wut ist besser als Angst.

Im Magen des Betonmonsters geht der gleiche Trott los, wie ich ihn schon kenne. Kleiderkammer, ausziehen, in den Arsch gucken lassen, anziehen, dem Schließer zur Zelle folgen.

Der Beamte ist grobschlächtig und schlecht gelaunt, daraus macht er auch keinen Hehl. Seine winzigen Ohrläppchen sind angewachsen, und von hinten sieht er fast nicht menschlich aus. Ich frage ihn nach den Sportangeboten und ob ich vielleicht eine Einzelzelle bekommen könnte. Er stapft den langen Hauptgang, von dem aus die einzelnen Flügel abgehen, vor mir her und antwortet nicht. Erst als wir vor dem C-Flügel stehen, in dem ich untergebracht werden soll, dreht er sich in Zeitlupe zu mir um, streicht sich seine wenigen strähnigen Haare mit der Hand nach hinten und sagt:

»Sport gibt's nich, mach Liegestütze. Einzelzelle haste

auf jeden Fall. Bei der Scheiße, die du gemacht hast, lassen wir dich erst mal nicht mit anderen über Nacht zusammen! Deine Zelle ist noch nicht gereinigt, du musst noch 'ne halbe Stunde warten. Ich schließ dich in den Fernsehraum, die anderen glotzen *Predator* mit dem Arnold Schwarzenegger, das is doch was für dich, Killer!«

Ich senke meinen Blick. Mein ganzer Körper zittert, ich glaube, ich muss kotzen. In mir krampft sich alles zusammen. Welche extremen physischen Folgen psychische Belastung auslösen kann, wird mir auf einmal bewusst. Wie ferngesteuert wanke ich hinter dem grünen Arschloch her und folge ihm bis zur Fernsehzelle. Das verhasste Geräusch des Schlüssels lässt mich wach werden, die Tür öffnet sich, und ich betrete den Raum.

Rechts an der Wand hängt eine stählerne Vorrichtung, in die ein kleiner Fernseher montiert ist; die Tasten, Knöpfe und das Kabel sind durch Metallblenden vor den Händen der Gefangenen geschützt. Als sich hinter mir die Tür schließt, sehe ich mich um. Auf alten Holzstühlen sitzen etwa dreißig junge Männer zwischen fünfzehn und dreiundzwanzig, hauptsächlich Türken, Marokkaner, Albaner und Russen. Nach Herkunft und Sprache in Gruppen getrennt, jetzt allerdings geeint im Hass auf den Neuen, den einzigen Deutschen. Ich merke, wie meine Körperspannung nachlässt, ich bin gelähmt, unfähig zu reagieren, stehe einfach nur da, versperre mit meinem Körper den Blick auf den Fernseher und merke, wie ich langsam zur willkommenen Zielscheibe mutiere.

Die Meute hat Witterung aufgenommen und lässt ihren Wortführer aufstehen. Langsam und lächelnd tritt er auf mich zu und fragt nach einer Zigarette. Sein fieser Atem dringt direkt in meine Nase, er ist kleiner als ich, aber stabil, fast muskulös. Ich sehe nach unten und versuche ein Päckchen Schwarzer Krauser, das mir Heinz mitgegeben hat, mit zittrigen Fingern aus meiner Hosentasche zu fummeln.

Sein Schlag trifft mich unerwartet und mit voller Wucht. Ich gehe zu Boden, höre die anderen johlen und lachen, die Spiele sind eröffnet. Ich stehe auf und halte meine Arme schützend vor mein Gesicht, als mich ein Tritt in den Unterleib erwischt, wieder falle ich hin und halte mir meine schmerzenden Eier.

Die Schläge und Tritte kommen aus allen Richtungen, jeder der Anwesenden schlägt mindestens einmal auf mich ein. Ich nehme wahr, wie anderen befohlen wird, sich nicht so anzustellen und auch mal kräftig zuzulangen. Die Jungs haben mächtig Spaß mit der Kartoffel, das merkt man ihnen an. Ich versuche noch ein paarmal abzuwehren und auszuweichen, die Schläge an den Kopf sind aber zu heftig. Ein sonores Brummen verbreitet sich in meinem Schädel, ich habe einen metallischen Geschmack im Mund, mein Blick verengt sich. Ich strecke meine linke Hand nach vorne, ein Tritt unter mein Kinn lässt das Licht ausgehen.

Als ich die Augen öffne, sitze ich auf einem der Holzstühle, meine Nase blutet, mein Zahnfleisch auch. Mein rechtes Ohrläppchen ist angerissen, ich atme flach, ein paar Rippen sind durch, das merke ich. Jemand zischt mir ins Ohr.

»Halt bloß die Fresse, Kartoffel. Du bist hingefallen, wenn jemand fragt, alles klar?!«

Mein Schädel hämmert, ich bin nicht in der Lage zu antworten.

Die Tür geht auf, der Beamte sieht mich und schreit die anderen an: »Was ist denn hier passiert?!«

Ich stehe langsam auf und wanke auf die Tür zu, der Schließer stoppt mich und greift mir unter den Arm, um mich zu stützen.

»Ich bin mit dem Stuhl umgekippt und gegen die Heizung geschlagen.«

Aufgrund meiner geschwollenen Oberlippe spreche ich etwas undeutlich. Er seufzt laut, sieht die anderen strafend an und führt mich aus dem Fernsehraum. Die Versorgung auf der Krankenstation dauert etwa zwanzig Minuten, danach bringt der Beamte mich auf meine Zelle.

Der beschissene Schlüssel tut seinen Dienst, die Tür zu meiner Bude öffnet sich. Ich blicke in einen verdreckten Raum von etwa zehn Quadratmetern, darin ein Bett, ein Stuhl, ein Tisch, ein Schrank, ein Mülleimer, Waschbecken und Toilette. Der Schließer führt mich zum Bett und setzt mich ab.

»Guck dir das gut an, das wird für die nächsten sieben bis zehn Jahre dein Zuhause sein. Und noch was – wenn dir die Jungs auf die Fresse hauen, musst du mir das sagen. Es wird nicht besser, wenn du sie schützt. Ehrenkodex hin oder her.«

Ich nicke. Jemanden anzuzeigen wäre das Todesurteil, Zinker nennt man solche Leute im Knastjargon, wie ich von Heinz gelernt habe, die unterste Stufe, wenn man Vergewaltiger und Kinderficker außer Acht lässt. Ich habe nicht vor, jemanden anzuzinken, ich verrate nichts. Nicht heute und auch nicht in den folgenden sechs Wochen, in denen ich regelmäßig etwas auf die Schnauze kriege.

Sie schlagen und treten mich. Unter der Dusche, nach dem Sport, auf dem Hof, beim Umschluss. Vergewaltigungen gibt es im Jugendknast nicht, dafür ist hier zu viel Testosteron in der Luft. Ob das jetzt noch einen Unterschied machen würde, weiß ich nicht.

Ich bin am Ende, halte aus, halte hin, konzentriere mich ausschließlich aufs Ein- und Ausatmen. Meine Augen benutze ich nur noch, um mich innerhalb des Knasts zurechtzufinden, ich habe aufgehört zu beobachten, Eindrücke zu sammeln. Mein Kopf ist eine leere Zielscheibe, nicht mal Angst oder Wut haben noch Platz darin. Ich rede nicht mehr. Nur mit mir selbst, dafür umso mehr. Ich erzähle mir alte Geschichten von zu Hause, heule und lache laut über meine eigenen Witze und Anekdoten, als hätte ich sie zum ersten Mal gehört. In Briefen und bei Besuchen von Freunden und von der Familie versuche ich das Bild des starken Jungen aufrechtzuerhalten, teilweise gelingt es mir sogar. Waren meine Mutter oder meine Geschwister da, ist es danach doppelt schwer, wieder vom Besucherraum in die Hölle zurückzukehren.

Auf der Zelle sitze ich auf meinem Holzstuhl und starre aus dem Fenster oder denke nach. Ich denke an mein Opfer Jonathan, oft. Dann sehe ich kurze Bilder aus der Nacht, als wir ihn zugerichtet haben wie ein Stück Schlachtvieh, ich rieche die kalte Luft der Tatnacht und höre Geräusche. Die schrecklichen Geräusche der Tritte und Schläge, die ich und Phillip ihm angetan haben. Jetzt hat sich die Situation genau umgekehrt.

Ich habe es nicht mehr in der Hand, ob ich Täter oder Opfer bin, das war früher anders gewesen. Wenn mir die Fresse von irgendjemandem nicht gepasst hatte, war das Grund genug gewesen, ihn zu schlagen. Spätestens beim direkten Blickkontakt war meine Hemmschwelle überwunden, und meine kurze Zündschnur sorgte dann dafür, dass es zu einer Schlägerei kam. Nicht immer, ich machte es von meiner Stimmung abhängig. Wenn mir danach war, gab's etwas aufs Maul. Hier zählte das alles nicht mehr. Ich war auf mich allein gestellt und den Launen der anderen Gefangenen ausgesetzt. Ich konnte nun einen Schluck meiner eigenen Medizin nehmen, und die schmeckte meist sehr bitter. Weglaufen ging nicht, der größte Nachteil im Gefängnis. Hier musste ich mich stellen.

KURZE KARRIERE ALS BOMBENLEGER

Auf der neuen Schule, einer Realschule, war es anders als in der Grundschule. In jeglicher Hinsicht.

Ich nahm drei Groschen, hob den Hörer ab und fütterte den Fernsprecher. Die Telefonzelle konnte man von drei Seiten einsehen, ihre Rückwand wurde von einer Poststelle geschützt. Mein Blick wanderte über das Fahndungsplakat der RAF, das an der Eingangstür zur Filiale klebte. Ich war dreizehn Jahre alt.

Die Zelle war gelb, drei dicke Telefonbücher mit dünnen, speckigen Seiten, die pergamentartig waren und von der Konsistenz her an ein *MAD*-Magazin erinnerten, hingen in schwarzen Bakelit-Arretierungen. Kleine Brandflecken von abgelegten und vergessenen Kippen hatten den Kunststoff verunstaltet. Es war Mittwoch, ich hatte in der ersten und zweiten Stunde Englisch, nach der Pause zwei Stunden Mathe. Meine dreißig Pfennig klickerten durch das Zählwerk des Telefons und fielen in den hörbar leeren Geldauffangbehälter. Ich drückte die schwarzen, abgegriffenen Tasten – kurz und fest. Ich wählte eins, eins, null.

Die Schule war fünfzig bis sechzig Meter von mir entfernt. Durch die zerkratzten und bespuckten Scheiben konnte ich den Haupteingang und die Einfahrt zum Lehrerparkplatz ziemlich gut sehen. Schüler gingen an mir vorbei, kleine bunte Trauben von Capri-Sonne-Trinkern und Adidas-Allround-Trägern, die im Gleichmarsch zum Bildungstempel pilgerten.

Aus der linken Tasche meiner Vanilia-Hose holte ich das Stofftaschentuch meines Vaters heraus und legte es über die Sprechmuschel des Hörers. Auch das hatte ich im Fernsehen gesehen. Dadurch konnte man selbst mit den vertrautesten Personen sprechen, ohne dass diese bemerken würden, mit wem sie gerade telefonierten. Es klingelte genau dreimal, bis ein leises Klacken und eine monotone Stimme das Ende der gefühlten zehn Minuten verkündeten.

»Polizei Notruf?«

»In der Realschule liegt eine Bombe, sie explodiert zwischen 9 Uhr 30 und 10!«

»Ja, aber ... Moment ... ich, äh ...«

Klick!

Ich starrte auf die Initialen meines Vaters, nachdem ich hektisch aufgelegt und das Taschentuch von der Sprechmuschel weggezogen hatte. Hastig verließ ich die Telefonzelle, eilte aber nach ein paar Metern zurück, da ich meine Schultasche in ihr vergessen hatte.

Ich rannte über die Straße zur Schule und betrat nach einem kurzen Wortwechsel mit einigen meiner Mitschüler meine Klasse. Das übliche Geschrei und die nicht minder vertrauten Geräusche von rutschenden Stühlen auf gebohnertem Linoleum unterlegten meine angespannte Nervosität wie der Soundtrack eines Fünfziger-Jahre-Horrorfilms.

Die Tür öffnete sich, und meine Klassenlehrerin betrat den Raum mit ernster Miene. Nicht ohne vorher zur Ruhe zu ermahnen, verkündete sie, dass wir nun alle zusammen das Klassenzimmer, die Schule und auch unsere persönlichen Gegenstände zu verlassen hätten. Es sei eine Bombendrohung eingegangen, und obwohl alle davon ausgehen würden, dass es sich um einen dummen Streich handele, wäre es trotzdem angebracht, ihr Folge zu leisten. Aus Sicherheitsgründen.

Unter aufgesetztem Kreischen und Lachen verließen wir

im Entenmarsch die Räumlichkeiten und versammelten uns mit anderen Klassen gegenüber vom Schulhof, etwa achtzig Meter vom Schulgebäude entfernt. Volksfeststimmung! Dankbares Lächeln erfüllte selbst die Gesichter derer, die sonst nur den Blick abwärts in Richtung Trinkpäckchen mit Strohhalm kannten. Allerdings wollten auch alle wissen, wem sie diese unerwartete und mehr als willkommene Auszeit zu verdanken hatten.

Ich stand am Eingang des Schulhofs und blickte in die Gesichter der anderen Kinder. Mein Herz drückte die dicke, rote Pampe durch meinen Hals, und ich hatte Mühe, nicht vor Aufregung zu kotzen. Dann erfolgte der emotionale Super-GAU! Der Sprengmittelräumdienst fuhr in langen, dunkelgrünen Mercedes-Transportern vor und bahnte sich einen Weg durch die johlende Menge. Männer in bleiernen Schutzschürzen und mit Helmen wurden von Polizeibeamten mit Spürhunden in die Schule begleitet. Es war wirklich ein Fest!

Mittlerweile mischten sich immer mehr Lehrer unter die feiernden Schüler, und mich beschlich die Vermutung, dass das nur dem Zwecke der Bespitzelung und dem sprichwörtlichen Abklopfen des Busches dienen sollte. Ich beschloss also, den Tatort zu verlassen, und schlenderte cool an der Telefonzelle vorbei.

In meiner Schultasche befanden sich neben den Heften, Büchern und Stiften auch zwei Brötchen mit Salami und Senf, eine Schachtel Reval ohne Filter und zwei Dosen Hansa Export. Für Letzteres war jetzt der richtige Zeitpunkt. Ich setzte mich auf die Bank einer Bushaltestelle, von der ich ausgehen konnte, dass sie abgelegen genug war, um nicht gesehen zu werden. Dann riss ich den Verschluss der Dose ab und nahm einen großen Schluck. Ekelhaft. Ich trank einen weiteren Schluck. Ich zitterte etwas, als ich mir eine Reval anzündete, die ich meinem Vater tags zuvor geklaut hatte. Mein Gehirn krampfte sich zusammen, als ich an meine Eltern dachte und deren Reaktion, würden sie herauskriegen, dass ihr Sohn ein Terrorist im ersten Lehrjahr war.

Ich verbummelte den Vormittag, besuchte einen Freund, mit dem ich mich köstlich über das Geschehene amüsierte, um dann später zu Hause den Anschein einer normalen Erlebniskette aufrechtzuerhalten. Meine Eltern merkten nichts. Natürlich erzählte ich ihnen von diesem unerhörten Dummejungenstreich, verschwieg aber den Protagonisten.

Ich dachte, ich sei aus dem Gröbsten raus.

Eltern waren so eine Art letzte Instanz, weitere Instanzen darüber waren für mich eine abstrakte Vorstellung. Ich hatte sie überzeugt, was sollte mir noch passieren?

Nach etwa zwei Wochen – ich hielt mich gerade mal wieder verbotenerweise in der Raucherecke der älteren Schüler auf – bahnten sich meine Klassenlehrerin und der Vertrauenslehrer unserer Schule mit ausdruckslosen Gesichtern und Stechschritt einen Weg durch die Menge. Sie wussten genau, wo sie mich finden konnten. Die Anrede war unerwartet kurz, trocken, fast höflich. Ich hatte den beiden umgehend in das Büro des Direktors zu folgen. Mehr Auskunft bekam ich nicht, nur das Ziel wurde mir gesagt. Ich brauchte aber auch nicht mehr zu wissen.

Die lederbespannte Tür öffnete sich. Im Konferenzbereich saßen an einem großen Tisch mehrere mir bekannte Lehrer, weiterhin ein Polizist und selbstverständlich der Direktor. Auf dem Tisch standen 0,33-Liter-Flaschen Staatl. Fachingen und ein Kassettenrekorder, unmittelbar neben dem Gerät lag eine Kassette mit der Aufschrift »SASCHA«. Ich fühlte mich geehrt, war aber zugleich auch geschockt. Alle, die sich dort um den Tisch versammelten, hatten sich auf die Suche gemacht. Nach dem Anrufer. Nach dem Jungen hinter der Stimme. Nach mir. Sie hatten sogar eine Kassette mit meinem Namen beschriftet.

Wenn man bei der Polizei anruft, und sei es nur aufgrund einer Information, wird ein Mitschnitt von diesem Anruf gemacht. Meine Methode, die Stimme mit dem Taschentuch meines Vaters zu verfremden, konnte mit Hilfe elektronischer Filter und Entzerrer in den Ursprung zurückversetzt werden. Und nachdem sämtlichen Klassenlehrern diese Audioaufzeichnung vorgespielt worden war, war schnell klar, dass ich der gesuchte Anrufer war.

Das Verhör war kurz.

»Kannst du dir vorstellen, warum du hier bist, Sascha?« Der Direktor sah mich mit weit hochgezogenen Augenbrauen an.

Ich bejahte die Frage. Es folgten ein kurzes, unsicheres Schweigen und die nochmalige Nachfrage, ob ich wirklich zugeben würde, dass ich der gesuchte Bombenleger sei, was ich wieder mit einem Ja beantwortete. Das Tribunal zeigte sich eingeschränkt bestürzt, es wirkte aber auch etwas enttäuscht, mich nicht nach allen Regeln der Kunst verhören, bedrängen und ausquetschen zu können. Sie baten mich, doch bitte in meine Klasse zu gehen und dort zu warten. Das kam mir sehr entgegen.

In Gedanken versunken, wankte ich die Treppen zu meinem Klassenzimmer hinunter und betrat den Raum, der mit schweigenden, ungläubig aussehenden Mitschülern gefüllt war. Ich wollte gerade damit beginnen, den anderen endlich meine Wahnsinns-Story aufzutischen, als ich durchs Fenster einen Polizeiwagen vorfahren sah. Gedankenfragmente schossen wie Blitze durch meinen Kopf. Mama, Papa, meine Geschwister, alle würden es nun erfahren. Ich, das schwarze Schaf der Familie, hatte es mal wieder geschafft, den kompletten Clan zu blamieren, und die Medaille für die asozialste Familie der Stadt war uns sicher.

Szenarien von mütterlichen Sanktionen bildeten eine Allianz mit dem Stakkato meines Herzschlags, um sich zu einem Endzeitfilm in meinem Kopf zu vereinigen.

»Auf keinen Fall, ihr kriegt mich nicht! Ich werde hier nicht warten, bis ihr mich zum Schafott führt. Ich bin dreizehn Jahre alt, und ich kann verdammt noch mal allein in dieser Welt zurechtkommen! Ich brauche euch nicht!« Ich beschloss, mich der Verhaftung zu entziehen. Ich schnappte mir meine Jacke, öffnete das Fenster meines Klassenraums und sprang unter dem Schreien und Johlen meiner Mitschüler hinaus.

Meine Klasse lag im Erdgeschoss, der Fenstersims war etwa eineinhalb Meter vom Boden entfernt. Trotz dieser eher unspektakulären Höhe und des Umstands, dass die Tür nur einen Meter daneben einen ungleich besseren Fluchtweg geboten hätte, fühlte ich mich ein bisschen wie Steve McQueen. Da kein Militärmotorrad zur Fortsetzung meiner Flucht bereitstand, machte ich mich zu Fuß auf den Weg, den Ort der familiären Entweihung zu verlassen. Für immer!

Nach zwei Stunden Fußmarsch mit häufigem Verstecken hinter Bushaltestellenhäuschen, Gebüschen und Garageneinfahrten, um vorbeifahrenden Polizeiwagen zu entkommen, erreichte ich die Nachbarstadt. Großstadtdschungel! Meine beiden Salamibrötchen hatte ich bereits auf dem Weg vertilgt, das heißt, eines hatte ich gegessen, das andere war bei einem Hechtsprung durch eine Buchsbaumhecke dem grünen Dickicht zum Opfer gefallen. Ich hatte Hunger. Durst auch. Geld nicht. Angst vor zu Hause hatte ich genügend.

Im Laufe der nächsten Stunden schnorrte ich mir bei Passanten einen Hamburger und eine Cola zusammen. Der ruhmreiche Neuanfang meines Outsider-Lebens verlor allmählich an Glanz, und die Fassade, die sich mein jugendliches Gehirn mit Hilfe von Abenteuerromantik aufgebaut hatte, bröckelte vor sich hin wie der staubtrockene Keks, den mir ein älterer Herr von seiner Kaffeeuntertasse gegeben hatte, als ich ihn nach etwas Kleingeld fragte.

Meine Gedanken kreisten um meine Eltern und die Sorgen, die ich ihnen bereitete. Was zum Teufel sollte ich jetzt tun? Den Weg nach Hause einschlagen und wie ein räudiger Köter zu Mutti kriechen, alles bereuen, Besserung geloben und die Strafe hinnehmen? Oder sollte ich lieber eine Spielzeugpistole bei Karstadt klauen, einen Kiosk oder eine Tankstelle überfallen und mit dem Geld einen gefälschten Reisepass kaufen, auf dem ich sechsundvierzig Jahre alt bin und Dr. Richard Kimble heiße? Einem Neuanfang in Nicaragua würde dann nichts mehr im Weg stehen.

Ich ging nach Hause.

Auf halber Strecke sah mich im Vorbeifahren eine Nachbarin und hielt mit quietschenden Bremsen. Nachdem ich in ihr Auto eingestiegen war, erklärte sie mir aufgeregt, sie sei Teil eines Suchtrupps, der jeweils zur Hälfte aus besorgten Nachbarn und Polizeikräften bestand. Mein Magen zog sich zusammen, und die Erwähnung der Todesangst meiner Eltern machte es nicht besser.

»Deine Mutter wird zu Hause von einem Notarzt versorgt! Was hast du dir bloß dabei gedacht, Junge, du bringst uns alle noch ins Grab!«

Mmmh, auch eine Alternative! Aber diesen Gedanken verwarf ich recht schnell. Ich wollte nur noch meine Mutter sehen und mir mit einem Kochlöffel – von mir aus auch mit einem stacheldrahtumwickelten Bauarbeiterhandschuh – die gerechte Strafe abholen. Die Fahrt schien endlos lang, und ich sah aus dem Fenster, um nicht mit unserer Nachbarin reden zu müssen.

Laternenmasten, Zäune und parkende Autos reihten sich aneinander und bildeten ein laufendes Band bis vor die Tür unseres Hauses. Mein ganzer Körper bebte, als die Tür nach einmaligem Klingeln geöffnet wurde und unsere Nachbarin stolz und hysterisch laut verkündete:

»Ihr glaubt nich, wen ich gerade gefunden habe!«

Dämliche Kuh!

Ich blickte vorsichtig ins Wohnzimmer und sah in das Gesicht meiner Mutter. Verheult, gealtert und irgendwie wahnsinnig. Als sie mich entdeckte, hellte sich ihre Miene auf. Sie sprang auf mich zu, drückte mich an ihre riesigen Titten und schluchzte immer wieder: »Junge, mein Junge!«

Mein Vater saß erstarrt auf der Couch und hatte, wie üblich in solch emotionalen Situationen, nichts zu melden. Ich schaute beiden nicht in die Augen, das konnte und wollte ich nicht. Spätestens jetzt hatte mich der Spirit von Steve McQueen, Dr. Kimble und den anderen Abenteurern verlassen.

Meine Mutter, mein Vater und ich redeten an diesem Abend nur kurz über den Ablauf meiner Flucht, über den Bombenalarm redeten wir nicht. Niemals. Da ich noch nicht strafmündig war, blieben mir auch die Kosten des Einsatzes und das Gespräch mit der Polizei erspart. Erst in den folgenden Tagen, als alles wieder zur Normalität zurückkehrte, bemerkte ich, dass es gar nicht so schlimm war, ein gewöhnlicher dreizehnjähriger Junge zu sein.

Die kommenden Wochen in der Schule hatte ich mir schlimmer vorgestellt, als sie letztendlich waren. Sie waren sogar sehr gut. Ich erhielt Anerkennung von Schülern, die mich zuvor wahrscheinlich nicht mal wahrgenommen hatten. Schüler aus höheren Klassen gaben mir auf dem Schulhof High Five, und manche grüßten mich, obwohl ich sie gar nicht kannte. Es war ein unglaubliches Gefühl. Ich kam mir manchmal vor wie ein Rockstar und genoss die Aufmerksamkeit, die mir entgegengebracht wurde.

Von den Lehrern wurde ich natürlich misstrauisch beäugt, was mir aber vollkommen egal war. Meine Ziele waren sehr niedrig gesetzt, ich wollte durchhalten, die Schule überstehen und dabei nicht wahnsinnig werden.

OHNMACHTSSPIELE

Die Rituale in diesem Scheißladen namens Schule machten mich mürbe, und die Sonderstellung nach dem Bombenalarm gefiel mir. Ich wurde erkannt, gemocht und, wenn auch meist bemitleidet, weil ich erwischt worden war, trotzdem bewundert. Nach Unterrichtsschluss ging ich zur Bushaltestelle, die Linie 15 fuhr bis direkt hinter unser Haus an den Waldrand. Ein paar Schüler aus meiner und der Parallelklasse fanden mich jedoch nicht besonders bewundernswert und machten sich fast täglich einen Spaß daraus, mich an meiner Schultasche festzuhalten, um mich daran zu hindern, meinen Bus zu erwischen.

Wenn sich die Türen schlossen und der Bus sich in Bewegung setzte, ließen sie mich los und lachten. Der nächste kam erst dreißig Minuten später, während dieser Zeit setzte ich mich hinter das Bushaltestellenhäuschen ins Gebüsch, um weiteren Schikanen aus dem Weg zu gehen. Ich hasste es. Wehren konnte ich mich nicht besonders gut, sie waren stärker. Trotzdem stellte ich mir oft vor, wie ich es ihnen irgendwann zurückzahlen würde. Ideen hatte ich dazu viele, fast alle waren aber nicht umsetzbar und ziemlich abgefahren.

Um den Attacken aus dem Weg zu gehen, versuchte ich unerkannt mit anderen die Schule zu verlassen und mich dann kurz danach abzusetzen. Ein kleiner Weg hinter den alten Schulbarracken, ausgetreten und modrig, führte zum Standesamt, das direkt neben der Schule stand. Es war ein altes, wunderschönes Haus mit ausladenden Balkonen und Verzierungen an den leicht ergrauten Wänden, die sich mit Säulen in die Höhe streckten. Mit diesem kleinen Schlenker hatte ich eine Möglichkeit gefunden, mich meinen Peinigern zu entziehen. Ich hatte sie ausgetrickst, und ich war nicht wichtig genug, als dass sie mich gesucht hätten. War ich da, ärgerten sie mich. War ich nicht da, fiel es keinem auf.

An einem Nachmittag traf ich hinter dem Standesamt auf ältere Jugendliche. Sie waren von der Hauptschule, ich kannte sie nicht, aber sie sahen so aus, als würden sie von dort kommen. Hauptschüler waren gefährlich. Jedenfalls dachte ich das. Aus meiner Klasse erzählten sie die abenteuerlichsten Dinge über die, die auf diese Schule gingen, und ich hatte gehörigen Respekt vor ihnen.

Ich saß auf einem hölzernen Blumenkübel, seit Wochen versuchte ich hier schon, den Arschlöchern aus dem Weg zu gehen, die ihre Späße mit mir trieben, als die Hauptschüler plötzlich auftauchten. Alle hatten eine Zigarette im Mund, ich auch. Einer der Jungs trat auf mich zu und stellte sich breitbeinig vor mich hin, seine Schultasche warf er neben mich auf den Boden. Lang und schlaksig stand er vor mir und beäugte mich misstrauisch. Niemand sagte etwas.

»Hallo«, sagte ich schließlich.

»Du bist doch der Bombenleger, oder?«, fragte nun der Schlaksige.

Er legte mir seine Hand auf meine Schulter und lachte. Die anderen lachten mit. Er war wohl ihr Wortführer oder so etwas. Ich hatte Angst, immer noch.

»Klasse, das war echt super ... das hätte von mir sein können!«

Das Gelächter wurde größer, und ich merkte, dass er das wirklich ernst meinte. Die Körperhaltung der Jungs entspannte sich, sie unterhielten sich, beachteten mich nicht mehr und setzten sich hier und da auf die restlichen

Blumenkübel. Ich konnte es kaum glauben. Die waren fünfzehn oder sechzehn und duldeten mich unter sich, phantastisch. Ich rauchte meine Zigarette auf, erhob mich langsam von meinem Kübel und verabschiedete mich. Alle warfen mir ein kurzes »Tschüss« zu, grinsend ging ich zum Bus.

In den nächsten Tagen traf ich die Jungs öfter an derselben Stelle, wir rauchten, scherzten und machten eine Menge bescheuerter Dinge. Dinge wie das Ohnmachtsspiel.

Dabei hockte man sich auf den Boden und atmete rasend schnell, fast hyperventilierend, etwa zwanzig- bis fünfundzwanzigmal ein und aus. Dann richtete man sich schnell auf, und zwei andere drückten von vorne gegen den Brustkorb, während man die Luft anhielt. Man wurde fast augenblicklich ohnmächtig, weil der Kreislauf versagte. Manchmal waren Mädchen mit dabei, auch jüngere, in meinem Alter etwa. Sie waren das, was meine Klassenkameraden asozial nannten. Sie trugen keine Markenklamotten, sondern meistens nur Trainingshosen mit Flecken darauf und kamen ebenfalls von der Hauptschule.

An einem Tag war nur ein Mädchen mit dabei, und sie erklärte sich bereit, ohnmächtig zu werden, sie wolle es mal ausprobieren. Die Älteren stimmten sofort zu, und als sie nach kurzem Druck auf ihren Brustkorb in sich zusammensackte, schob einer der Jungs seine Hand unter ihren Pullover und befummelte ihre Brüste.

Mir wurde heiß und kalt, und ich stellte mich zu den anderen, die sofort anfingen, die Titten des Mädchens zu begrapschen. Ich sagte, man sollte doch ihren Pulli hochschieben. Alle lachten, aber danach entblößten sie ihre Brüste unter lautem Johlen und Kreischen. Einige hüpften und sprangen um uns herum, währenddessen bückte ich mich langsam zu dem Mädchen herunter und kniete mich neben sie. Sie hatte die Augen geschlossen, ihre Lider zuckten hin und her, ihr Mund war leicht geöffnet, ihre Haut weiß und ihre Brüste waren den Blicken aller ausgesetzt, als sie mich anfeuerten, sie auch zu befummeln.

Mit einem Ruck riss ich ihre Trainingshose und den Slip herunter und steckte ihr meinen Mittelfinger zwischen die Beine. Ich drang nicht in sie ein, konnte aber ihr warmes Fleisch fühlen. Sofort zog ich ihre Hose wieder hoch und stand auf. Die Jungs sahen mich fassungslos an, und für einen kurzen Moment war es still, bis mir einer der Älteren mit Wucht in den Arsch trat und laut loslachte. Die anderen hatten nur auf eine Reaktion gewartet und stimmten sofort in das Gelächter mit ein.

»So jung und schon so verrückt. Du bist echt ein Freak!«

Als die Kleine zu sich kam, griffen alle nach ihren Taschen und rannten davon. Ich rannte mit. Später sah ich das Mädchen noch ein paarmal in der Stadt, man hatte ihr wohl erzählt, was ich gemacht hatte und auch, dass die anderen sie ebenfalls angefasst hatten. Sie sprach nie jemanden darauf an. Sie erschien aber nie wieder zu unseren Treffen.

Die Nachmittage ähnelten sich in ihrer Stumpfheit, und ab und zu schnüffelten wir alle Kleber oder Chlorethyl. Manchmal hatte jemand Haschisch dabei, das kannte ich nur von Erzählungen, wollte es aber unbedingt ausprobieren.

Timo, einer der älteren Jungs, konnte bauen, also aus drei kleinen Blättchen, Tabak und dem braunen Klumpen, den er mit einem Feuerzeug erhitzte und aufbröselte, einen Joint drehen. Der machte dann die Runde, und auch ich zog kräftig daran. Das war unglaublich gut. Wir husteten, grölten und hatten ein gemeinsames Geheimnis. Ein aufregendes, verbotenes und besonderes Geheimnis, von dem niemand etwas wissen durfte und das uns zusammenschweißte. Zumindest für eine gewisse Zeit. Die Stimmung bei diesen Treffen war etwas ganz Spezielles für mich. Die Aufregung davor und dabei, die lauten und aggressiven Sprüche, die Gerüche, das alles war vollkommen anders.

Anders als die ewigen, sich ständig wiederholenden Dinge, die mir zu schaffen machten. Ich hatte oft das Gefühl, trotz der Erlebnisse nirgendwo dazuzugehören. Nicht zu den Jungs, nicht zu meinen Mitschülern und auch nicht zu meiner Familie. Da war alles manchmal zu viel für mich. Ich war kurz davor zusammenzubrechen. Oft.

Die immer gleichen Worte meiner Mutter, die jeden Morgen »Die Nacht ist rum!« trällerte, wenn sie in mein Zimmer kam und anschließend die Rollläden hochriss, um die Sonne in mein genervtes Gesicht zu ballern. Jeder ist genervt von frühem Aufstehen und von Pflichten. Ich allerdings fand es so unerträglich, dass ich ständig darüber nachdachte, wozu das alles gut sein soll. Es kotzte mich an.

Zwei Toast mit Marmelade, Erdbeere, dazu Kakao. Die Schultasche nehmen, Hausflur, Straße, an der zweiten Laterne stehen bleiben, umdrehen, der Mutter am Badezimmerfenster zuwinken, weitergehen. Die Bushaltestelle, ein grauer Kasten aus Betonplatten, mit Graffiti bemalt, kalt und dreckig. Jeden Morgen stand ich dort, in der linken hinteren Ecke, rotzte riesige Pfützen in Kleeblattform vor meine Füße und richtete den Blick nach unten. Die anderen Kinder, die mit mir warteten, unterhielten sich, rauchten, lachten oder spielten sogar. Spielen! Ich stellte mir vor, sie alle vor den Bus zu schubsen, damit sie endlich ihre Schnauze hielten. Mir leuchtete der Sinn nicht ein. Warum das alles?

Dann diese dummen, nachgeplapperten Sprüche, dass man ja etwas tun muss für sein Geld, dass man für das Leben lernt und nicht für die Schule. Ich machte nur noch mit, weil mir keine Alternative einfiel. Oft dachte ich darüber nach, wie ich aus dieser freiheitsverschlingenden Mühle aussteigen könnte. Darüber, wie ich mich umbringen könnte. Schnell. Ohne Schmerzen am besten, und so, dass es meinen Eltern nicht das Herz bricht. Aber das war nicht möglich.

Ich wollte nicht sterben, weil ich die Schule hasste, ich wollte einfach nur nicht weitermachen, weil ich alles nicht mehr ertragen konnte. Das alles. Nach der Schule Freizeit, was spielen oder saufen. Schnüffeln, dann ging's kurz wieder. Abends nach Hause, Vater, Mutter, Sohn, essen, Bett, onanieren, schlafen. Morgens ist die Nacht rum. Immer das Gleiche, immer weiter ohne ein Ziel. Ziele waren nur weitere beschissene Aussichten auf weitere beschissene Rituale, die ich nicht mitmachen wollte.

Was sollte denn da noch kommen? Schule, Lehre, arbeiten, dann vielleicht heiraten und ein weiteres Geschwür in die Welt setzen, das sich nicht wohl fühlt, das sich beweisen, sich anpassen, sich verbiegen lassen muss? Wozu?

Niemand konnte mir eine Antwort darauf geben, niemand machte sich anscheinend über so was Gedanken außer mir. Ich verstand es nicht, und ich hatte auch keine Lust mehr, nach dem Grund zu suchen.

Die Tage wurden zermürbender, und ich hatte Hirngespinste, für die ich mich zwar nicht schämte, die ich aber auch niemandem anvertrauen konnte. Es waren nicht nur die Horrorfilme und die Bilder, die ich mir ansah und die so krank waren, dass ich sie keinem zeigen konnte, es tauchte öfter und öfter der Wunsch auf zu sterben. Sich einfach zu verpissen aus dieser Sinnlosigkeit und dem Alltag. Ich stellte mir vor, wie es ist zu sterben. Nicht wie im Film oder in meinen Phantasien, die darin bestanden, andere erstechen, erschießen oder überfahren zu wollen. Nein, ganz klar und echt. Selbst erleben, wie ich gehe, aufhöre zu atmen. Ich überlegte, ob es schmerzhaft sei oder einfach nur erlösend, so wie ich es mir erhoffte.

Ich stand an dem kleinen Fluss, der Lenne, und sah von oben auf das Wasser herab. Hier hatte ich als Kind oft gespielt, hier hatten wir den kleinen Nachbarsjungen gequält und ins eisige Wasser gezwungen. Hier, das war die alte

Eisenbahnbrücke, die den Fluss überquerte und seit Jahren gesperrt war, weil der Bahnverkehr zum Hoesch-Gelände eingestellt worden war und das alte Stahlgerüst zu baufällig wurde, um eine weitere Nutzung zu gewährleisten. Die Brücke verband die andere Seite des Flusses mit dem Gelände, auf dem ich später meine Ausbildung beginnen sollte.

Welche tiefe, schreckliche Bedeutung diese Brücke für mich bekommen sollte, die mich Jahre später noch immer an diesen Tag erinnern sollte, wusste ich in diesem Augenblick nicht. Ich war mir sicher, hier und jetzt das Richtige zu tun, endlich. Endlich raus aus dem ganzen Mist, egal wem man damit weh tut, ich musste an mich denken. An mein Leben, an mein Befinden und an meine Sorgen. Außer mir dachte ja sonst niemand daran, jedenfalls kam es mir so vor. Ich wollte darüber bestimmen, was mit mir passiert, mit meinem Leben. Ich wollte hier und jetzt Schluss machen, ich wollte sterben.

Aus meiner Hosentasche nestelte ich das Paketband, die faserige Hanfschnur, die ich von zu Hause mitgebracht hatte. Früher schnürte meine Mutter damit Pakete zusammen, die sie in die Ostzone schickte, wie wir es nannten. Unsere Verwandten in Magdeburg bauten fast jedes Mal einen Altar für die Kiwis und das andere Obst, das es durch den Zoll der DDR zu ihnen geschafft hatte. Die Pakete wurden in braunes Packpapier eingeschlagen und beschriftet, anschließend mit besagter Schnur umwickelt. Und nachdem meine Mutter einen Knoten gemacht hatte, musste ich meinen Zeigefinger auf ihn legen, damit sie einen weiteren Knoten binden konnte, ohne dass sich der erste löste. Die Schnur wurde von ihr so ruckartig zusammengezogen, dass ich jedes Mal eine kleine Abschürfung neben dem Nagelbett bekam, da die raue Struktur des Hanfs meine Haut verletzte.

Heute sollte die Verletzung größer werden. Ich legte die

Schnur zweimal übereinander und drehte sie etwas zusammen, bis ich eine Art Schlinge geformt hatte, die ich mir um den Hals legte. Nachdem ich die Länge der Schnur geschätzt hatte, band ich das andere Ende ans Geländer der rostigen Brücke und sah weiter auf das Wasser.

Ich konnte nicht schwimmen, der Schwimmunterricht in der Schule war die Hölle für mich, und ich drückte mich drum herum, wann immer es ging. Meine Mutter hatte mich auf Drängen meiner Sportlehrerin bei einem Nachmittagskurs angemeldet, nachdem ich eine Stunde lang auf dem Startblock im Schwimmbad gehockt hatte, die Arme zusammengelegt und nach vorne gerichtet, um einen Kopfsprung ins Wasser vorzubereiten. Unter Lachen und Beleidigungen der anderen Schüler hockte ich dort. Bewegungslos. Unfähig zu springen oder mich nach vorne fallen zu lassen, wie meine Lehrerin mir wieder und wieder zurief.

»Lass dich einfach nach vorne kippen, Sascha! Das kann doch nicht so schwer sein, verdammt noch mal. Du wirst nicht sterben, wenn du es versuchst! Los jetzt, spring endlich!«

Ich schaffte es nicht. Die Angst vor der Höhe des Startblocks von fünfzig Zentimetern und die noch viel größere Angst vor dem Wasser und seinem mir so verhassten Chlorgeruch waren so enorm, dass ich die gesamte Schulstunde unter der Häme der Anwesenden in Schockstarre auf diesem Block hing, weinte und mir wünschte, einfach zu verschwinden. Von diesem Startblock, aus diesem Schwimmbad und aus dem Blick- und Schussfeld der anderen, die alle schwimmen konnten, als hätten sie seit der Geburt Kiemen gehabt. Am Ende der Schulstunde, nachdem alle schon in der Umkleidekabine waren, verließ ich zitternd den Block, um auf sicheren Fliesen zu stehen – und wurde von meiner Lehrerin abgestraft. Sie lachte dabei und sagte, dass mein großes Mundwerk mir anscheinend nicht alles ermöglichen würde. Ich hasste sie. Mich auch.

Der Nachhilfelehrer, der mich nachmittags in einem kleinen Schwimmbad der Nachbarstadt unter seine Fittiche nahm, war nett und freundlich, als meine Mutter ihm diese Geschichte erzählte. Er lachte mich nicht aus, versprach meiner Mutter schnelle Resultate und schüttelte ihr verständnisvoll die Hand, als sie mich beim ersten Mal dorthin brachte. Beim dritten oder vierten Mal durfte ich mich nicht mehr auf das Schwimmbrett legen oder am Beckenrand entlangwandern, wie ich es davor getan hatte. Ich saß auf der geheizten Kachelbank am Rand des tiefen Schwimmerbeckens und sah dem Lehrer ungläubig dabei zu, wie er meine Füße mit einer Schnur zusammenband, an der kleine blaue und weiße Schwimmkörper befestigt waren.

»Das wird deine Beine oben halten, du Angsthase!«, sagte er schroff, bevor er mich an den Armen packte und in das Becken warf. Er hatte recht. Meine Beine waren an der Wasseroberfläche. Der Rest allerdings ging vertikal nach unten, mit dem Kopf voran ging ich unter und bekam Todespanik. Ich ruderte mit den Armen, drehte mich wie ein Blauwal, der einen Tiefseetaucher begutachtet, um mich selbst, schrie und schluckte Wasser. Es waren vielleicht zehn oder maximal fünfzehn Sekunden, aber mir kam es vor wie ein stundenlanger Todeskampf.

Der Lehrer, ein gebückt gehender, alleinstehender älterer Herr, bemerkte wohl die Dummheit seines Vorhabens, sprang zu mir ins Wasser und hob mich mit Hilfe der anderen Schüler, die seinem Treiben zugesehen hatten, aus dem Wasser, legte mich auf den Beckenrand und stammelte sich Entschuldigungen zurecht.

Ich bin nie wieder dorthin gegangen, nachdem meine Mutter davon erfahren hatte. Bis heute hasse ich das Gefühl, unter Wasser zu sein. Selbst beim Duschen.

Diese Angst zu ertrinken, die Höhe vom Einmeterbrett, das alles war mir jetzt egal. Hatte ich damals noch Todesangst, die ich als unerträglich empfand, so war es jetzt auf dieser Brücke mit der Paketschnur meiner Mutter um den Hals das genaue Gegenteil. Ich wollte sterben. Jetzt.

Einen Auslöser gab es nicht. Kein direktes Ereignis, das mich dazu verleitete, gerade an diesem Tag meinen ewig ausgesponnenen Plänen nachzugeben und sie zur harten Realität werden zu lassen. Es war alles. Alles auf einmal. Die Scheiße, die sich Leben nannte und die ich nicht verstand. Oder die ich falsch verstand. Ich hatte das Gefühl, als hätte ich das falsche Rüstzeug für diesen Abschnitt meiner Existenz mitbekommen. Nicht die spielerischen, leichten Fähigkeiten der anderen Kinder, sondern ernste, alles hinterfragende Gedanken begleiteten mich seit Jahren. Ich stellte mir Fragen, über die sich in meiner Umgebung anscheinend niemand Gedanken machte. Der Sinn unserer Existenz beschäftigte mich. Und ob das normal war oder ob die anderen normal waren, das zermürbte mich zusätzlich. Vielleicht hatte ich ja einen Totalschaden, irgendetwas Angeborenes. Eine Fehlschaltung im Gehirn oder eine genetische Veränderung, die meisten anderen funktionierten ja nicht so. Es sah jedenfalls so aus. Vielleicht waren sie einfach nur intelligenter als ich und konnten sich entsprechenden Situationen schneller und besser anpassen. Keine Ahnung. Jetzt war es mir auch egal.

Ich spuckte von oben in den Fluss, während ich mich mit bebenden Händen am Brückengeländer festhielt. Das Wasser der Lenne war dunkelgrün, brackig und strömte recht schnell unter der Brücke hindurch. Hier und da waren kleine Strudel zu sehen, die vom treibenden Strom verschluckt wurden und anderswo wieder auftauchten.

Ich hob mein linkes Bein über die Brüstung und kletterte vorsichtig, tastend, fast wie in Zeitlupe über das Geländer. Langsam drehte ich mich herum, hielt mich rücklings fest und starrte auf das Wasser. Meine Sinne fühlten sich betäubt an, ich hatte keinen Kleber geschnüffelt oder etwas anderes zu mir genommen, trotzdem war ich berauscht, irgendwie fühlte es sich gut an. Ich war mir sicher. Sicher, das Richtige zu tun. Jetzt bloß keinen Gedanken mehr an die Familie, an Mama und Papa verschwenden, der Plan könnte vielleicht noch ins Wanken geraten.

Ich ließ das rostige Geländer los und fiel nach vorne. Ein Ruck ging durch meinen Hals, als die Paketschnur unter meinem Gewicht riss und ich aus etwa vier Metern Höhe in den Fluss klatschte.

Das Wasser war an dieser Stelle etwa zwei Meter tief und mit alten Fahrrädern, Flaschen, Metallschrott und dicken Steinen bestückt, an denen ich glücklicherweise vorbeischrammte, während ich das stumpfe, dunkle Wasser der Lenne schluckte.

Ich ruderte mit meinen Armen, japste und rang nach Luft, während ich an die Uferböschung getrieben wurde. Dort war das Wasser nur noch knapp einen Meter tief und ich konnte stehen und mich aus dem Wasser schleppen.

Mein Hals schmerzte oberhalb des Kehlkopfs, wo die Paketschnur beim Reißen eine starke Abschürfung der Haut verursacht hatte. Mein rechtes Knie war aufgeschlagen, meine Hose zerrissen, und ich war natürlich komplett durchnässt.

Ich kroch über die Böschung ans Ufer, blieb im knöchelhohen Gras liegen und weinte leise und unter Schmerzen. Ich war dreizehn Jahre alt. Ich dachte, ich könnte nicht mithalten in diesem Leben, und jetzt wollte ich mich gerade umbringen. Gott sei Dank konnte ich das nicht.

Meiner Mutter erzählte ich, dass ich mit einer Art Seifenkiste einen Hang in der Nähe eines Bauernhofs heruntergefahren sei, und nachdem ich die Kontrolle verloren hätte, sei ich in einen Stacheldrahtzaun gerast und in einem Bach gelandet. Sie kaufte mir die Story ab.

Ich fühlte die Wunden und den komischen Zustand, den mein gescheiterter Suizid mit sich brachte. Abends, im Bett, empfand ich mich seltsam lebendig, wenn ich mit der Hand meinen Hals abtastete und über das Geschehene nachdachte. Sterben war doch keine so gute Idee, das hatte ich mir einfacher vorgestellt. Aber das Gefühl davor, dabei und danach war wie ein Rausch gewesen. Anders als Kiffen oder Schnüffeln. Ich fühlte mich so lebendig, so klar und trotzdem betäubt. Wie in einer anderen Welt. Das war schön, denn diese Welt, in der ich sonst war, war meist einfach nur Scheiße. Ich wusste allerdings auch, dass ich nicht ständig ins Wasser springen konnte. Die Suche ging also weiter.

FAMILIENERSATZ IN FALSCHEN KREISEN

Sinnlos lief ich herum, in der Innenstadt, den Parks, und hörte dabei Musik auf meinem silberfarbenen Walkman von Aiwa, während ich manchmal kiffte und meist Bier aus Dosen trank.

Einige Jugendliche, die ich kennengelernt hatte, trafen sich in einem nahegelegenen Steinbruch oder auf einer stillgelegten Halde, auf der Schwermetallabfälle eines Chemiebetriebs deponiert wurden. Immer öfter ging ich nun dorthin. Hier fiel ich nicht sonderlich auf, alle waren irgendwie getrieben und beschäftigten sich mit dem anderen Geschlecht oder mit Saufen. Ich knutschte, fickte mit betrunkenen Mädchen, trank Apfelkorn und billigen Wermut aus Flaschen, den einige der Jungs im Supermarkt geklaut hatten. Es gab Trinkspiele, die in Kotzen endeten, und billige Zigaretten. Manchmal kam es mir wie ein Familienersatz vor, obwohl ich mich hier auch nicht gerade zu Hause fühlte. Ein paar von den Älteren fuhren Mofa oder Moped und ließen mich hin und wieder volltrunken die Halde hoch und runter ballern.

Guido, ein geistig zurückgebliebener Junge, der seltsam entstellt aussah, da er nur einen blonden Flaum auf dem Kopf trug und fortwährend sabberte, sorgte für die Belustigung aller Anwesenden. Er hatte ein starkes Interesse an den Mädchen auf der Halde und versuchte ständig, sich ihnen mit heruntergelassener Hose zu nähern, wenn sie betrunken waren. Unter Anfeuerungsrufen bohrte er Löcher in Toastscheiben, die wir zusammen mit Grillfleisch gestohlen hatten, und steckte seinen steifen Schwanz hindurch. Mit dieser Garnitur wichste er und spritzte unter hysterischem Kreischen der Mädchen auf das Brot ab, um es dann vor ihren Augen zu essen. Das war eklig, aber für alle aufregend und sorgte für ein wenig Kurzweil an langweiligen, versoffenen Nachmittagen.

Gras und Haschisch waren an der Tagesordnung, auch Schlägereien. Irgendjemand hatte immer die Arschkarte und fiel durch einen blöden Spruch zur falschen Zeit oder durch unerlaubtes Trinken vom Vorrat anderer in Ungnade und wurde dann verprügelt. Auch ich bekam ein-, zweimal ein paar aufs Maul. Es war demütigend, aber trotzdem zugleich aufregend, wenn mich eine Faust im Gesicht traf. Eben anders, als einfach nur rumzusitzen und Scheiße zu reden mit stumpfen Typen und besoffenen, ekligen Mädchen.

Eines Tages bekam Guido einen epileptischen Anfall, und wir ließen ihn auf der Halde zurück. Geschlossen gingen wir in den Steinbruch, wo sich Pärchen bildeten und befummelten und sich eine für ihre Hemmungslosigkeit bekannte junge Frau vor unseren Augen von ihrem Schäferhund die Muschi lecken ließ. Das waren Highlights in unserem Alltag, und sie sind rückblickend nicht mehr an Ekel und Dummheit zu übertreffen. Trotzdem hatte ich damals das Empfinden, an einem großen Abenteuer teilzunehmen. Es war eine kranke, aber dennoch durchaus willkommene Abart der gewohnten, der verhassten Realität.

Unterbrochen wurden diese Gelage von den seltener werdenden Trainingseinheiten beim örtlichen Schützenverein. Ich hatte immer weniger Lust zu diesen Aktivitäten, und ich gab mir auch nicht mehr besonders viel Mühe, das zu verheimlichen.

Schließlich traf ich auf Yves, den ich schon aus der Schulzeit kannte, ein unangenehmer Zeitgenosse. Er war dafür bekannt, nicht gerade freundlich zu sein. Weder zu Mitschülern noch zu den Lehrern. Das gefiel mir, auch wenn er mir ein wenig Angst machte. Wir begegneten uns irgendwann bei den üblichen Bierdosentreffen in einem der Parks, in denen wir abhingen. Ich weiß nicht mehr genau weshalb, aber danach verbrachten wir fast jeden Tag miteinander. Er war so herrlich anders als die anderen Idioten, die ich kannte. Es gefiel mir, dass er einfach auf alles und jeden scheißen wollte und das auch jedem auf die Nase band. Ein anarchistischer kleiner Wichser. Wie ich. Nur mutiger.

Die Eltern unserer Stadt hatten angeblich ihre Kinder erst auf die verschiedenen weiterführenden Schulen geschickt, nachdem sie geprüft hatten, auf welche Schule Yves gehen sollte. So schlecht war sein Ruf. Wunderbar. Und ich hing nun jeden Tag mit ihm ab. Von ihm lernte ich das Zigarettendrehen; ich konnte zwar vorher schon drehen, aber jetzt sahen meine Kippen nicht mehr aus wie eine gefaltete Schultüte, und rauchen konnte man sie auch.

Wir hingen auf den Parkplätzen der hiesigen Supermärkte herum, veranstalteten Rennen mit Einkaufswagen durch die ganze Stadt, soffen palettenweise Dosenbier und traten abends die Laternen aus, wenn wir uns auf den Weg nach Hause machten. Wir wurden Freunde. Mein erster echter Kumpel. Das hatte ich mir zwar nie gewünscht, weil ich nicht wusste, dass mir so was fehlte, aber jetzt, wo er da war, war es unglaublich.

Nach der Schule beeilte ich mich, nach Hause zu kommen, zu essen, nur um dann gleich wieder zu verschwinden. Anfangs war meine Mutter nicht besonders begeistert, als sie erfuhr, dass ich meine Freizeit mit dem Alptraum aller Mütter, mit dem König der Rabauken, verbrachte. Das legte sich aber bald, denn sein Ruf war schlechter, als er in Wirklichkeit war. Yves empfing mich jeden Tag bei sich zu Hause, seine Eltern wohnten nicht wie wir in einer Mietwohnung, sondern hatten ein Haus. Freistehend und mit großem Garten.

Die meiste Zeit jedoch verbrachten wir in seinem Zimmer, einem riesigen, dunkel gestrichenen Raum mit allem möglichen Krimskrams darin. Flyer, Poster und selbstgemalte Bilder zierten die Wände, die Möbel waren mit Aufklebern bedeckt und teilweise schwarz lackiert, man durfte hier rauchen, saufen und abhängen. Gekrönt wurde alles von dem Umstand, so laut Musik hören zu können, wie man wollte. Das war das Paradies. Das Paradies für zwei bekloppte Kids, die auf der Suche waren und nicht wussten, wonach.

Im Keller des Hauses hatte Yves einen eigenen Raum neben dem Vorratsraum seiner Eltern, in dem ein Billardtisch stand, daneben eine hölzerne Musiktruhe, auf der wir Platten aus den Fünfzigern und Sechzigern abspielten, Rock 'n' Roll und manchmal auch abgefahrenen Mist, etwa Heino, einfach alter Kram zum Lachen.

Die Zeit dort unten war unbeschwert, fühlte sich an wie ein Urlaub ohne Eltern, wie die männliche Version von Pippi Langstrumpf, da wir einfach machten, was wir wollten, und uns auch niemand daran hinderte.

»Schneid mir die Haare!«

Yves hielt mir eine Haarschneidemaschine hin und zeigte mir ein Bild, das er aus einem Magazin herausgetrennt hatte. Zu sehen war ein Psychobilly mit entsprechender Frisur. Yves hatte einen ähnlichen Haarschnitt, nur nicht ganz so kurz. Das war extrem, die Seiten waren glattrasiert und oben türmte sich das sogenannte Flat fast dreißig Zentimeter nach vorne. Die Rasiermaschine war eigentlich nur eine Rasierklinge, die in einer Art Halterung steckte. »Hairmatic3000« wurde von Franz Beckenbauer lächelnd in Fernsehzeitschriften ganzseitig beworben. Man musste das Ding von oben nach unten an der Kopfhaut entlangreiben, auf diese Weise rasierte man die Haare auf die gewünschte Länge. Yves wollte die Seiten kahl rasiert haben und versicherte mir, dass es mit seiner Mutter abgesprochen sei und ich mir keine Gedanken machen solle.

In seinem Keller setzte er sich auf einen kleinen Hocker, und ich fing an, ihm die Birne hinten und an den Seiten ratzekahl zu rasieren. Oft blieb ich mit dem Gerät einfach hängen oder verkantete, was sich in schlimmen Schnitten und blutender Kopfhaut äußerte.

Als ich fast fertig war, kam seine Mutter vom Einkaufen nach Hause und wollte nur kurz Hallo sagen, als sie Yves' neue Frisur entdeckte.

»Was zur Hölle ist in dich gefahren?«

Sie war alles andere als begeistert, um das mal vorsichtig auszudrücken. Yves grinste, zeigte auf mich und sagte:

»Das war seine Idee ...«

Ich konnte es kaum glauben, schnappte nach Luft und wollte mich gerade rechtfertigen, als seine Mutter wutentbrannt den Raum verließ und schimpfend in die oberen Etagen flüchtete. Yves wusste, dass sie mir nicht die Schuld geben würde, weil sie mich mochte, und er wusste auch, dass ich es nicht getan hätte, wenn er mir gesagt hätte, dass seine Mutter nichts davon ahnen würde.

Wir lachten und rasierten seinen blutenden Schädel zu Ende, versorgten die Wunden mit Hattrick, einem billigen Rasierwasser, und ließen den Abend an seinem Billardtisch ausklingen. Ich kann mich nicht erinnern, jemals so zufrieden und, ja, fast glücklich gewesen zu sein wie in der Zeit mit diesem gelangweilt Kaugummi kauenden Jungen, der so viel Leben in sich hatte wie kein Zweiter.

An den Wochenenden gingen wir oft in Diskotheken. Diskos mit Musikwünschen und gezapftem Bier, lange bevor sich so etwas Club nannte und jeder Mist mit Energy-Drinks vermischt wurde.

Schnell hatten wir unsere Stammläden entdeckt, einer davon war eine Disko in der Nähe, wo am Freitag Heavy Metal und samstags Rockabilly- und Psychobilly-Musik gespielt wurden. Abgefahrene Leute aus dem ganzen Bundesgebiet kamen hierher, in unser kleines Kaff, weil der Laden in seiner Art in Deutschland einzigartig war. Nach und nach lernten wir immer mehr von diesen Kahlrasierten kennen, man schloss Freundschaften über die Grenzen der Stadt, manchmal des Bundeslands hinaus. Zu den wahnsinnigen Psychos gesellten sich auch immer mehr Skinheads.

Die tätowierten Jungs mit der Glatze machten schwer Eindruck auf mich, und die Musik, zu der sie tanzten, gefiel mir ebenso. Ska, davon hatte ich vorher nie etwas gehört. Yves hatte mehr mit den Psychos zu tun, so dass ich mich in der Woche häufiger mit Skinheads aus dem Ruhrgebiet traf, die ich in unserer Disko kennengelernt hatte. Die Psychos waren nicht politisch interessiert, sie feierten gern, wenn sie natürlich auch mal hier und da Randale machten. Neben Yves war Phillip einer von ihnen. Eines Samstags wurden wir einander vorgestellt. Er nahm mich nicht richtig wahr, ich ihn allerdings schon. Phillip war eine Erscheinung, groß und laut. Jeder kannte ihn, und alle mochten ihn. Ich auch. Allerdings interessierten mich die Skins mehr als die Psychos.

Die gesellschaftliche Stellung, die Position innerhalb der Schule oder das Aussehen, die Statur waren hier egal. Bei diesen Jungs war erst einmal jeder willkommen, Hauptsache, man konnte saufen, und das konnte ich sehr gut. Nachmittags fuhr ich oft mit dem Zug nach Dortmund, Duisburg, Essen oder in andere Städte des Ruhrgebiets und traf mich dort mit Skinheads, die ähnlich orientierungslos waren wie ich, viel tranken und einen erkennbaren Hang zur Gewalt hatten.

Dieses martialische Männerbild, die Unantastbarkeit auf der Straße, das alles imponierte mir, und ich wollte ein Teil davon sein. Meine Haare wurden immer kürzer, ich kaufte mir meine ersten Doc-Martens-Stiefel und krempelte meine Hose unten hoch.

Yves hatte mir gezeigt, wie man die Stiefel richtig schnürte, und schenkte mir sein erstes Paar, das allerdings keine Stahlkappen besaß, doch die wollte ich unbedingt haben. Stahlkappen waren Pflicht bei uns, bei den Skinheads. Ich war irgendwann einer von ihnen.

Man wird nicht rekrutiert oder gelockt, man ist dabei. Jeden Tag hängt man zusammen ab, und man bemerkt es gar nicht, aber auf einmal ist man Teil dieser Gruppe. Jungs, die sich nichts sagen ließen, die im Pulk von bis zu fünfzehn Leuten durch die Stadt schlenderten, mit leeren Bierdosen nach Leuten warfen und denen niemand versuchte, ihre Grenzen aufzuzeigen. Ich genoss es, total besoffen durch die Innenstadt zu torkeln, Fliegerlieder zu grölen oder Nazi-Parolen zu skandieren, nur um zu provozieren.

Die Leute schüttelten den Kopf, drehten sich weg, wenn man sie ansah, und machten Platz auf der Straße. In der Bahn und im Bus hatte man immer einen Vierersitz ganz für sich allein, und jeder Ausländer rannte sofort los, egal wie hart und abgebrüht er war. Wir waren Könige, und ich fühlte mich ansatzweise wie jemand, der weiß, wo er hingehört. Ich hatte einen wirklichen Familienersatz gefunden.

Yves sah ich nur noch selten, höchstens am Wochenende. Ich hing hauptsächlich in anderen Städten ab, soff viel, ich konnte mir bei meinem Abstieg deutlich zusehen – und fand es sogar ganz cool. Alle um mich herum soffen von morgens bis abends und nahmen Drogen in rauen Mengen, so falsch konnte es nicht sein. Und es war schmerzloser und einfacher, als mit einem Strick um den Hals von einer Brücke zu springen.

Einige der Skins waren extreme Fußballfans, ich nicht. Natürlich sah ich mir die wichtigen Spiele der Nationalmannschaft im Fernsehen an, aber das taten alle anderen auch. An den Wochenenden waren viele der Glatzen einfach nicht erreichbar, weil sie im Stadion waren. Man traf sich dann nach dem Spiel in der Nähe oder in Kneipen rund um das Stadion, oft auch auswärts. Die Zugfahrten dorthin waren allerdings meist sehr speziell. Polizisten kontrollierten in den Abteilen, und am Bahnhof wurde man schon von gegnerischen Fans erwartet.

Die Skins trafen sich bei diesen Unternehmungen häufig mit Typen, die ich nie zuvor gesehen hatte, Typen in Trainingshosen und Lederblousons. Sie kleideten sich fast wie Popper, trugen Pullover von Blue System oder Chevignon, dazu teure Turnschuhe und Sonnenbrillen. Sie waren nur völlig anders, nicht so weich. Sie waren nur gekommen, um sich zu prügeln. Das gefiel mir. Die Jungs hatten den Straßenkampf zu einem Sport gemacht, zu einer Veranstaltung, die jedes Wochenende stattfand und geplant und organisiert wurde.

Obwohl ich kein wirklicher Fan war, fuhr ich manchmal mit zu den Fußballspielen. Meine Freunde waren eh fast alle da, und bevor ich allein im Sauerland mit einer Dose Bier in der Hand durch die Straßen lief, nahm ich lieber einen Zug in den Ruhrpott und ließ mich da volllaufen.

Bei meinem ersten Spiel, das ich im Stadion erlebte, standen wir zu Hunderten auf den Rängen, soffen, grölten und beleidigten die gegnerischen Fans und Spieler. Es wurden Leuchtraketen und Bengalos gezündet, die ganze Hütte brannte vor Aggression und Rausch, es war grandios. Noch nie hatte ich einen solchen Adrenalinschub erfahren wie hier unter diesen Hunderten gleichgesinnter Durchdreher. Ich wollte mehr davon.

Nach dem Spiel traf man sich auf ein, zwei Bier in einer Kneipe, anschließend streifte man die Gegend nach Gegnern ab. Diese taten nichts anderes, in großen Gruppen zogen sie durch die umliegenden Straßenzüge oder zum Bahnhof, wo schon andere Prügelwillige warteten oder die Polizei bereitstand. Beides waren willkommene Gegner. Die Bullen hassten sowieso alle, die waren noch schlimmer als die Bayern, die so ziemlich jeder scheiße fand. Manchmal hatten sie Straßensperren aufgebaut und standen mit Wasserwerfern und Hundertschaften mit Hundeführern im Weg. Es gab damals noch keine Kameras, weder in den Fußballstadien noch in den Zügen der Polizeiwagen.

Ein Paradies für Gewaltverbrecher wie uns. Man konnte ungesehen mit Steinen werfen, Schaufenster eintreten und Gegner zu Dutzenden überrollen. Wir genossen es. Sie genossen es. Ich war mit 15, 16 natürlich der Kurze, auf den aufgepasst werden musste. Oft wurde ich nach hinten geschoben, damit mir nichts passierte, das nervte mich gewaltig. Ich hatte schon einigen Leuten mit den Skins zusammen auf die Fresse gehauen, was sollte hier anders sein?

Immer öfter drängelte ich mich an meinen Aufpassern vorbei in die vorderen Reihen und verdiente mir meine ersten Sporen bei den Hooligans, wie die Presse uns nannte. Meine Mutter fand es schrecklich, wenn in den Nachrichten von Ausschreitungen mit Hools berichtet wurde, ich lag dann lächelnd auf der Couch, weil ich die Gesichter im Fernsehen kannte oder sogar selbst dabei gewesen war. Manchmal betete ich, dass man meine Fresse nicht mit irgendeiner der Fernsehkameras eingefangen hatte. Obwohl, es wäre irgendwie eine Auszeichnung gewesen.

Meine Hemmschwelle sank von Wochenende zu Wochenende, von Spiel zu Spiel, von Tag zu Tag. Wenn ich durch meine kleine Heimatstadt schlenderte, sah ich anderen in die leeren Gesichter und fühlte mich elitär. Ich fühlte mich besser als sie, besser als alle. Niemand konnte ahnen, was ich am Wochenende trieb, niemand konnte sich ausmalen, wie schön es war, jemanden mit den eigenen Händen zu Boden zu schlagen. Ich nannte das den Urtrieb des Menschen, die reinste und purste Form des Messens, des Sports. Boxen, Karate, Ringen, alles olympische Disziplinen und doch nicht ganz auf das reduziert, was wir da trieben.

Keine Handschuhe, kein Mundschutz, keine Rundenzeiten oder Schiedsrichter. Nur zwei Männer oder solche, die es gern wären, und ihre Fäuste. Ich ging aufrecht, die Zeiten des Spießrutenlaufens in der Schule waren längst vorbei, mich pisste keiner mehr so leicht an. Sicher war ich kein toller Kämpfer, aber ich ging niemandem und nichts aus dem Wege, und das war wichtiger. So viel hatte ich verstanden.

Es war vollkommen in Ordnung, die Schnauze zu Brei geschlagen zu bekommen, besser jedenfalls als zu buckeln und nachzugeben. Das Gefühl der widerstandslosen Unterlegenheit, der Feigheit vor dem Feind, drückte nicht nur aufs Gemüt, es löste auch körperliche Schmerzen aus. Eine Niederlage im Faustkampf jedoch war anders. Ich fühlte mich lebendig, spürte die Wunden, die Erschöpfung. Fast wie nach einem harten Arbeitstag. Wie der sich anfühlte, wusste ich nicht, den Vergleich hatte ich so mal gehört.

EINE NASE NACH DER ANDEREN

Bei einem Heimspiel lernte ich einen Typen kennen. Er war recht groß, breitschultrig, und ich merkte, dass einige der Leute ihm eine Art von Respekt zollten, die man auch als Angst hätte auslegen können. Seine Augen hatten etwas Wahnsinniges, sie waren so hellblau, dass es aussah, als trüge er farbige Kontaktlinsen. Er kaute auf seiner Unterlippe und blickte sich ständig um, klopfte mir auf die Schulter und fragte mich aus. Gesehen habe er mich schon häufiger, wo ich herkommen würde, wie alt ich wäre und ob ich einen Job, ein Auto oder Motorrad hätte.

Ich erzählte ihm von meinem Moped, dem Sauerland und den Exzessen, die ich stolz mit meinen Kumpels absolvierte. Unbeeindruckt, fast mitleidig sah er mich an und lächelte süffisant, während er mir in die Wange kniff. Ich hasste es, wenn jemand das tat, sagte aber nichts und zog meinen Kopf zur Seite, bevor ich noch einen tiefen Schluck aus der Bierflasche nahm und ihn wieder anschaute.

»Du bist ein richtiger Gangster, was?«, sagte er und versuchte mir abermals in die Wange zu kneifen. Er hatte einen Pantherkopf auf seinen rechten Handrücken tätowiert, schlecht, blaugrün, selbst gestochen. Das Ding war im Knast oder unter knastähnlichen Umständen gestochen worden, so viel konnte ich erkennen.

»Nein, ich bin einer, der sich nicht gerne in die Wange kneifen lässt, von niemandem. Und du, bist du ein Gangster oder trinkst du hier nur Bier?«

Er lachte laut und kramte in der Brusttasche seiner Jacke, holte eine Visitenkarte raus und hielt sie mir hin.

»Du hast Eier, das gefällt mir. Erkundige dich lieber, wer ich bin, und dann ruf mich nächste Woche mal an.«

Er deutete an, mir in die Wange kneifen zu wollen, lachte abermals laut und tätschelte meinen Hinterkopf, bevor er mir fest in den Arsch trat und sich zu einem dieser Speichellecker umdrehte, die ihn die ganze Zeit umgaben.

Ich trank das Bier aus und schmiss die Flasche im hohen Bogen über den Zaun, an dem wir entlanggingen. Laut klatschte ich in die Hände, und einige machten es mir nach. Das gegenseitige Aufladen, das Anheizen funktionierte einvernehmlich. Eine stets gleiche Choreographie von Klatschen, Sätzen und Liedern, die uns einten, uns die Angst nahmen und uns aufladen sollten. Ich fühlte mich wohl.

Die Visitenkarte und ihr Besitzer ließen mich nicht los, und ich beschloss, ihn anzurufen. Ich hatte mich nicht weiter über ihn erkundigt, war allerdings neugierig genug, um selbst herausfinden zu wollen, mit wem ich es hier zu tun hatte. Mike, so sein Name, war schroff, als er den Hörer abnahm. Er wusste nicht mehr, wer ich war. Nach kurzer Erklärung und ein paar Worten zu unserer ersten Begegnung, taute er etwas auf und lud mich zu sich nach Hause ein.

Mike wohnte in einem Industriegebiet, in einer kleinen Halle, die ich nach kurzer Suche auf meinem Moped gefunden hatte. Im Ruhrgebiet kannte ich mich ganz gut aus, diese Ecke war mir allerdings neu. Am Telefon hatte er mir gesagt, dass das Klingelschild den Namen einer Reifenfirma trage und ich dreimal schellen solle, was ich auch tat. Nach etwa einer Minute öffnete mir ein Typ in Lederklamotten die Tür. Er war groß und stabil und hatte eine dieser Motorradwesten an, die auf der Rückseite mit dem Logo eines Rockerclubs versehen war. Ich wurde aufgefordert, ihm zu folgen.

Der Fleischberg zog eine unangenehm stechende Wolke hinter sich her, sein Körpergeruch vereinte sich mit dem Leder seiner Weste zu einer undefinierbaren Wirkung. Wir gingen durch das kleine Treppenhaus in die obere Etage, wo Mike mit etwa fünf oder sechs anderen an einem riesigen Glastisch saß und Bier trank. Alle rauchten, und der Lagerraum war trotz seiner enormen Größe mit dicken Schichten aus kaltem Qualm gefüllt. An der Wand waren Poster von Reifenherstellern und nackten Frauen, die mit schaumigen Schwämmen amerikanische Autos wuschen und sich auf Motorhauben räkelten. Von der Decke baumelte ein speckiger, mit Gaffer Tape dilettantisch geflickter Boxsack, und einige der alten Fabrikfenster waren mit Zeitungspapier beklebt, wohl um eine Art Sichtschutz zu gewährleisten.

Die Typen, die um Mike herumsaßen, sahen aus wie aus einem schlechten Kriminalfilm der siebziger Jahre. Ein weiterer verschwitzter Rocker mit identischer Lederweste und dem Emblem des Clubs darauf, ein Typ im Trainingsanzug aus Ballonseide mit langen, fettigen Haaren und einem nervösen Blick sowie ein paar Jungs, die ich aus dem Stadion kannte und die mir zunickten, als Mike mich mit einer wedelnden Handbewegung aufforderte, mich auf einen der freien Plätze zwischen ihnen niederzulassen.

Er bot mir ein Bier an, das ich dankend annahm und mit einem Feuerzeug vom Glastisch öffnete. Ich nahm einen tiefen Schluck. Wir beäugten uns misstrauisch, während Mike versuchte, einen Zauberwürfel in die farblich korrekte Ausgangsform zu bringen. Es gelang ihm in den folgenden Stunden nicht annähernd. Mike war betrunken, das konnte man deutlich erkennen, doch auch nüchtern hätte er das Geduldsspiel wahrscheinlich nicht lösen können. Er drehte immer wieder dieselben Seiten gegeneinander, was mich irgendwie belustigte.

Es wurde kaum geredet, wenn doch, dann nur in knappen Sätzen oder wirres Zeug, das für mich keinen Sinn ergab. Mike deutete auf den Tisch und nickte fragend in meine Richtung. Ich verstand zuerst nicht, was er wollte, sah dann aber den kleinen Haufen eines weißen Pulvers und die Rasierklinge, die danebenlag. Der Tisch war etwas speckig, und die Glasplatte hatte bis auf die Stelle, an der das Pulver lag, stark Staub angesetzt. Um das Häufchen herum lagen abgeschnittene Strohhalme und ein zusammengerollter Hundertmarkschein.

Weil ich nichts begriff, zuckte ich mit den Schultern. Mike legte den Zauberwürfel auf den Tisch, nahm die Rasierklinge und schob mit ein paar geübten Handgriffen etwas von dem weißen Pulver zusammen, hackte mit der Klinge ein paarmal darüber und zog es dann zu einer Linie. Kokain. Es musste Kokain sein. Speed hatte ich schon gesehen, das sah irgendwie anders aus. Und das Zeug hier war auch nicht gelblich oder rosafarben wie das, welches sich die anderen manchmal beim Fußball durch die Nase zogen, es war weiß. Kristallin, glänzend und schneeweiß.

Mike wiederholte seine Bewegungen mehrmals und legte so etwa zehn weiße Linien auf den abgeranzten Tisch. Er nahm den Hunderter und rollte ihn fest zusammen, bevor er sich nach unten beugte und die erste Linie in einem Zug in die Nase zog. Dann klopfte er mit dem Schein auf die Glasplatte, rieb sich die Nasenflügel und reichte den Hunderter weiter an seinen Sitznachbarn im Trainingsanzug, der schon seit ein paar Sekunden seine Hand in Mikes Richtung ausgestreckt hielt. Der nervöse Blick dieses Windhundes machte auf einmal Sinn. Er zog das Zeug in zwei Etappen, die eine Hälfte in sein rechtes, die andere in sein linkes Nasenloch, und kippte einen großen Schluck Bier hinterher.

So wanderte der Schein von einem zum anderen, alle in der Runde beugten sich hintereinander über die Lines und zogen das weiße Pulver in ihre verschwitzten Köpfe. Dann hielt einer der beiden Rocker, der mich an der Tür abgeholt hatte, mir den Hunderter hin, wobei er mich nicht einmal ansah. Ich lehnte mit einer kurzen Handbewegung ab, trank stattdessen aus meiner Bierflasche, die ich mit beiden Händen umklammerte und auf meinem Schoß abstützte. Niemand sagte etwas, als der Biker den Geldschein wieder auf den Tisch neben das merklich kleiner gewordene Häufchen Pulver legte.

Irgendwie hatte ich einen Mordsrespekt vor diesem Zeug, ich hatte allerhand Drogen genommen und auch Erfahrungen mit Substanzen gemacht, die allgemein als gefährlich galten, jedoch hatte Kokain immer einen besonderen Stellenwert. Es war fast etwas Mystisches, ich hatte jedenfalls Hemmungen, sofort zuzugreifen, auch weil ich nicht wusste, ob ich es nachher bezahlen musste. Koks war teuer, so teuer, dass ich es mir sicher nicht leisten konnte.

Mike stand auf und ging zu einer in einem schwarzen, abgegriffenen Schränkchen aufgebauten Kompaktanlage und machte Musik an, irgendeine CD mit Heavy Metal. Zu Iron Maiden und Accept tranken wir und quatschten über belanglose Dinge wie das letzte Wochenende, über gelungene und misslungene Partys oder Frauen und unsere Erfahrungen mit ihnen. Ich hatte nicht viel zu erzählen, konnte das aber geschickt verbergen und beteiligte mich interessiert an allen Gesprächen.

Die Jungs waren echt nett, etwas aufgedreht und laut vielleicht, aber keinesfalls unangenehm. Mir gefiel, dass niemand versuchte, mich zu einer Nase zu überreden, hatte ich doch fast damit gerechnet, ausgelacht zu werden, sollte ich das Zeug ablehnen. Die Stunden rieselten so vor sich hin wie das weiße Pulver, das in immer größeren Nasen verteilt wurde. Mike schien der Gönner zu sein. Er machte die Portionen, auch zog er stets als Erster, die anderen warteten, bis ihnen der Geldschein oder einer der abgeschnittenen Strohhalme gereicht wurde. Nach jeder Runde bedankten sie sich bei ihm.

Irgendwann war das Pulver vom Tisch komplett aufgebraucht, und Mike deutete einem der Jungs an, ins Nebenzimmer zu gehen, ein kleines Kabuff, dessen Innenleben ich nicht richtig einsehen konnte, weil die Tür schnell wieder geschlossen wurde, nachdem der Typ darin verschwunden war. Als er zurückkam, überreichte er Mike eine kleine Plastiktüte und setzte sich erneut zu uns an den Tisch. Er war verschwitzt und erinnerte mich an einen Schauspieler, dessen Name mir nicht einfiel.

Dem Beutel entnahm Mike einen weißen, etwa golfballgroßen »Stein« und legte ihn auf den Tisch. Mit der Klinge eines Jagdmessers, das er in einer ledernen Scheide an seinem Gürtel befestigt hatte, zerdrückte er das steinartige Gebilde und rieb das Ganze auf der Tischplatte zu Pulver. Der so entstandene Haufen war enorm groß, wesentlich größer als der davor. Ich konnte mir nur schwer vorstellen, wie viel das alles in Geld wert war. Die Portionen, die man kaufte, waren eher klein, aufgrund des hohen Preises. Das hier müssen sicher dreißig, vierzig Gramm oder mehr gewesen sein.

Mike räumte nun den Tisch leer, nahm die Bierflaschen und die Zeitungen, die Aschenbecher und die Kronkorken und legte alles auf den Boden neben die Sessel und Stühle. Er befahl Schorschi, wie er den Typen im Trainingsanzug nannte, den Tisch mit Glasreiniger zu säubern. Er solle vorsichtig sein, nichts davon dürfe in die Nähe des Koks kommen. Nachdem die Glasplatte gereinigt war und man durch sie wieder den Teppich darunter erkennen konnte, polierte Schorschi den Tisch zum Schluss noch mit einem Tuch. Mike nahm die Rasierklinge, stand auf und zog sie durch den Haufen Pulver, bis er eine riesige Line um den ganzen Tisch herum gelegt hatte. Alle johlten. Die beiden Jungs, die ich vom Fußball kannte, klatschten aufgeregt in die Hände und sahen sich immer wieder mit weit aufgerissenen Augen an, während ihre Beine nervös auf und ab wippten. Alle wirkten zwar etwas geladen und auch angetrunken, aber nicht so, als wären sie nicht mehr Herr ihrer Sinne. Einzig Schorschi hatte Zuckungen im Gesicht, die seinen Ausdruck immer wieder zu einer angestrengten Fratze verzerrten. So stark kann das Zeug nicht sein, dachte ich, sonst würden die sich nach den Mengen, die sie sich hier reingezogen haben, anders verhalten. Nach ein paar Flaschen Schnaps veränderte sich sonst ein Haufen Menschen in einen Haufen Zombies, und Schnaps hatte ich schon reichlich gesoffen in meinem kurzen Leben.

Das Ritual wiederholte sich. Mike machte zu Iron Maidens »Run To The Hills« den Anfang und reichte dann den Hunderter weiter. Jeder genehmigte sich ein Stück von dieser über zwei Meter langen Nase Koks und grinste zufrieden. Nachdem der Letzte gezogen hatte und den Schein wieder auf den Tisch legen wollte, hielt ich dem Rockertypen die Hand hin und sah ihn stumm an. Er gab mir den Schein, nickte mir zu. Alle beobachteten mich, während ich mich vorsichtig über den Tisch beugte, den Geldschein in mein linkes Nasenloch steckte, mit dem Zeigefinger mein rechtes Nasenloch zuhielt und das Ende des Scheins am Ende der Line ansetzte. Ich sog ein gutes Stück des Pulvers ein und wiederholte das Ganze mit meinem anderen Nasenloch. Es brannte etwas, aber weniger, als ich dachte. Danach setzte ich mich wieder und drückte meine Nasenflügel mit Daumen und Zeigefinger zusammen. Ein benzinähnlicher Geruch durchströmte meinen Kopf beim Ein- und Ausatmen, als ich Mike den Hunderter hinhielt und mich bedankte. Mike lachte leise.

»Kannste behalten, mein Großer. Ein Geschenk des Hauses. Geld ist nicht wichtig, Freunde sind wichtiger.«

Ich konnte es kaum glauben. Hundert Mark! Einfach so, geschenkt. Auf weiteres Nachfragen reagierte Mike nicht mehr, lächelte mich nur an und winkte ab. Ich steckte den Schein in meine Hosentasche und bedankte mich ein weiteres Mal, wobei ich merkte, wie meine Schneidezähne taub wurden. Ein Gefühl wie beim Zahnarzt, nur wesentlich angenehmer und ohne die Angst, mir beim Kauen die Lippe zu zerbeißen. Dazu bekam ich immer wieder schubartig eine Gänsehaut, die meinen ganzen Körper befiel; ich fühlte mich großartig. Nicht wirklich betäubt, eher klar und wach, stark und total konzentriert. Ich wollte allen sagen, wie sehr ich mich freue, hier dabei zu sein, und wie cool ich alle finde. Also, ohne zu schleimen natürlich. Das tat ich dann auch und fügte in langen, nicht enden wollenden Sätzen hinzu, wie sehr ich die Fahrt zu dieser Halle genossen hätte, da das Wetter so geil wäre und meine Karre jetzt endlich einen Rennauspuff besäße und wie ich den montiert und die erste Tour ersehnt hätte. Mein Redefluss war ungebremst, und jeder aus der Runde schien interessiert an dem zu sein, was ich erzählte.

Wir quatschten stundenlang. Über Fußball, übers Boxen, über Drogen und abermals die ganzen Partys, auf denen wir gewesen waren. Alles war so unendlich spannend und aufschlussreich, ich hatte mehrfach das Gefühl eines »Aha«-Erlebnisses, als die anderen mir Sachen erklärten, die ich noch nicht wusste. Die Zusammensetzung von Kokain oder dessen Herstellung und Vertrieb zum Beispiel. Die Kunst des Handels mit Autoreifen, die Werkstatt, das Boxen im Verein und, und, und.

Bis spätnachts saßen wir in der Halle, und ich zog Unmengen von Koks durch meine Nase, dazu trank ich literweise Bier, das mir anscheinend nichts mehr anhaben konnte. Ich wurde nicht betrunken, das Zeug war der Hammer. Wir lachten und scherzten, und obwohl ich nur halb so alt wie die meisten an dem Glastisch war, fühlte ich mich wie ein vollwertiges Mitglied dieser Gesellschaft. Ich gab jedem mehrmals die Hand, und wir umarmten uns, als ich nach Mitternacht verkündete, dass ich nun nach Hause müsse, weil meine Eltern sonst eine Suchmeldung aufgeben würden.

Mike begleitete mich zu meinem Moped.

»Fahr bloß vorsichtig und pass auf die Bullen auf. Ach ja ..., und du erzählst niemandem davon, verstanden?«

Das schwor ich ihm beim Leben meiner Mutter. Kein Wort würde über meine Lippen kommen, dessen könne er sich sicher sein. Ich fragte ihn dann, ob ich die Tage noch mal wiederkommen könne. Er sah mich lange an.

»Du musst. Bis bald, mein Großer.«

Als ich nochmals nachhakte, ob ich den Hunderter wirklich behalten dürfe, täuschte er scherzhaft eine Ohrfeige vor und ging danach zurück in die Halle. Ich grinste, während ich ihm hinterherblickte. Verzerrt. Mein Kiefer war völlig verkrampft, ich knirschte mit meinen Zähnen, und meine Finger fühlten sich an, als hätte ich sie die letzten Stunden in Eiswasser getaucht. Das Bier machte sich doch langsam bemerkbar, jetzt, hier draußen an der frischen Luft, merkte ich erst, wie besoffen ich war. Und wie ich überhaupt drauf war. Das Koks hatte mir ziemlich gut vorgegaukelt, nüchtern zu sein, da ich keinerlei Ausfallerscheinungen hatte. Nun wurde mir allerdings bewusst, dass ich noch etwa eineinhalb Stunden auf meinem Moped nach Hause fahren musste. Ich wusste, dass ich das nicht packen würde, ich konnte aber auch schlecht hierbleiben oder darauf warten, bis ich wieder nüchterner war. Zu Hause wurde ich bereits erwartet. Ich musste fahren, egal wie breit ich war.

Die Tour zurück war grausam. Obwohl ich fast ausschließlich Autobahn fuhr, hatte ich die ganze Zeit über Furcht, der Polizei zu begegnen. Trotz der Dunkelheit und des Helms konnte man mir bestimmt ansehen, wie fertig ich war. Schlangenlinien fuhr ich zwar nicht, aber ich musste mich auf jede Bewegung, jede Kurve, jeden Handgriff konzentrieren. Vor Anspannung schmerzte meine Kiefermuskulatur noch mehr, als ich endlich im Sauerland ankam und die Karre in der Garage verstaute. Meine Eltern waren schon ins Bett gegangen, und somit musste ich erst am nächsten Tag erklären, wieso ich so spät zurückgekehrt war.

Das Gespräch über mein Verbleiben war kurz, ich redete mich raus, wie so oft, führte eine Panne mit dem Moped an und laberte meine Mutter so lange zu, bis sie mir glaubte.

Der Abend ging mir nicht mehr aus dem Kopf. Da hatten sicherlich hundert Jahre Knast zusammengesessen, und ich hatte mich mittendrin befunden, hatte mit ihnen gekokst und sogar noch hundert Mark geschenkt bekommen, anstatt etwas dafür zu bezahlen.

Ich fuhr nun öfter zu Mike, regelmäßig. Mal trafen wir uns bei ihm, mal in einer Kneipe oder bei seinen Freunden. Wenn mir jemand wegen meiner zarten sechzehn Lenze blöd kam, wurde er von Mike zurechtgewiesen. Als ich das fünfte oder sechste Mal bei ihm war, nahm er mich mit in das kleine Nebenzimmer seiner Halle. Er sah mich wieder eindringlich an:

»Bist du bereit, mir einen Gefallen zu tun?«

Ich beeilte mich, ja zu sagen:

»Klar, jeden.«

Schließlich war ich mal langsam an der Reihe, etwas zu leisten. Ich ließ keinen Zweifel an meiner uneingeschränkten Loyalität und wollte von Mike wissen, was ich für ihn tun könne.

»Ich hab einen Freund, er wohnt auf halber Strecke zu dir nach Hause. Du würdest mir eine große Last abnehmen, wenn du auf dem Heimweg bei ihm vorbeifahren würdest und ihm das hier von mir gibst.«

Mike drehte sich um und nahm aus einem Pappkarton im Regal hinter ihm ein Päckchen, das mit Gaffer Tape umwickelt und in etwa so groß war wie ein Paket Nudeln. Auch die Form des Päckchens erinnerte mich daran. Ich nahm es an mich und merkte, dass es für seine Größe recht schwer war. Ich konnte mir denken, was es war, fragte aber dennoch vorsichtig nach, was denn in dem Päckchen sei. Er legte seine Hand auf meine Schulter und drückte ein paarmal leicht zu, während er mich wieder lange anblickte.

»Frag bitte nicht, es wäre eine enorme Hilfe für mich, verstehst du? Ich schreibe dir seine Adresse auf, er wartet auf dich und gibt dir ein anderes Päckchen. Das bringst du mir dann. Ist das okay für dich? Du musst das nicht machen, wenn du nicht willst. Ich kann einen von den Jungs fragen, wenn du mir nicht helfen willst.«

Obwohl ich ziemliche Angst hatte, sagte ich zu. Ich wollte partout nicht als derjenige dastehen, der immer nur nimmt. Mike hatte mich unzählige Male eingeladen und Bier und Kippen für mich bezahlt, von dem ganzen Koks, das ich mir bei ihm reingezogen hatte, mal ganz abgesehen. Jetzt war ich an der Reihe, was sollte schon passieren?

»Du kannst dich auf mich verlassen«, sagte ich und steckte das Päckchen in den Ärmel meiner Bomberjacke. Mike lächelte und nahm mich in den Arm, drückte mir einen flüchtigen Kuss auf die Stirn und öffnete die Tür des Kämmerchens zur Halle.

Unterwegs achtete ich auf die Verkehrsregeln wie nie zuvor, da ich nicht von Bullen angehalten werden wollte. Es regnete an diesem Tag, und ich war nass bis auf die Knochen, als ich bei Mikes Kumpel ankam. Mit dem Moped fuhr ich in die offene Garage, vor der schon zwei Jungs standen und mir andeuteten, schnell zu machen. Augenblicklich wurde das Garagentor hinter mir geschlossen. Das Regenwasser tropfte an mir herunter.

»Hast du uns was mitgebracht?« Rhetorischer hätte die Frage nicht sein können, denn ich kramte gerade das Päckchen aus der Jacke und übergab es dem einen der beiden, ein kleiner muskulöser Typ mit goldenen Ohrringen und dicken Wurstfingern, mit denen er das Päckchen grinsend entgegennahm.

»Ihr habt auch was für mich, meinte Mike. Ich soll damit

sofort zu ihm zurückkommen.« Ich streckte die Hand aus und sah den Typen an.

Wortlos reichte er mir einen braunen Briefumschlag, der gefaltet und verklebt war und den ich ohne zu zögern in meinem Ärmel verstaute. Er klopfte mir auf die Schulter, drehte sich um und öffnete das Garagentor. Sein Kumpel, ein Möchtegern-Hip-Hopper mit Baseballmütze und zu weiten Hosen, nickte süffisant in meine Richtung. Ich kickte mein Moped an und fuhr zurück. Auf der Fahrt musste ich grinsen. Ich fühlte mich wie in einem Gangsterfilm, was ich da transportierte, konnte ich mir denken. Es fühlte sich großartig an, spannend, aufregend und vor allem ziemlich wichtig. Sich-wichtig-Fühlen kannte ich in dieser Form noch nicht.

Mike lieferte ich den Umschlag ab, ich hatte alles so gemacht, wie es verlangt worden war. Der nannte mich abermals »sein großer Junge« und klopfte mir auf die Schulter, als er mir dreihundert Mark hinhielt.

»Gut gemacht. War doch schnell verdiente Kohle. Auf dich ist Verlass. Vielen Dank noch mal.«

Ich fühlte mich super, dreihundert Mark für zwei Stunden Moped fahren. Das könnte ich öfter machen, dachte ich. Und tat es auch.

Die Fahrten für Mike waren lukrativ, ich konnte mir schlechtere Nebenjobs vorstellen. Die Angst, angehalten und erwischt zu werden, wobei auch immer, wich von Mal zu Mal.

Die Jungs traf ich nun regelmäßig, mehr und mehr außerhalb der Fabrikhalle. Wir gingen zum Fußball, in Diskotheken und auf Partys, wo mich Mike immer als seinen guten Freund vorstellte. Leute, um die ich sonst einen großen Bogen gemacht hätte, nahmen mich zur Begrüßung in den Arm und gaben mir High Five, wenn ich ihren dreckigen Witzen lauschte und darüber lachte. Es wurden Geschichten erzählt, die sich anhörten wie aus einem Kriminalroman. Und ich war mittendrin, gehörte zu ihnen.

Seine Freunde waren zum großen Teil Zuhälter und Jungs, die mit Drogen ihr Geld machten. Sie waren furchteinflößend, wenn man nicht ihr Freund war. Stand man aber auf der richtigen Seite, war man unantastbar. Ich knüpfte Kontakte zu einigen von ihnen und fuhr dann auch für sie die eine oder andere Kurierfahrt. Wir feierten zusammen und machten zusammen Geschäfte, ich holte Pakete oder Mädchen ab, mit denen ich nicht reden durfte, und bekam immer alles bezahlt. Zuverlässig, pünktlich und in bar.

Mike passte es nicht, dass ich auch für andere arbeitete, und wir stritten uns manchmal deswegen. Ich bekam Angst vor ihm, da er mir an einem Wochenende in der Tschechoslowakei eine satte Ohrfeige vor fünf Zuhältern verpasste und mir sagte, er werde mich umbringen, würde ich nicht tun, was er mir aufträgt. Ich hatte große Mühe, ihn zu beruhigen, und schob seine Laune auf das Koks, mit dem wir uns fast ständig vollknallten. Mit oder durch Mike hatte ich schon Situationen erlebt, die nicht wirklich lustig waren. So wurde mir einmal eine Waffe an den Kopf gehalten, übers Wochenende wurde ich in einer konspirativen Wohnung festgehalten, und oft genug musste ich die Drecksarbeit für ihn machen. Sachen, um die er sich selbst nicht kümmern wollte, weil er wusste, wie gefährlich es werden konnte, oder weil er einfach zu bequem war. In den letzten Monaten, in denen ich mit ihm zu tun hatte, veränderte er sich zusehends zu seinem Nachteil. Vielleicht war er aber auch schon die ganze Zeit so gewesen und mir fiel es erst jetzt auf. Mike war ein unglaublicher Choleriker und konnte jähzornig und nachtragend sein. Er hatte dadurch viele Leute gegen sich aufgebracht, was geradezu geschäftsschädigend war. Ein halbes Jahr später wurde er in Holland erschossen aufgefunden.

HEROIN, HAGEBUTTENTEE UND
EIN VERSAUTER SELBSTMORD

Der Knastalltag schiebt sich mehr und mehr in meinen Kopf und verdrängt die Erinnerungen, denen der Platz vorher gehörte. Besuche und Briefe werden wichtiger als Geschichten vom Leben und seinen Vorzügen. Sie verblassen immer mehr. Phillip schreibt mir manchmal, erzählt aus seinem Knast. Ich vermisse ihn und seine unbeschwerte Art.

Meine Mutter hatte mir bei ihrem letzten Besuch eine kleine Überraschung bereitet. Sie hatte sich in ihren Ledermantel eine Tasche ins Innenfutter eingenäht und darin eine Flasche Kirschgeist versteckt, die sie dann sogar durch die Kontrollen am Eingang schmuggeln konnte. Den Metalldeckel hatte sie gegen einen Korken ersetzt, damit er bei der Metalldetektorschranke nicht entdeckt wurde. Dazu hatte sie auf der Rückseite einen Fünfzigmarkschein mit Tesafilm befestigt.

Bargeld ist in der Jugendstrafanstalt strengstens verboten, da man damit Drogen und Waffen kaufen könnte. Ich hatte Tränen in den Augen, als ich mich von ihr verabschiedete, die Besuchszeit war vorbei, dreißig Minuten alle vierzehn Tage. Da ich nicht wusste, ob ich bis zum nächsten Termin durchhalten würde, drückte ich sie fester an mich als sonst. Das merkte sie, und sie weinte bitterlich, als sie herausgebeten wurde. Ich sah ihr nicht mehr hinterher, das Geräusch des Schlüssels führte mich zurück in mein Paralleluniversum.

Nun stehe ich vor dem Fenster meiner Zelle und weine. Sieben bis zehn Jahre, schießt es mir durch den Kopf.

Ich greife in meine Hose und ziehe den Flachmann raus, den ich bislang noch nicht angerührt habe. Nachdem der Korken mit den Zähnen entfernt ist, mache ich das Radio an. Es läuft der knasteigene Sender, sie spielen »Freiheit« von Marius Müller-Westernhagen. Ich setze die Flasche an und trinke sie aus. Alles. Der hochprozentige Saft läuft brennend und trotzdem lindernd meine Kehle hinunter, ich bin auf der Stelle besoffen. Es fühlt sich an wie Benzin in meinen Adern, wie früher. Ich wippe mit dem Oberkörper vor und zurück, grinse, lache laut und singe mit.

»Freeeeeeiiiiiiiiiiiiiiiheit ... issas Einzige, was zäääääählt!«

Ich schreie, werfe die Flasche an die Wand und trete mit voller Wucht gegen die Schranktür, sie splittert auseinander, mein Zeh bricht. Meine Faust schlägt ohne Probleme durch die Fensterscheibe, das Blut tropft mir auf die Schuhe, ich verschmiere es in meinem Gesicht, schnappe mir den Stuhl und schlage das Klo und das Waschbecken von der Wand. Ich brülle gegen Marius Müller-Westernhagen an und haue die ganze Bude in Stücke, alles, was kaputtgehen kann, mache ich kaputt. Ich lebe wieder ... für einen kurzen Moment.

Den Alarmton im Gang vor meiner Zelle bekomme ich nur am Rande mit, zu groß sind der Hass und die Wut. Gäbe es hier keine Türen, würde ich gern in den Fernsehraum rennen und Ohren abreißen, Arme brechen und Köpfe eintreten, bis nur noch roter Matsch auf dem Boden zu sehen ist. Ich fühle mich wie einst, unbesiegbar.

Die Zellentür fliegt mit einem Ruck auf, und vier Beamte mit Handschuhen drängen brüllend in meine Zelle. Ich lache laut und stürme auf sie los. Die erste »Lakritzstange«, wie wir die Schlagstöcke nannten, trifft mich in der Kniekehle, die zweite am Kopf, die anderen kriege ich nicht mehr mit. Ich werde fixiert und bäuchlings nach unten getragen.

Unten ist der Keller, B-Zelle. Das »B« steht für Beruhigung. Die habe ich nach Meinung der Schließer dringend nötig. Ich glaube, sie haben recht.

Ich werde ausgezogen, bekomme einen blauen Arbeitsoverall in die Hand gedrückt und werde in die Beruhigungszelle gestoßen. Diese Zelle ist nicht wie andere Zellen. Sie hat eine Grundfläche von vier mal vier Metern und ist fünf Meter hoch. Innen ist sie komplett mit dunkelgrünen Hartschaumplatten ausgelegt, sie verstärken den Eindruck, in einer Gummizelle zu sitzen, und schlucken auch noch den Schall. Im Boden ist ein Emaille-Klo im französischen Stil eingelassen, dazu am Wasserhahn ein Gummischlauch zum Nachspülen. In der gegenüberliegenden Ecke liegt eine dünne Schaumstoffmatratze auf dem Boden, eine Decke gibt es nicht. Da die Zelle komplett mit den Matten ausgekleidet ist, verliert man schnell die Orientierung.

Nachdem die Tür hinter mir geschlossen wird, kann ich nicht mehr erkennen, wo sie überhaupt ist. Das beunruhigt mich irgendwie. Über mir befindet sich ein kleines Fenster in der Decke, durch das alle fünfundvierzig Minuten ein Schließer guckt und mich dazu ermahnt, eine Bewegung auszuführen, die darauf schließen lässt, dass ich noch lebe.

Das Licht, eine gleißende Neonlampe, brennt die ganze Zeit, vierundzwanzig Stunden, Tag für Tag. Das macht mir am meisten zu schaffen, ich habe kein Zeitgefühl mehr. Nach drei Stunden fühle ich mich wie nach drei Tagen. Wie lange hier drin drei Tage wirklich sind, sollte ich noch feststellen.

Der Arzt, ein Iraner mit Glatze und einem Bartansatz, der aussieht wie mit einem Lineal gezogen, begutachtet mich in der Zelle und entscheidet, dass ich »nicht haftfähig im Sinne der Auflagen für Beruhigungsmaßnahmen« bin. Ich werde wieder in meinen – mittlerweile renovierten – Haftraum zurückgebracht; er wirkt jetzt fast schön auf mich. Ich stinke nach Schweiß und Pisse und wasche mich deswegen an meinem neuen Waschbecken mit Kernseife und kaltem Wasser.

Meine Bewegungen kommen mir hölzern vor, fast eckig. Als hätte ich verlernt, wie man sich richtig bewegt, wie man teilnimmt am Leben, an diesem Scheißleben. Auf dem Bett sitzend sehe ich aus dem Fenster, auf den Hof, der übersät ist mit Brotresten, Margarine-Klumpen und Kaffeedosen aus zerbrochenem Plastik.

Diese trostlose Scheiße ist in meinen Körper gekrochen und hat vollständig die Kontrolle übernommen. Ich fühle, wenn man das überhaupt noch so nennen kann, wie ich mich fallen lasse. Ich will nicht mehr hier sein. Mein Geist, meine Energie, all das, was mich früher einmal ausgemacht hat, ist schon weg, nur der Körper ist noch hier. Auch er rebelliert. Schuppenflechte und Ekzeme haben große Areale meiner Haut erobert und verdeutlichen mir den Kampf, der sich hier vor meinen Augen abspielt und den ich im Begriff bin zu verlieren. Ich weine nicht mehr.

Die nächsten Tage ziehen an mir vorbei, ich habe irgendwie auf dem Hof Kontakt zu einem türkischen Mitgefangenen geknüpft, Bekir. Bekir hat kein Interesse daran, mir eins auf die Fresse zu hauen. Wobei: Ich werde nicht mehr von anderen Häftlingen verprügelt. Irgendwann lässt der Ärger einfach nach. Jede Woche werden hier Leute entlassen, andere kommen dazu, einige werden verlegt. Ein anderer wird meine Rolle einnehmen, das ist sicher.

Bekir jedenfalls hat mich angesprochen, ohne Feindseligkeit in den Augen. Er hat schöne Augen, hell, fast silbern schimmern sie auf dem Hof im Sonnenlicht. Seine unaufgeregte Art finde ich sympathisch, und ich empfinde fast so etwas wie Vertrauen zu ihm.

Wir verabreden uns zum Umschluss, was bedeutet, dass er und ein anderer mich in ihrer Zelle für zwei Stunden zu

Besuch haben dürfen. Man spielt Karten, sieht fern oder redet irgendeinen Schwachsinn.

Am kommenden Tag melde ich bei Ausgabe des Frühstücks den Umschluss an. Man muss für alles einen Antrag einreichen, wenn man etwas will. Klopapier alle? Antrag auf neues Klopapier beim Frühstück abgeben. Briefpapier und Stift, Rasierer oder auch nur einen Check beim Anstaltsarzt, weil einem die ganze Nacht übel war und man sich übergeben musste: Es gibt eigentlich nichts, wofür man keinen dieser Altpapierfetzen ausfüllen und sie dem Beamten bei der Essensausgabe übergeben muss. Der Antrag auf Umschluss mit Bekir wird bewilligt.

Um 18 Uhr wird meine Zelle geöffnet, und ein Beamter bringt mich zu dem Haftraum von Bekir. Er sitzt mit Engin, einem anderen Türken vom C-Flügel, auf seinem Bett und trinkt Tee. Keinen türkischen Çay, wie er ihn wahrscheinlich gern trinken würde. Nur diesen ekelhaften Hagebuttentee, den es hier jeden Tag zum Abendbrot gibt. Eine verwässerte, hellrote Plörre, die mittels eines versifften Zapfhahns aus metallenen Kanistern in unsere Teekannen aus stumpfem Porzellan abgefüllt wird. Ich hasse Tee, diesen hier besonders, trotzdem trinke ich ihn. Bekir und Engin sind im Knast, weil sie gegen das Betäubungsmittelgesetz verstoßen haben. Es ging dabei um Kokain und Heroin, mehr weiß ich nicht.

Die beiden sehen fast aus wie Brüder, und das nicht aus dem Grund, weil sie schwarze Haare und einen dunkleren Hautton haben. Die Kopfform und auch ihre Art, sich zu bewegen, sind fast identisch. Ebenso das rundliche Gesicht mit den freundlichen Grübchen und dem Glänzen in den Augen, das sie trotz der Haftzeit noch nicht verloren haben. Beide sitzen, wie ich, in Untersuchungshaft und warten auf ihren Prozess. Beide wissen, wie ich, nicht, wie lange das noch sein wird. Wir sitzen im selben Boot und haben eine ähnliche Verdrängungstaktik aufgebaut, mit dieser Wartezeit umzugehen. In Deutschland sitzt man maximal sechs Monate in Untersuchungshaft, dann muss ein neuer Haftbefehl ausgestellt werden oder man wird entlassen. Wir drei würden uns nicht wundern, wenn der zweite Haftbefehl nicht schon unterschrieben in irgendeiner Schublade eines Richters liegt. Optimismus wird hier klein geschrieben.

Die Tür schließt sich laut hinter mir, der Riegel wird verschlossen.

»Setz dich!« Bekir deutet auf den Stuhl vor dem kleinen Tisch am Fenster. Wir geben uns die Hand und nicken uns zu, bevor ich seinem Angebot nachkomme. Engin gießt mir Tee ein, und ich nehme einen Schluck. Die beiden wirken etwas nervös.

»Stört es dich, wenn wir uns 'nen Knaller machen?«

Bekir sieht mich durchdringend an, seine Augen wandern zum Schrank hinter mir. Ich zucke mit den Schultern. Engin erhebt sich vom Bett, geht an mir vorbei und kramt hinter den Konservendosen eine kleine Schachtel aus einem Fach, während Bekir eine Insulinspritze und einen Löffel unter der Matratze hervorzieht. Jetzt verstehe ich.

Engin lässt sich wieder auf das Bett nieder, beide sitzen jetzt im Schneidersitz auf der Decke und fangen mit ihrem Ritual an. Rituale sind bei Drogen wahrscheinlich das Wichtigste; der Ablauf, die Vorbereitungen und das ganze Drumherum sind wesentlich besser als letztlich der Knall, den jedes Zeug anrichtet. Jedenfalls war das für mich bisher immer so gewesen.

Das Schnüffeln von Klebstoff war ekelhaft und auch irgendwann nicht mehr so richtig befriedigend, das Herrichten des Tuchs oder der Tüte, aus der man inhalierte, fand ich aber weiterhin toll. Die Vorfreude begann stets mit dem Ritual. Und beim Koksen liebte ich ebenso die Vorbereitungen. Das Hacken, das Schieben des Pulvers mit der Klinge oder der Scheckkarte zu einer Linie, es war wie ein Vorspiel. Das Ritual beim Spritzen von Heroin kannte ich nur von Erzählungen, Heroin hatte ich bisher nur geraucht. In Holland hatten mich mal ein paar Zuhälter dazu eingeladen, als ich bei ihnen einige Stunden auf ein paar Mädchen warten musste, die ich nach Deutschland fahren sollte. Blech rauchen, nannte man das. Dabei wurde mit einem gerollten Geldschein zwischen den Lippen inhaliert, den man über das verdampfende Heroin hin und her schwenkte, das mit einem Feuerzeug von unten in einer geknickten Alufolie erhitzt wurde. Der Geschmack war nicht sonderlich gut gewesen, und nach dem letzten Zug musste ich mich übergeben, bevor der Turn einsetzte. Das sei normal, hieß es.

Das hier war anders, ernster irgendwie. Die Stimmung war seltsam. Wir waren alle sehr ruhig, niemand sprach, und ich beobachtete die beiden, wie sie ihre jahrelang geübten Handgriffe verrichteten. Löffel putzen, das braune Pulver aufstreuen, Ascorbinsäure darübergeben, erhitzen, Watte drauf – und das Zeug, wenn es flüssig ist, in die Spritze aufziehen.

»Wir sind keine Junkies, machen das nur ab und zu. Hier drin ist das okay, draußen rauchen wir das nur und verticken es.« Bekir war es wichtig, mir die üblichen Sätze des schlechten Gewissens zu präsentieren. Das machten alle Konsumenten gleich welcher Substanzen, um sich einzureden, sie seien noch längst nicht so weit unten wie die anderen. Ich kannte das von mir selbst. Wenn mich jemand beim Koksen erwischte und ich bemerkte, dass derjenige vorher noch nie gesehen hatte, wie man sich weißes Pulver in die Nase zieht, sagte ich ähnliche Sachen.

Kokain verwandelt dich in einen kleinen Gott, einen, der alles weiß und alles kann. Nach jeder Portion vom weißen Tod fühlt man sich furchtlos, kommunikativ und verwegen. Ich liebte jede einzelne Nase, die ich gezogen hatte, und war mir sicher, dass alle Berichte, Studien und Statistiken über diese Droge von praxisfernen Idioten und weltfremden Medizinern einer anderen Epoche geschrieben worden waren. Der Irrglaube aller Kokser, dass Kokain nicht süchtig machen kann, hatte ebenso mich befallen. Ich fühlte mich am nächsten Tag zwar leer, auch befremdlich, aber nie zittrig oder körperlich schlecht, wie einem immer suggeriert wurde.

Tonnen von diesem Zeug musste ich in den letzten Jahren vernichtet haben, so kam es mir jedenfalls vor. Oft stellte ich mir die Menge des von mir konsumierten Pulvers vor, wie es auf einem Tisch liegt, in Beuteln oder Tütchen. Wie viel Geld ich so bereits verbrannt hatte, stellte ich mir wesentlich seltener vor. Anfänglich bezahlte man etwa 120 Mark für ein Gramm Koks. Das war dann hochprozentig, kristallin, roch nach Benzol und war wirklich ein Gramm schwer, nachdem man das Gewicht des Papiers abgezogen hatte, in das es verpackt war. Damals gab es noch diese Packs oder Briefchen, kleine gefaltete Papierdreiecke. Später gab es nur noch Dreck in Plastikfolien, Bobbel oder Babbel genannt, unrein und schauderhaft, zu großen Teilen mit Edelweiß, anderen Nahrungsergänzern, Creatin oder Speed gestreckt und für 70 Mark knapp unter der 0,5-Gramm-Grenze von dubiosen Rotnasen verteilt. Nach einer Flasche hochprozentigem Sprit war einem letztlich egal, wie viele Zwischenhändler und Heimapotheker die Ware verdünnt hatten, um sich daran zu bereichern; man kaufte alles, was wie Koks aussah, und zog es sich auf den ekelhaftesten Klodeckeln durch die Nase.

Das hier war anders, nicht nur das Ritual, auch die Stimmung dabei. Bekir bindet sich seinen linken Oberarm mit einem Gürtel ab und ballt seine Faust, während Engin die Pumpe bei ihm ansetzt und auf Anhieb eine Vene findet, in die er einsticht.

Beim Zurückziehen der Spritze schießt ein einzelner Tropfen Blut in die trübe Flüssigkeit, und kurz darauf verschwindet alles zusammen in Bekirs Arm. Ich reibe meine

feuchten Hände und sehe, wie er sich entspannt zurück-
lehnt und seine trockenen Lippen leckt. Engin schaut mich
an und nickt mit dem Kopf, während er mit der Spritze auf
mich zeigt. Sie ist nicht leer, es reicht wohl für alle. Soll ich?
Eigentlich ist es auch egal. So egal wie alles andere. Sieben Jahre – vielleicht zehn, wenn ich Pech habe – in dieser
kleinen, beschissenen Zelle, ohne Ausweg, ohne Hoffnung
auf Besserung. Drogen haben mich nie beherrscht, ich be-
herrschte sie, dachte ich immer. Was soll hier anders sein?
Jetzt kann mich eh nichts mehr tiefer nach unten reißen,
und wenn dem doch so ist, dann ist es ohne Bedeutung.
Warum nicht?

Ich krempele mein rechtes Hosenbein hoch und streife
meine Socke vom Fuß. Die Adern treten hervor, dick wie
Regenwürmer unter der Haut quellen sie auf. Dabei beobachte ich, wie Bekir in seinem Traum versinkt. Engin klopft
mir mit zwei Fingern auf den Knöchel und setzt die Pumpe
an. Die Haut haben wir nicht desinfiziert. Wozu auch? Bekir hat gerade eben seine Körperflüssigkeiten auf der Nadel
hinterlassen, somit ist das jetzt das kleinste Problem. Ich
bin mehr als sorglos, obwohl ich Angst habe. Verrückt.

Engin sticht die Nadel in meinen Fuß, es tut nicht weh,
brennt nur ein wenig. Als die Pumpe abgedrückt wird, beginnt sich eine seltsame Wärme um meinen Knöchel herum auszubreiten. Engin zieht die Spritze aus der Vene, und
ein kleiner Schwall Blut quillt heraus, als ich mein Bein
loslasse. Die Wärme kriecht mein Bein herauf, läuft ab dem
Becken in mein anderes Bein und durchströmt meinen
Bauch. Als das Gefühl meine Brust erreicht, verbreitet es
sich wie eine Explosion in meinem ganzen Körper. Mein
Kiefer klappt herunter, und ich werfe den Kopf mit einem
leisen, kehligen Stöhnen nach hinten. Es fühlt sich wun-
dervoll an. Ein Gefühl der Geborgenheit, ein überdimensio-
naler Kapuzenpullover, der sich wärmend und schützend
über meinen Oberkörper und mein Haupt stülpt und mich

wohlig aufnimmt, mir alle Zweifel raubt, hier einen Fehler zu begehen. Das ist phantastisch. Alles ist gut. Alles.

Dabei habe ich auf den Boden gekotzt, Engin anscheinend auch. Nach etwa einer Stunde sitzen wir im Schneidersitz neben unseren Magensäften und reiben uns die Oberarme. Mir ist kalt. Augenblicklich habe ich die Erkenntnis, dass das Zeug nichts für mich ist. Es war so geil, ich würde es bald nicht mehr sein lassen können. Jeder Junkie hat auf einmal mein vollstes Verständnis. Habe ich früher noch an Abschaum gedacht und fassungslos meinen Kopf geschüttelt, wenn ich die Typen in gebückter Haltung am Bahnhof gesehen habe, die mich immer an Betrunkene beim Tai-Chi erinnerten, so ist mir jetzt bewusst, dass es nicht viel bedarf, an dem Teufelszeug Geschmack zu finden und es zu seinem Heilmittel für den Weltschmerz werden zu lassen.

Den Rest des Umschlusses sitzen wir schweigend in der Zelle und starren an die Wände oder aus dem Fenster, bevor wir uns etwas mit kaltem Wasser frisch machen und uns das Gesicht waschen, da jeden Moment der Schließer auftauchen wird, um Engin und mich in unsere Zellen zurückzubringen.

Plötzlich bemerke ich eine gewisse innere Unruhe, nicht nur wegen des Beamten, der vielleicht etwas merken und danach die Zelle durchsuchen könnte. Ein Drogenfund bei Bekir würde sich natürlich auch negativ auf meine Haftbeurteilung auswirken. Es ist so eine Art Nervosität, die mich hier und da durchschüttelt, mir sagt, dass ich einen Fehler begangen habe oder dabei bin, weitere zu machen. Ein innerliches Warnsystem. Es sagt mir, dass ich eine Grenze überschritten habe, wieder einmal. Eine Grenze, die ich übertrat, obwohl es gar nicht nötig gewesen wäre. Ich befand mich in keiner Notsituation, ich wollte schlicht und einfach vergessen, wegrennen und abschalten. Hat aber auch nicht funktioniert.

Immerhin hat der Schließer keinen Verdacht geschöpft.

Die nächsten Tage sind entsetzlich lähmend, und meine körperliche Verfassung ist mindestens genauso mies wie meine seelische. Der Abturn war mir schon vom Koks bekannt, dieser hier ist ähnlich. Es geht mir schlecht.

Die Lust, Briefe an meine Mutter zu schreiben, ist nicht mehr groß. Ich kann ihr nicht erzählen, was ich im Knast wirklich tue, und selbst wenn, würde es nichts verändern – außer dass es ihr dann ähnlich beschissen ginge wie mir. Sie soll nicht von ihrem Kurzen, wie sie mich in ihren Briefen jetzt häufiger nennt, erfahren, dass er jetzt auch noch die schlimmste aller Drogen nimmt, sich selbst aufgibt und ein weiteres Mal über Selbstmord nachdenkt. Aber was soll ich ihr sonst erzählen, wovon soll ich ihr schreiben? Die Abläufe, die Tage sind ständig gleich. Es passiert nichts, und wenn etwas passiert, ist es nicht dazu geeignet, es in einen Brief an die Liebsten zu packen.

Die Depressionen werden brutaler, sie zwingen mich nieder. Manchmal fühlt es sich so an, als ob mich eine unsichtbare Hand nach unten zieht. Ich will nicht aufstehen, nicht mit dem beginnen, was man Alltag nennt. Meine Dämonen holen mich ein, im Schlaf und auch am Tag. Die Träume werden finsterer und schlimmer, und nach dem Aufwachen bin ich teilweise so benebelt, dass ich oft mehrere Minuten brauche, um mich zu orientieren. Auch die Träume sind oft wie vernebelt, dann wieder klar, als wäre ich gerade wirklich dabei. Gerüche, Geräusche, Erinnerungsfetzen an die Tat, die in meinem Gehirn zu bewegten Bildern werden. Immer öfter führe ich Selbstgespräche, immer seltener rede ich mit anderen Insassen. Es ist fast so, als würde ich mir dabei zusehen, wie ich verrückt werde. Ich habe keine Energie, ich schlurfe durch die Gänge und gehe selbst zu Sportangeboten nicht mehr hin, obwohl das an diesem Ort die einzige Möglichkeit ist, etwas Druck abzubauen. Ich habe aufgegeben. Ich sehe nur noch auf eine Mauer in meiner Seele, die ich nicht überwinden kann. Es wird Zeit für mich. Das sage ich laut in meiner Zelle. Zu mir selbst. Wieder und wieder.

»Es wird Zeit ... es wird Zeit ... es wird Zeit.«

So muss es sich anfühlen, wenn man wahnsinnig wird, wenn man zu einem dieser Typen mutiert, die man kopfschüttelnd in der Innenstadt beobachtet, wie sie sich mit einem Stein oder einem Baum unterhalten, wirres Zeug reden – und das, obwohl sie oft nicht einmal betrunken sind. Wo ist der Punkt erreicht? Ab wann ist es einem völlig egal, ob man ausgelacht wird, weil man etwas für das Richtige hält und alle anderen nicht? Wann überschreitet man die Grenze, an der sich die Funktionierenden von den Kaputten trennen? Und wer, zum Teufel, will das schon? Ein Irrer sein, einer, dem die Leute aus dem Weg gehen, einer, der nicht eingeladen wird, den man auslacht? Ich will jedenfalls kein Irrer werden.

Dazu die ewigen Träume, die Schuld, an der ich zu zerbrechen drohe. Wie lange soll das noch weitergehen, wird das überhaupt jemals aufhören? Vielleicht geht es niemals vorbei, und selbst wenn ich hier rauskomme, verfolgt mich diese Schuld mein ganzes Leben. Verdient hätte ich es, aber aushalten will und werde ich es nicht.

Ich muss etwas tun. Nein, ich muss eigentlich nicht, ich könnte alles ja auch weiter so vor mich hinfließen lassen. Aber ich habe Angst, Angst vor dem langsamen Dahinsiechen. Ich bin immer ein Freund von schnellen Sachen gewesen. Schneller Rausch, schnelle Befriedigung, schnelles Leben, schnell daneben.

Seit langem weiß ich, was zu tun ist, habe mich aber stets davor gedrückt. Ich wollte mir nicht eingestehen, dass das für mich ein weiteres Mal ein Ausweg ist. Jetzt schon.

Ich ziehe den dunklen Ledergürtel aus meiner Hose und mache eine Schlinge daraus, das obere Ende befestige ich an der Rippenheizung neben dem Klo. Es gibt keine Rohre oder Haken im Knast, die höher sind als man selbst. Die angerostete, unsauber weiß lackierte Heizung ist etwa einen Meter zwanzig hoch. Ich setze mich auf das Klo und lege den Gürtel um meinen Hals, die Schlinge ziehe ich zu, bis ich das kalte Metall der Gürtelschnalle in meinem Nacken spüre. Ich stecke meine Hände und die Unterarme so weit wie möglich in meinen Hosenbund und strecke meine Beine aus, um mich nicht abstützen zu können. Ich weiß nicht, was gleich kommen wird, aber ich bin bereit.

Das merke ich an meinem ruhigen Atmen und dem Gefühl der Entschlossenheit, ein Gefühl, das ich fast vergessen hatte. Fast wie in Zeitlupe rutsche ich langsam zum Rand des Toilettendeckels. Ein letzter Ruck nach links – und mein Körper fällt.

Kurz bevor mein Arsch den Boden berührt, ist der Gürtel zu Ende. Er zieht sich zu, und das harte Leder presst den Kehlkopf in meinen Hals. Mein Herz rast, ich kann noch atmen, aber es hört sich anders an als sonst. Ich zische und pfeife bei jedem Atemzug, meine Augen tränen und drücken nach vorne, als wollten sie den Kopf verlassen. Das Sichtfeld wird kleiner, und ich beobachte meine zuckenden Füße, wie sie auf und ab hüpfen, dabei die hässlichen Hausschuhe abstrampeln. Das Pfeifen hat aufgehört, ich atme nicht mehr ein, nur noch aus, ein wenig jedenfalls. Ich fühle, wie ich gehe. Ich habe Angst. Es fühlt sich nicht gut an, es ist anders als damals mit der Paketschnur um den Hals auf der Brücke. Ganz anders. Ich schließe die Augen.

Neben mir liegt das Ende des Gürtels, er muss sich gelöst haben. Mein Hals schmerzt höllisch und ich kann nicht schlucken. Ich ziehe mich am Waschbecken hoch und sehe in den Spiegel. Beide Augen sind blutrot, und ein blau-rotes Würgemal ziert meinen Hals. Die Schmerzen sind stark, und mein Kopf fühlt sich schwer an. Ich hab's versaut. Wieder einmal. Du feiges Schwein, denke ich. Wie oft willst du es noch versuchen, bis du merkst, dass du dich nicht umbringen kannst? Ich lasse mich aufs Bett fallen und schlafe ein.

Stunden später wird die Tür zu meiner Zelle geöffnet, der Schließer betritt den Haftraum. Ich öffne meine Augen und sehe, wie er gerade etwas sagen will, als er meine Augen und meinen Hals bemerkt. Er kennt den Anblick und versteht sofort, warum ich so aussehe. Ich werde im Laufe seiner Dienstzeit nicht der Einzige gewesen sein, dem die Augen aus dem Kopf hervorquellen, weil er sich stranguliert hat. Er zischt kurz ein paar Flüche durch seine Zähne und verlässt sofort die Zelle. Nach ein paar Minuten kommt er mit dem Anstaltsarzt und einem weiteren Beamten zurück, alle sehen sehr besorgt aus. Ich blicke ihnen nicht in die Augen.

Der Arzt fragt, wie es mir geht und ob ich reden kann. Ich schüttle den Kopf und schaue auf den Boden. Dann werde ich auf die Krankenstation gebracht.

Vor dem Fenster des kleinen Raums, in dem ich in einer Art Krankenhausbett liege, steht ein Baum, dessen Blätter und Krone hinter den Gittern im Wind hin und her tanzen. Es ist lange her, dass ich einen Baum gesehen habe, der größer ist als die Zwei-Meter-Bäumchen auf unserem Freistundenhof. Hypnotisierend ist der Anblick, fesselnd und beeindruckend. Der steht schon ewig da und hat sicher einiges beobachtet. Jetzt betrachtet er mich, und der Anblick ist mit absoluter Sicherheit nicht besonders schön.

Ich fühle mich anders als beim letzten Mal, anders, als ich damals versuchte, mich umzubringen. Kein Rausch, kein Lebendigsein, kein Kribbeln außer dem leichten Taubheitsgefühl in meinen Fingerspitzen. Es hat wieder nicht geklappt. Was mache ich nur mit meinem Leben? Ist das Sich-Umbringen die einzige Möglichkeit, die mir einfällt, wenn ich am Ende bin? Der einzige Weg, um aus meiner ewigen Melancholie und Verzweiflung auszubrechen? Ich habe nie gelernt, mit Problemen, mit Konflikten umzugehen. Flucht oder Aussitzen waren die Begleiter meiner Jugend gewesen. Im familiären Umfeld habe ich damit begonnen, es übernommen, nie eine Alternative gesehen. Ich will das alles nicht mehr. Es muss doch einen Weg geben, der nicht damit endet, mir oder anderen das Licht ausknipsen zu wollen, wenn es schwierig wird.

Wie wär's, wenn du einfach mal geradestehst für das, was du willst, und das, was du getan hast?, denke ich und starre erneut auf den Baum vor dem Fenster. Einen neuen Anfang wagen, das Leben entdecken, vor dem du davonläufst. Die Dinge angehen, damit sie besser werden, anstatt sie zu verdammen und dann davonrennen zu wollen. Jetzt wäre ein guter Zeitpunkt. Du bist im Knast, Zeit hast du also genug. Zeit, um nachzudenken, dir eine Vorstellung zu machen und einen passenden Plan für die Umsetzung zu entwerfen. Du bist neunzehn, das Leben hat gerade angefangen, und die Probleme, die du mit zwölf hattest, erscheinen doch jetzt geradezu lächerlich. Was, wenn die Schwierigkeiten, die du augenblicklich hast, in zehn Jahren ähnlich unbedeutend sind? Was, wenn du einfach mal versuchst, das herauszufinden?

Langsam beginne ich zu merken, dass ich es nicht nur mir, sondern auch Jonathan schuldig bin. Es ist wirklich Zeit, geradezustehen für den ganzen Mist, den ich gemacht habe. Und das war bisher eine Menge gewesen.

DER VATER VERSTUMMT

Eigentlich hatte man mich nach meiner mittleren Reife schon an der Fachhochschule in meiner Stadt angenommen, hatte mir die Liste der Lehrmaterialen zugestellt, die ich zum Studienbeginn parat haben sollte. Und ich hatte mich auf weitere Jahre Schulbankdrücken beziehungsweise -schwänzen und -ertragen eingestellt. Doch dann kam es anders.

Ich fuhr gerade auf meinem Moped durch die Stadt, als meine Mutter mir unterwegs begegnete und aufgeregt verkündete, sie würde mich suchen. Sofort solle ich zu Hoesch fahren, um mich vorzustellen. Hoesch. Ein Stahlunternehmen. Ein Betrieb, den jeder im Sauerland kennt, der Beständigkeit und Zukunft vermittelte.

Ich hatte mich dort vor Monaten als Schlosser beworben, in dem neuen Ausbildungszweig Verfahrensmechaniker, Fachrichtung Betriebstechnik, wie es jetzt offiziell hieß. Ich war abgelehnt worden, man hätte keinen Platz mehr für mich. Nun war anscheinend eine Stelle frei geworden, da jemand abgesprungen war. Somit hatte ich die Möglichkeit nachzurücken. Was für ein Pech. Aber irgendwie auch in Ordnung. Im Grunde war mir egal, wo ich mich in den folgenden Jahren drücken und langweilen würde. Mit genug Gras und Bier wäre beides gleich erträglich, dachte ich.

Aber natürlich steht kein Sechzehnjähriger gern früh auf. Die Ausbildung begann morgens um 5.45 Uhr und kotzte mich ab dem ersten Tag schon so an, dass ich verzweifelte, wenn ich daran dachte, diesen Mist für drei Jahre durchziehen zu müssen.

Die Ausbildungswerkstatt lag etwa 250 Meter von unserer Wohnung entfernt, ich fuhr trotzdem mit dem Moped hin. Weiter als bis in den dritten Gang musste ich nicht schalten, um dort anzukommen. Der Eingang zum Gelände bestand aus einem kleinen, alten Backsteinhaus, in dem ein kleiner, alter Pförtner saß, dessen Augenlider jedem Vorbeigehenden den Eindruck vermittelten, er wäre im Dämmerzustand. Er sah aus wie ein müder Hund und bewegte sich auch so. Sein Sohn war auch unter den Neuankömmlingen und teilte mein Schicksal. Die Uhrzeit, zu der ich meine Stempelkarte zu drücken hatte, machte mich wirklich fertig. Meine Laune war im Keller.

Die Ausbildungswerkstatt war auf einem ehemaligen Schlachthofgelände. Passte irgendwie, denn auch wir, die Azubis, wurden hier morgens zusammengetrieben und zu den Werkbänken geführt, um die monotonen und für mich völlig sinnlosen Arbeiten zu verrichten. Am ersten Tag wurde noch begrüßt und vorgestellt, und man machte uns mit den Regeln vertraut. Regeln. Mein Lieblingswort. Und Regeln gab es eine Menge, wie mir und den anderen sehr schnell bewusst wurde.

Am ersten Tag bei Hoesch wurde uns der Betrieb gezeigt. Wir wurden durch die großen Hallen geführt, in denen die Werkbänke nebeneinanderstanden und sich die Ständerbohrmaschinen, Fräs- und Drehbänke aneinanderreihten. Das würde ich nun jeden Tag sehen.

Der Ausbildungsleiter war ein Arschloch. Noch kein einziges Wort hatte ich mit ihm gewechselt, aber seine affektierte und mega-autoritäre Offiziersart hatten ihn bei mir sofort durch die Sympathieprüfung rasseln lassen. Grauhaarig, Bürstenfrisur, Vorbiss, ungepflegte Fingernägel. Wie alle Ausbilder trug er einen grauen, knielangen Kittel, darunter einen Blaumann und grobe Arbeitsschuhe mit

Stahlkappen. Bis auf den Kittel sahen wir alle genauso aus. Der Kittel war der schmale Grat zwischen oben und unten, zwischen Geben und Empfangen von Befehlen, zwischen Bestimmen und Ausführen.

Das war nicht meine Welt. Da konnte der Ausbildungsleiter mit hinter dem Rücken verschränkten Armen und zusammengezogenen Augenbrauen von Zukunft, Zuverlässigkeit und Zusammenarbeit reden, wie er wollte. Zuschütten, darauf hatte ich jetzt Bock. In meiner Blaumann-Latzhose umklammerte ich die Purpfeife, die mein Bierersatz während der Arbeitszeit sein sollte. Einen kleinen Vorrat an Hasch hatte ich immer dabei, um meinen Pegel nicht zu sehr absinken zu lassen.

Nach der Ansprache des Chefkittels vor den etwa 200 Azubis stellte sich unser Ausbilder vor. Jede Gruppe hatte ihren eigenen Ausbilder, die sich vom Verhalten her alle ähnelten. Sie gingen auf und ab, hielten ihre Reden, langsam und überlegt, dass man nur aufschreien mochte. Wir, die Azubis, standen in Reih und Glied vor ihnen, nickten und ertrugen und verdauten ihre Monologe, die uns die Ernsthaftigkeit der Lage und die Dringlichkeit des Gehorsams vermitteln sollten. Wir bekamen unsere Spinde zugeteilt, kleine Metallschränke, die, wie wir, in Reihe aufgestellt und, ebenso wie wir, mit Nummern gekennzeichnet waren, um sie auseinanderzuhalten. Demütigend. Sinnlos. Wieder einmal etwas, das mich nicht erreichte.

Ich empfand diese Ausbildung nicht als Chance, als eine Möglichkeit aufzusteigen und in ein paar Jahren Schichtleiter oder Maschinenführer zu werden. Das alles kotzte mich nur an. Die Begriffe, die eigene Metaller-Sprache, die hier zelebriert wurde, die Regeln und alles, was dazugehörte – es kotzte mich wirklich an. Warum sollte ich einen Zollstock auf einmal Holzgliedermaßstab nennen, und wieso nickten alle zu den Worten der Vorgesetzten, obwohl mir alle sagten, dass es sie genauso ankotzte wie mich?

Zu diesem Zeitpunkt lag mein Vater im Marienhospital, und die Ärzte hatten eine schlechte Nachricht nach der anderen. Inzwischen waren ihm beide Beine amputiert worden, und das Gewebe im unteren Bereich seines Rumpfs hatte ebenfalls zu faulen begonnen. Meine Mutter wurden nach der Erlaubnis zu einer weiteren Operation gefragt. Teile seines Unterkörpers sollten entfernt werden. Die Chance, dass dadurch sein Leben verlängert und nicht beendet würde, war so groß wie die Wahrscheinlichkeit, am gleichen Tag vom Blitz getroffen zu werden und im Lotto zu gewinnen. Wir entschieden uns dagegen und warteten auf seinen Tod.

Auf dem Weg nach Hause fuhr ich eines Abends über die Landstraße, auf der ich vor drei Jahren von unserer Nachbarin entdeckt worden war, als ich nach dem Bombenalarm vor dem elterlichen Gericht geflüchtet war. Unter der Autobahnbrücke stotterte der Motor, und das Moped blieb einfach stehen. Nichts ging mehr. Ich trat den Kickstarter unzählige Male, doch nichts rührte sich. Meine Uhr zeigte 21.15 Uhr an, und ich schob die Kiste unter Schnaufen den restlichen Weg nach Hause. Als ich dort ankam, öffnete meine Mutter mir unter Tränen die Tür und verschwand sofort wieder im Wohnzimmer, wo sie weinend neben der Couch zusammensackte.

»Er ist tot! Papa ist tot!«, schluchzte sie.

Unfähig zu weinen, saß ich neben ihr auf dem Boden und legte meine Hand kurz auf ihren Rücken, nahm sie wieder weg und ging wortlos in mein Zimmer. Kurz danach kamen meine Geschwister, und gemeinsam fuhren wir ins Krankenhaus. Ich wollte unbedingt mit, eine Entscheidung, die ich bitter bereut habe. Nach einem kurzen Gespräch mit dem Arzt gingen wir in das Zimmer meines Vaters und stellten uns um das Krankenbett herum auf.

Es war dunkel, das Licht war aus, und auf dem kleinen Nachttisch standen eine Kerze und ein hölzernes Kreuz, das durch das Flackern der Kerze einen gespenstischen Schatten an die Wand über dem Bett warf.

Da lag er. Ganz klein war er, zusammengefallen und nicht mehr menschlich. Es musste so etwas wie eine Seele geben oder etwas anderes, das unseren Körper verlässt, wenn man stirbt, dachte ich. So wie er jetzt aussah, hatte er nichts Menschliches mehr an sich. Er sah nicht mehr aus wie Peter, mein Vater. Wie eine kleine, wächserne Puppe ohne Mimik lag er mit gefalteten, unwirklich aussehenden gekrümmten Händen in diesem weißen Bett. Da die Leichenstarre noch nicht eingesetzt hatte, waren sein Kopf und sein Kinn mit einer Mullbinde umwickelt worden, um das Aufklappen seines Kiefers zu verhindern. Dieses groteske Bild eines verbundenen Fremden wurde ich nie mehr los. Ihn aber war ich nun los. Mein Vater war tot.

Unter Tränen folgten wir meiner Mutter aus dem Zimmer, und der Arzt gab uns ein paar seiner persönlichen Sachen in einem Klarsichtbeutel mit nach Hause. Darunter war auch seine alte, speckige Armbanduhr, die er bis zuletzt getragen hatte. Sie zeigte 21.15 Uhr, die Zeit, als der Motor meines Mopeds und der meines Vaters starb. Das Moped sprang am nächsten Tag wieder an.

Am Tag der Beerdigung bekam ich frei und schämte mich, dass mich das freute. Der Sarg stand in der Kapelle, groß, hölzern und mit Blumenkränzen bedeckt. Sie kamen von der Familie, von entfernten Verwandten und von seinem alten Stahlbetrieb, in dem mein Vater sein erstes Bein verloren hatte. Die Zeremonie war kitschig, unpassend und ging mir auf die Nerven, von der ersten Minute an. Meine Geschwister saßen in den Bänken und hielten Händchen mit ihren Begleiterinnen und Begleitern. Ich wäre am liebsten aufgestanden und hätte gebrüllt: »Was soll der ganze Scheiß? Lasst ihn uns verscharren und dann nichts wie weg hier!«

Beerdigungen sind das Letzte, dachte ich. Alle stehen da und heucheln, obwohl sie gar nicht trauern. Das tun nur die nächsten Verwandten und die echten Freunde. Man weint, singt, bekreuzigt sich und wartet nur auf den Streuselkuchen und das Bier, um dann über die neuen Gartensprenger und Zukunftspläne des Nachwuchses zu reden.

Nach dem priesterlichen Schwachsinn wurde der Sarg auf einen hölzernen, schwarz lackierten Wagen gehievt, und der Tross der Gäste bewegte sich im Entenmarsch den beschwerlichen Berg zur letzten Ruhestätte hinauf. Meine Eltern hatten in weiser Voraussicht ein Familiengrab gekauft, in dem auch meine Mutter noch Platz hätte. Wie praktisch. Wie deutsch. Wie schrecklich.

Am Grab hatten sich alle in einer Reihe aufgestellt und lauschten den hochtrabenden Worten eines Mannes im schwarzen Talar, der meinen Vater nur von runden Geburtstagen kannte und über ihn redete, als wäre es sein bester Freund gewesen.

Alle warteten die seltsame Rede ab, um dann eine Schaufel Erde in das Grab zu werfen, nachdem der Sarg heruntergelassen worden war. Mein Bruder Stefan schmiss noch ein kleines, in Geschenkpapier verpacktes Geschenk in die offene Grube. Meine Mutter weinte.

Die Trauerfeier fand in einem Lokal statt, Quick's altdeutsche Bierstuben, ein Volltreffer. Das hätte meinem Vater gefallen. Die Verwandten saßen an den Tischen und warfen mir mitleidige Blicke zu. Hier und da versuchten Schwippschwager oder andere mir unbekannte Gäste ihr Mitgefühl an mir auszulassen, was ich recht gut zu verhindern wusste. Mein Bruder Stefan und ich verzogen uns schließlich an den Tresen im Nebenraum und bestellten eine Flasche Johnnie Walker, die Stefan extra zahlen musste, weil das nicht auf der Vereinbarung mit dem Gastwirt vermerkt war. Wir tranken wortlos und lächelten uns zwischendurch an.

Ich fragte ihn, was er in das Grab geworfen hätte, doch er

antwortete nicht. So nah waren wir uns emotional nie zuvor gewesen. Eigentlich war ja nicht wirklich etwas zwischen uns passiert, aber wir redeten über uns und über unseren Vater, also tiefgreifendere Themen als je zuvor. Das einzig Positive an diesem Tag. Besoffen schlich ich mich durch die Hintertür des Ladens und ging allein nach Hause. Ich hatte es geschafft.

Meine Mutter und ich vermieden es, über die Erlebnisse zu reden, so wie wir es schon immer getan hatten. Aussitzen, so lautete das Kommando. Das konnten wir.

Die folgenden Tage kann ich nur sehr schwer rekonstruieren, ich habe das meiste verdrängt. Aufstehen, essen, zur Lehrstelle oder zur Berufsschule nach Hagen, funktionieren. In der mehr als widerlichen Atmosphäre der Berufsschule stand eine Klausur an, die ich über mich ergehen ließ. Ich saß auf meinem Stuhl, starrte aus dem Fenster, bis mein unwissender Lehrer mich von der Seite anmachte: »Warum sitzt Du rum und glotzt wie ein Trauerkloß? Kümmere Dich mal lieber um die Klausur!«

Die Wortwahl traf mich wie ein Schlag ins Gesicht. Ich schnellte von meinem Stuhl hoch und stürzte mich wutschnaubend auf ihn. Er schrie auf und versuchte sich zu wehren. Ich packte ihn am Kragen, schrie und versuchte, ihn aus dem geöffneten Fenster im dritten Stock zu werfen, indem ich ihn darauf zu bugsierte und seinen Oberkörper über den Fensterrahmen drückte. Er brüllte, Mitschüler hielten mich dann zurück und erklärten dem Lehrer, dass mein Vater gestorben war. Zu echtem Mitgefühl war er nicht mehr in der Lage, obwohl man erkennen konnte, dass ihm die Art, wie er mich angesprochen hatte, nun unangenehm war. Mir kam es jedenfalls so vor.

Ich wurde nach Hause geschickt, und meine Lehrmeister bekamen eine Mitteilung über meinen Ausraster, der trotz meiner Trauer auf wenig Verständnis stieß. So ist das bei einer konservativen Ausbildungsstelle im Sauerland, du musst funktionieren. Etwas, das ich nicht konnte. Tagein, tagaus den Pförtner begrüßen, stempeln, umziehen, kiffen, Kaffee, feilen, bohren, fräsen, sägen. Vielleicht musste ich nur abwarten, irgendwann würde es mir vielleicht gefallen. Ich glaubte aber nicht wirklich daran.

Einen Vorteil aber hatte die Ausbildung, ich verdiente mein eigenes Geld. Sogar recht viel für die damalige Zeit, im ersten Lehrjahr bekam ich monatlich um die 600 Mark, damit ließ es sich leben. Zusammen mit dem Geld von Mike für meine Kurierfahrten konnte ich mir damit einiges finanzieren. Meine Ausgaben beschränkten sich auf Alkohol und Drogen, manchmal auch neue Klamotten. Seit mein Vater tot war, saß die Kohle bei uns nicht mehr so locker, und ich war dran, die Familie mit zu unterstützen. Ich erinnere mich daran, wie meine Mutter unter den Teppichen in unserer Wohnung nachschaute, ob mein Vater irgendwo noch Bargeld gebunkert hatte.

Die Ausbilder hatten mich im Visier. Ich konnte meine Schnauze nicht halten und hinterfragte jeden Befehl. Ich wollte nicht einfach etwas tun, nur weil es mir jemand sagte. Erklär es mir, und wenn ich es verstehe und einsehe, werde ich es vielleicht befolgen, so lautete meine Devise. Die falsche Devise für einen klassisch ausgerichteten Lehrplan.

Ich fehlte immer öfter, ließ mich krankschreiben von dem Arzt, der meinen Vater untersucht hatte, der meine Mutter untersuchte und alle meine Verwandten als Patienten hatte. Wald- und Wiesendoktor nannten wir ihn. Mit seiner schlecht operierten Hasenscharte, der Nickelbrille und dem roten Volvo-Kombi gab er denen, die nach einem Spitznamen suchten, genügend Futter. Er hinterfragte selten die Umstände meiner Beschwerden. Selbst bei der siebten oder achten Sehnenscheidenentzündung kam er nicht auf die Idee, dass ich nur simulierte. Oder es war ihm genauso egal wie mir die Konsequenzen meines »Krankfeierns« – ein Ausdruck, der mir durchaus logisch erschien. Jeder freie Tag, den ich außerhalb der Hoesch-Hölle verbringen konnte, war ein Feiertag.

Einmal stand ich im Maschinenraum im zweiten Stock der Lehrwerkstatt am Fenster und schaute auf den hinteren Teil des Betriebsgeländes. Direkt unter dem Fenster befand sich der gesperrte Weg der Versorgungszüge, die seit Jahrzehnten nicht mehr durch dieses Gelände fuhren. Hinter den hölzernen und von Brennnesseln überwucherten Absperrungen konnte ich die Brücke erkennen. Das Eisenmonster, von dem ich mich vor knapp vier Jahren hinunter in den Tod stürzen wollte. Schöne Aussicht.

Gedankenverloren öffnete ich den Stahlschrank und bückte mich, um eine der auf Maß zu sägenden Stahlwellen herauszuholen, als sich ein etwa vierzig Zentimeter langes Stück löste und aus dem obersten Regal rollte. Aus etwa einem halben Meter Höhe fiel es mit voller Wucht auf meine linke Hand. Der Schmerz war stumpf, lähmend und unbeschreiblich stark. Ich schrie kurz auf und hielt meine Hand gegen die Brust gedrückt, als sich alle nach mir umsahen. Die anderen Azubis kamen hektisch zu mir gelaufen: »Was ist passiert? Brauchst Du Hilfe?«. Während sie ratlos um mich herumstanden, benachrichtigte einer von ihnen sofort den Ausbildungsleiter, der langsam und desinteressiert auf mich zuschlenderte und meine Hand begutachtete.

»Glück gehabt, dat is nix, geh ma inne Toilette und halt die Flosse unter kaltes Wasser ... Stell dich nich immer so an, du Weichei!«

In Gedanken schlug ich ihm mit der Stahlwelle die Zähne aus seinem hässlichen Gesicht und ging in Richtung Waschraum. Minutenlang hielt ich meine Hand unter das fließend kalte Wasser aus dem rostigen Hahn und versuchte sie unter Schmerzen zu bewegen. Es ging ganz gut, der Schmerz ließ nach. Verdammt. Wäre etwas gebrochen,

könnte ich deswegen locker vier bis sechs Wochen krank-
feiern, schoss es mir durch den Kopf. Aber die Schwellung
war nicht sehr groß, nur ein kleines Hämatom war auf meinem Handrücken zu sehen. Dieser beschissene Ausbilder
mit seinen herablassenden Weisheiten hatte mich mal eben
im Vorbeigehen diagnostiziert und damit auch noch recht
gehabt. Ich wusste nicht, was mich mehr ärgerte.

Auf dem Weg zurück in den Maschinenraum kam ich
am Anreißraum vorbei, einer kleinen Nische mit einer
Stahlplatte, auf der man die Werkstücke nach Maß kenn-
zeichnete, also anriss, wie es hier in dieser dämlichen Me-
tallersprache hieß. Ich sah mich kurz um und betrat den
Raum, als ich mir sicher war, dass mich niemand gesehen
hatte. Unter der Anreißplatte befand sich der Schrank mit
den Werkzeugen. Ich nahm einen Hammer heraus, einen
500 Gramm schweren Fäustel mit kurzem Holzstiel. Nervös blickte ich über meine Schultern nach möglichen Beob-
achtern, bevor ich meine geschwollene Hand auf die Platte
legte, mit dem Hammer ausholte und mir mit voller Wucht
auf die Hand schlug. Ein Krachen durchzuckte mich, bevor
ich benommen und stöhnend in mich zusammensank.

Ich atmete schnell und blähte bei jedem Ausatmen meine Wangen auf, der Schmerz war jetzt höllisch und stumpf,
drang in jede Zelle und verbreitete Übelkeit. Das war zu
fest gewesen. Ich hatte das Eigengewicht des Hammers
unterschätzt und viel zu heftig zugeschlagen. Mit einem
einzigen Hammerschlag hatte ich mir sämtliche Mittel-
handknochen meiner linken Hand gebrochen. Speichel
tropfte mir aus dem Mund, und ich konnte zusehen, wie
meine Hand immer dicker und bunter wurde. Langsam
und schwer atmend ging ich zurück zum Maschinenraum
und zeigte meinem Ausbilder die Hand.

»Das Kühlen unter Wasser hat nix gebracht, es wird immer schlimmer. Ich hab starke Schmerzen!«

Das Gesicht des Ausbilders war unschlagbar, er wurde

fast so blass wie ich schon war. Er schlug die Hände über dem Kopf zusammen und stammelte »Ach du meine Güte, Sascha. Das tut mir leid, ich dachte nicht, dass es so schlimm ist. Am besten, ich fahre dich sofort ins Krankenhaus«, was er dann auch tat. Ich lachte innerlich und freute mich auf das perfekte Alibi für eine lange Urlaubsphase.

Die folgenden Wochen mit Gips verbrachte ich teils zu Hause, teils mit meinen Saufkumpanen in Kneipen und an Parkbänken. Das war's mir wert. Meine Mutter war alles andere als begeistert, meinte: »Schon wieder krankgeschrieben.« Okay, man konnte nach einem solchen Betriebsunfall einfach nicht arbeiten, aber das mit der Lehre hatte sie sich anders vorgestellt. Mir war es egal, was sie sich vorgestellt hatte, ich hatte einfach keinen Bock mehr, und so langsam war mir auch egal, was sie überhaupt dachte. Was sollte sie schon machen? Nichts. Gegen mich konnte sie nichts mehr ausrichten. Die große Schnauze meines Vaters war verstummt, und sie begann langsam vor mir zu kapitulieren. Ich hatte das Gefühl, tun und lassen zu können, was ich wollte. Und das tat ich dann auch.

EIN BRIEF AN JONATHAN

Im Knast verheilen meine körperlichen Wunden recht schnell. In meinem Kopf habe ich allerdings Dinge angerichtet, die noch etwas Zeit brauchen werden, um nicht mehr so präsent zu sein. Ich kann aber spüren, dass sich etwas in mir verändert hat. Es als Energie zu beschreiben, wäre übertrieben, jedoch habe ich ein Gefühl der Kraft, das ich so schon lange nicht mehr empfunden habe, eine Art Neugier, ob ich vielleicht nicht doch in der Lage bin, mehr zu ertragen, als ich gedacht habe. Hermann Hesse fällt mir ein, ein Satz von ihm, den ich mal irgendwo gelesen hatte. »Und jedem Anfang wohnt ein Zauber inne.« Noch mehr allerdings der Satz: »Nur wer bereit zu Aufbruch ist und Reise, mag lähmender Gewöhnung sich entraffen.«

Neugier, ja, das trifft es wohl am besten. Zu lange habe ich mich fallen und hängen lassen. Hier und jetzt selbstgewählt einen neuen Lebensabschnitt zu beginnen, erscheint mir gar nicht mehr so abwegig. Warum soll nicht gerade aus diesem ausweglosen Dreck und dem totalen Absturz etwas Neues, etwas Gutes entstehen? Ich will es herausfinden, denn ich habe jede Menge Mut getankt.

Die Tage in der gewohnten Einsamkeit und Knastisolation machen jetzt nicht unbedingt mehr Freude als vorher, aber sie sind irgendwie erträglicher, seit ich weiß, dass ich etwas ändern will. Kleine Schritte zwar nur, aber sie könnten etwas Großes ergeben. Und so bewerbe ich mich bei einem der Beamten für den Job des Hausarbeiters, Kalfaktor, wie es hier heißt. Der Job ist begehrt, da man viel Zeit außerhalb der Zelle verbringt und für das Verteilen des Essens zuständig ist. Man kann dadurch eine Art Selbstversorgung herstellen, die ohne Kontakte zur Küche sonst nicht möglich wäre. Mein Vorteil ist, dass ich der Einzige auf unserem Flügel bin, der einen Schulabschluss hat und auch Englisch spricht, um sich mit Gefangenen zu verständigen, die außer ihrer Heimatsprache, die natürlich kein Beamter beherrscht, rudimentäre Englischkenntnisse haben, aufgeschnappt und verinnerlicht auf der Straße. Dazu kommt, dass meine Zelle, wenn ich sie nicht gerade zerstörte, immer sehr ordentlich und sauber ist.

Ich nutze die Zeit, von der ich ja genug habe, um wenigstens in meinem Umfeld für Ordnung zu sorgen, wenn ich schon nicht fähig dazu bin, das Gleiche in meinem Kopf zu bewerkstelligen. Ordnung ist bei den Beamten gern gesehen. Wer Essen verteilt und teilweise auch Zugang zu den Räumen der Bediensteten hat, sollte nach Möglichkeit nicht gerade den Eindruck hinterlassen, als würde er sich nur einmal wöchentlich die Hände waschen. Hört sich abwegig an, aber im Knast gibt es eine Menge Leute, die genau dieses Klischee erfüllen.

In meiner Zelle beginne ich zu schreiben. Ich führe Tagebuch, stichpunktartig und eher wie ein Protokoll, aber es ist das erste Mal, dass ich wieder Spaß an etwas empfinde. Es macht mir Freude, die Geschehnisse festzuhalten und neben der Erinnerung auch eine Art Abstand dazu zu bilden. Vieles wirkt nach dem Aufschreiben nicht mehr ganz so beängstigend wie im Erleben selbst. Manchmal kommt es mir eher wie ein Roman vor, wie die Geschichte eines anderen. Die Abstinenz von Drogen und Alkohol macht sich zusätzlich bemerkbar. Ich habe nicht nur mehr Energie, auch mein Geist ist klarer geworden.

Vielleicht rede ich mir das nur ein, aber solange es wirkt, ist es egal, wodurch das verursacht wird. Die Aktion mit

Engin und Bekir war einfach zu heftig. Heroin wäre mein nächster Stolperstein geworden, wenn ich damit weitergemacht hätte. Das konnte ich nicht gebrauchen. Als die beiden in andere Anstalten verlegt wurden, habe ich mir auch keine große Mühe gemacht, einen Ersatz für sie zu finden.

Ich schreibe eine Menge Briefe, in denen ich mich Freunden und Bekannten anvertraue, denen ich ehrlich und offen über meine Gefühle berichte, eine Art Update an die Menschen draußen verfasse. Je mehr Briefe ich losschicke, desto mehr Briefe erhalte ich zurück – und das ist unglaublich viel wert. Manche Gefangenen bekommen nicht einen einzigen Brief während ihrer Haftzeit, auch keinen Besuch. Das muss schlimm sein. Ich bin sehr dankbar für jede Nachricht. Auch meine Mutter erhält wieder mehr Post von mir als vorher, und meine Schwägerin Sabine schreibt auch häufig, was mich sehr aufbaut. Phillip verfasst die besten Briefe. Sie sind mit Zeichnungen von ihm auf dem Kuvert versehen, oder er hat in großen Schriftzügen zum Beispiel »Jail-Mail« darauf gemalt. Die Beamten lachen jedes Mal, wenn sie mir eins seiner Kunstwerke überreichen. Ich wünsche mir sehr, ihn zu treffen und die Gewissheit zu haben, dass es ihm wirklich gutgeht, wie er es in den Briefen angibt.

Einen Brief schiebe ich allerdings die ganze Zeit vor mir her, den an Jonathan. Was soll ich ihm schreiben? Ich finde keine Worte für das, was ich ihm gern sagen will. Keine Entschuldigung, das wäre auch gar nicht möglich. Das Wort impliziert für mich, dass man sich der Schuld entledigt – und das ist in meinem Fall gar nicht möglich. Das, was ich und Phillip Jonathan angetan haben, kann man nicht rückgängig machen. Aber ich habe den starken Drang, ihm zumindest zu erklären oder zu erklären zu versuchen, was an diesem Tag bei mir passiert ist.

Eine Frage, die wahrscheinlich jedes Opfer einer solch schweren Straftat quält: »Warum ich?« Ich kann mir heute vorstellen, dass einen die Bilder der Tatnacht immer wieder einholen, genau wie es bei mir der Fall ist. Geräusche, Träume und all der Müll, den eine solche Tat in der Seele hinterlässt. Immer auf der Suche nach Antworten und keine Ahnung, woher man diese bekommen soll.

Ich jedenfalls will Jonathan ein paar Antworten geben auf Fragen, die er mir nicht gestellt hat. Von meinem Anwalt weiß ich, dass er noch im Krankenhaus liegt und dass es ihm nicht gutgeht. Er ist nicht mehr in unmittelbarer Lebensgefahr. Aber der Umstand, dass er jahrelang auf der Straße gelebt hat, ist nach den ganzen Operationen nicht gerade von Vorteil für seine Wundheilung.

Die Adresse des Krankenhauses und seinen Namen notiere ich mit zittrigen Händen auf dem Briefumschlag, den mir der Sozialarbeiter meines Flügels gegeben hat. Er war sofort begeistert gewesen, als ich ihm erzählte, dass ich Jonathan schreiben will. Mein Anwalt fand die Idee natürlich auch super, allerdings wohl eher, weil das vor Gericht sicher einen guten Eindruck machen würde. Das war eine beliebte Taktik bei vielen U-Häftlingen. Ich hatte Sorge, dass mir das sogar noch als Berechnung angekreidet werden könnte.

Drauf geschissen, sagte ich mir schließlich, ich muss das loswerden und ihm schreiben. Ganz uneigennützig ist dieser Brief nicht, ich sehe es als eine Art Therapie für mich selbst an. Jonathan zu schildern, was in mir an jenem Abend vorgegangen ist, soll für mich eine Aufarbeitung sein. Und tatsächlich: Beim Schreiben des Briefes werden mir einige Sachen klar, die ich so vorher nicht gesehen habe.

Es ist, als erkläre ich mir selbst, wie der Abend in diese Richtung gehen konnte. Jonathan war austauschbar gewesen. Es hätte jeden treffen können, ebenso wie es an jedem anderen Abend auch hätte passieren können. Es war nicht sein Fehler, er hätte nichts richtig machen können, außer einfach nicht dort im Park zu sein.

Der Brief wird länger und länger, wird von Satz zu Satz emotionaler. Ich schütte alles in mir Schlummernde heraus, alles auf diese paar Seiten Papier. Das fühlt sich verdammt gut an, und ich hoffe, es wird ihn so erreichen, wie ich es meine. Für vieles finde ich keine passenden Worte. Den Hass, der mich mein Leben lang begleitet hat, ihn umschreibe ich mit kurzen Sätzen, da ich nicht den Eindruck erwecken will, das alles sei gar nicht meine Schuld, sondern eine Verkettung von widrigen Umständen. Die Schuld liegt ganz allein bei mir, ich will, dass er das weiß. Ich hätte zu jedem Zeitpunkt nein sagen können. Meine Entscheidungen habe ich selbst getroffen, niemand hat mich zu etwas gezwungen, niemand. Alles, was ich tat, habe ich freiwillig und selbstgewählt getan, und dafür will ich jetzt geradestehen.

Ich lese den Brief zum dritten Mal durch. Dann klebe ich ihn zu und gebe ihn beim Sozialarbeiter ab, der ihn nicht kontrollieren und lesen will. Er lächelt und klopft mir auf die Schulter. Seltsames Gefühl.

Etwa drei Wochen später kommt eine Antwort von Jonathan. Mit zittrigen Händen öffne ich den Brief und lese ihn mit zusammengekniffenen Augen, fast so, als hätte ich Angst vor den Worten, die darin geschrieben stehen.

Jonathan scheint den Brief selbst geschrieben zu haben, die Handschrift ist undeutlich, verwackelt und schlecht zu entziffern. Ich muss schlucken, als ich die ersten Worte lese. »Lieber Sascha« steht da ganz oben, ich kann es kaum fassen. Jede Anrede hätte ich erwartet, diese jedoch nicht. Der Brief ist kurz und knapp, auf eine etwas naive Art verfasst und sprudelt nur so vor Ehrlichkeit. Jonathan bedankt sich tatsächlich für meine Worte an ihn und findet es gut, dass ich den »Mumm« habe, wie er es nennt, ihm zu erklären, wie es zu dieser furchtbaren Tat kommen konnte. Er schreibt, dass er uns dafür verflucht hätte, aber jetzt auch irgendwie verstehen kann, dass es nicht an ihm gelegen habe, sondern er einfach nur zur falschen Zeit am falschen Ort gewesen sei. Ich lese den Brief immer und immer wieder. Mit dieser offenen Rückantwort habe ich nicht gerechnet. Ich fühle, wie ein enormer Druck von mir genommen wird.

Die Zellenbeleuchtung ist längst aus, ich liege wie immer auf meinem Bett mit der schrecklich unbequemen Schaumstoffmatratze. Flurgeräusche sind eigentlich dauernd zu hören, und die Zellennachbarn, egal wie weit entfernt sie sind, brüllen, schluchzen und wichsen in ihren Zellen wie an jedem anderen Tag.

Auf dem Gang kann ich Schritte hören, da geht jemand langsam und mit Bedacht. Das bedeutet, ein Beamter macht seine Runde oder ist auf dem Weg zu einer Zelle, weil jemand auf die Ampel gedrückt hat. Die meisten haben es nicht sonderlich eilig, wenn sie zu jemandem gehen, der ein Anliegen hat. Anfangs fand ich das unmöglich, man musste warten, egal wie dringend es war.

Nachdem ich den schwer umkämpften und sehr begehrten Job des Kalfaktors bekommen habe, begreife ich, dass sich die Beamten zu Recht Zeit lassen. In einem Prozent der Fälle dreht es sich um etwas wirklich Wichtiges, 99 Prozent sind nervtötende Scheiße. Die Jungs hauen auf die Ampel, weil sie keine Zigarettenblättchen mehr haben oder Feuer brauchen, ihr Tauchsieder im Eimer ist oder jemand eine Idee hat, wie sich seine Situation verändern könnte, weswegen er sofort seinen Anwalt kontaktieren müsse.

Manchmal war es zum Haareausreißen gewesen, wenn ich beim Verteilen der Mahlzeiten mit den Vollzugsbeamten an die Türen ging. Besonders morgens, wenn ich das Frühstück brachte. Aus den Zellen drang ein fürchterlicher Gestank. Es war teilweise so schlimm, dass ich Angst hatte, in die Zelle kotzen zu müssen. Da die Toilette und der Mülleimer mit Essensresten zusammen im Haftraum waren, vermischten sich deren Düfte mit dem von ungeputzten

Zähnen und verbrauchter Zellenluft. Manche hängten das Fenster mit Wolldecken und Handtüchern ab, da der gelbe Schein der Halogenstrahler, die draußen vor dem Fenster angebracht waren, sie beim Schlafen störte. Das war zwar verboten, da die Beamten so nicht von außen in die Zellen sehen konnten, es wurde aber geduldet.

Die Wolldecken machten die Luftzirkulation der undichten Fenster unmöglich. Im Sommer bildete sich in den Zellen dadurch ein schimmelähnlicher Geruch, der einem wie eine Faust in die Fresse schlug, wenn die Zellentür geöffnet wurde.

Auch sah man Dinge, die man nicht sehen wollte. Junge Männer in demütigend hässlichen Schlafanzügen aus der Kleiderkammer der Anstalt saßen auf dem Klo, kackten ungeniert und grinsten mich an, während ihr Geruch mich um den Verstand brachte. Manche wichsten, einige absichtlich, wenn sie wussten, dass es gleich Essen gab. Das war ihre Art von Protest. Die kleine Freiheit, die sie sich nahmen, um einem auf den Sack zu gehen, ohne körperliche Gewalt auszuüben. Die harten Brocken warfen manchmal mit ihrer Scheiße, die sie minutenlang in der Hand hielten, um sie einem bei Öffnung der Zellentür entgegenzuschleudern. War der Scheißkerl dann noch zufällig mit Hepatitis infiziert, hatte man ein paar spannende Wochen vor sich, bis die Testergebnisse kamen. Gefahren lauerten überall.

Nicht immer körperlicher Natur, aber der Wahnsinn konnte einen auch emotional verstümmeln, eigentlich sogar noch viel effektiver. Der ganze Knast war ein einziger Hirnfick, denn wenn man die ersten paar Tage oder Wochen überstanden hatte, kam schon die nächste Hürde, die nächste Prüfung. Irgendwas lag immer an.

Zwei Wochen auf einen Brief zu warten konnte einen gestandenen Mann verrückt machen. Einige drehten in solchen Belastungssituationen durch, prügelten sich oder verletzten sich selbst. Kleinigkeiten, die man draußen einfach abgeschüttelt hätte, sorgten im Knast schnell für eine Stimmung, die leicht in Aggression umkippen konnte. Junge Männer, die eh nicht besonders widerstandsfähig waren, wenn ihnen Kritik entgegengebracht wurde, waren so leicht zu reizen, dass Schlägereien an der Tagesordnung waren. Das war der Jugendknast, nicht die Erwachsenen-Strafanstalt, die E-Haft. Hier saßen die, die schon sehr früh auf krummen Pfaden durchs Leben gegangen waren, sonst wären sie nicht hier gelandet.

Fast jeder kannte den Knast bisher nur aus Filmen oder Erzählungen eines Lügenbarons, der sich und die Zeit dort schlimmer redete, als sie war, um, wieder draußen, als besonders cooler Macker durchzugehen. Er hatte ja die megaharte Zeit unbeschadet überstanden. Das war der Grund, warum die meisten Jugendlichen so abgingen. Sie dachten, sie müssten sich aus Kugelschreibern und Seife ein Messer basteln und es dem Ersten, der einen anmachte, in den Hals rammen, um für Ruhe zu sorgen. Man schlug sich, man hasste sich, und man machte sich das Leben schwer.

Viele solcher Momente haben sich in mein Gedächtnis eingebrannt, manche kann ich sogar noch heute riechen. Seltsam, welche immense Wirkung Gerüche auf Erinnerungen haben. Es reicht ein kurzer Moment – und ich bin wieder da, im Knast. In Sekundenbruchteilen rekonstruiert mein Gehirn die Abläufe oder auch nur die Stimmung, die diese Situation bei mir ausgelöst hat. Ich hatte selbst viel Mist draußen gesehen und auch genug selbst angestellt. Was ich jedoch hinter den Mauern zu sehen bekam, übertraf wirklich das meiste davon.

Ich schob also den Essenswagen über die Gänge. Nun das Mittagessen. Alles schön portioniert in den üblichen Aluminium-Menagen, normales Essen rechts, Mohammedaner-Essen links. Die Bezeichnungen stammten nicht von mir, »moha« stand auf den kleinen Zetteln, die unter den

Griff der Menagendeckel auf der linken Seite geklemmt waren. Über der rechten Spalte: »normal«.

Es fing an, mir aufzufallen und zu missfallen. Eigentlich hätte man unser Essen als »unnormal« bezeichnen sollen. Wir bekamen verkochten, beschissenen Kassler mit Sauerkraut, während die Moslems sich leckere Cevapcici mit Reis reinziehen durften. Auch ihr Hähnchen war wesentlich beliebter als die dicken Bohnen mit Mettwurst. Ich hatte als Hausarbeiter immerhin das Privileg, mir das Essen selbst auszusuchen.

Aussuchen wäre in diesem Fall vielleicht ein wenig übertrieben. Ich nahm mir einfach das, von dem ich dachte, dass es mir zustand, oder weil ich einfach Lust darauf hatte. Manchmal orderte ich einfach mehr Essen, als auf dem Flügel Insassen waren. Die besten Gerichte legte ich mir dann an die Seite und nahm sie nachher mit auf meine Zelle. An manchen Tagen aß ich mehrere Portionen Hähnchen, ließ die Beilage weg oder verputzte diese noch dazu.

Man musste natürlich vorsichtig sein, da man schnell den Unmut der anderen auf sich zog, sollten sie davon Wind bekommen. Überhaupt sollte man vieles für sich behalten. Niemand gönnte dem anderen etwas, sei es beim Essen, bei Kippen oder Süßigkeiten. Manche Gefangene stopften sich ihre Schokolade oder Zigaretten in die Unterhose, wenn sie Besuch bekommen hatten, aus Angst, sie müssten etwas davon abgeben, würden andere die Mitbringsel sehen. Die Erfahrung zeigte, dass diese Furcht nicht unbegründet war. Ich selbst hatte Angst. Vor allem Möglichen, meist jedoch davor, verrückt zu werden, den Wahnsinn wieder zu nahe an mich heranzulassen. Dieses Gefühl wieder mit mir herumzutragen, an dieser Situation zu zerbrechen und aufzugeben.

Der Essenswagen ratterte über die von mir frisch gebohnerten Flure, langsam schob ich ihn von Zelle zu Zelle. Es wurden maximal zwei Zellen gleichzeitig aufgeschlossen, da man so die beiden Gefangenen bei der Essensausgabe mit den zwei Beamten am besten überwachen konnte. Ich hielt das für übertrieben. Was sollte schon passieren? An einem Tag änderte ich meine Meinung.

Der Schlüssel ratterte im Schloss herum, und die Tür zu einer der Zellen meines Flügels wurde geöffnet. Gökhan trat aus seinem Haftraum heraus. Er war noch nicht lange hier, hatte aber schon einen Ruf, der ihm vorauseilte. In anderen Knästen hatte er bereits Ärger gemacht. Er war von großer Statur, ziemlich schlaksig, das ließ ihn ein wenig lächerlich erscheinen. Sein Gesicht jedoch, das stark an Leonard Cohen erinnerte, und besonders seine Augen hatten etwas Seltsames an sich. Sie wirkten gelangweilt, teilnahmslos, fast tot. Wenn er sich jedoch bei den Beamten beschwerte, sich aufregte oder sich ungerecht behandelt fühlte, verengten sie sich und leuchteten wie kleine illuminierte Briefkastenschlitze. Der Typ war wirklich irre. Er entblößte grundsätzlich seine Brust, bevor er sich sein Essen holte. Darauf prangte flächendeckend eine selbstgestochene, qualitativ minderwertige Tätowierung, ein Adler. Tätowierte Moslems sah man selten, ein Grund mehr, Gökhan eine Sonderrolle zuzusprechen. Wie besonders er war, sollte ich einige Minuten später miterleben können.

Aus der soeben geöffneten Nebentür kam Gökhans Nachbar Nadir. Klein, gut durchtrainiert. Trotz seiner türkischen Wurzeln haftete ihm etwas Asiatisches an. Seine Augen hatten diese Mandelform, und seine Haut war nicht so dunkel wie die seiner Landsleute. Verschlafen schlurfte er auf Adiletten aus seinem Haftraum, mit einem Teller in der Hand. Merkwürdig, dachte ich, denn das Mittagessen wurde ja in Menagen serviert. Teller brauchte man eigentlich nur zum Frühstück und zum Abendbrot. Ich hielt das für ein Versehen.

Nadir sah zu Gökhan hinüber und sprach ihn an, auf Türkisch. Gökhan schwieg, legte den Kopf zur Seite und lächelte. Mir fiel auf, wie seine Augen sich veränderten. Ich konnte förmlich riechen, dass da was war.

Als Nadir seinen Teller in die Luft hob, schien sich auf einmal alles wie in Zeitlupe zu bewegen. Ich stieß einen kurzen Schrei aus, die Beamten sahen mich verwundert an. Im nächsten Augenblick schlug Nadir mit dem Teller auf Gökhans Ellenbogen ein, den er zum Schutz seines Kopfes rechtzeitig hochgerissen hatte. Der Teller zersprang in mehrere größere Teile und klirrte durch die Metallgeländer in das Erdgeschoss. Geschockt sah ich, dass Gökhans Fleisch vom Trizeps bis zum Unterarm aufgeschlitzt war und den Blick auf die darunterliegenden Sehnen und Knochen freigab.

Blut spritzte gegen den Essenswagen, auf den Boden und an die Wand zwischen den beiden Zellen. Gökhan schien das nicht zu interessieren. Bevor die zwei Beamten überhaupt realisiert hatten, was hier gerade abging, sah ich, dass er etwas Metallenes in seiner Hand hatte und damit auf Nadir einstach. Der drehte sich weg, kassierte aber dennoch etwa sechs bis acht kurze, schnelle Stiche in der Nierengegend. Er schrie laut auf und fiel in seine Zelle.

Die Beamten warfen sich auf Gökhan, der seine Waffe vor meine Füße schmiss. Es war eine halbe Nagelschere, die durch das Entfernen der Schraube in der Mitte getrennt worden war. Eine extrem scharfe und spitze Stichwaffe, die am unteren Ende einen Ring zum Halten bot.

Ich starrte auf das blutverschmierte Teil vor mir, alles war rot. Vor einer Minute war der Boden blitzblank gewesen, und die beiden hatten im von Essensgeruch durchzogenen Flur gelangweilt nebeneinander gestanden. Jetzt sah es um mich herum aus wie in einem Horrorfilm, und alles roch metallisch. Das Blut schoss immer noch in einem starken Schwall aus Gökhans Arm, während die beiden Beamten voll damit beschäftigt waren, den vor Schmerz und Wut schreienden Hungerhaken mit nur einem funktionierenden Arm ruhig zu halten. Es gelang ihnen nicht. Erst als einer der Beamten den Notruf an seinem Funkgerät betätigte, rollte das Kommando der Helfer an und stürzte sich auf Gökhan, der unter dem Berg aus Beamten verschwand und verstummte. Ich wurde zur Seite geworfen und auf dem Boden fixiert, obwohl ich gar nicht beteiligt war. Sicher ist sicher. Die Abläufe im Knast ließen keine Ausnahmen zu.

Kurz darauf wurde ich in meine Zelle gebracht und eingeschlossen. Die Geräusche auf dem Flur wurden vom Johlen und Schreien der Mithäftlinge übertönt. Irgendwann war es dann wieder ruhig. Ich saß in meiner Zelle und rauchte. Essen gab es erst wieder am Abend. Bei dieser Arbeit sah ich, dass die Zellen von Gökhan und Nadir leer waren. Man hatte sie sofort ins Justizvollzugskrankenhaus verlegt, und ich war mir sicher, dass ihre Wege sich danach so schnell nicht wieder kreuzen würden. Nach solchen Zwischenfällen war es üblich, dass man in jeweils andere Knäste verlegt wurde, um weiteren Ärger zu vermeiden. Es wurde gemunkelt, dass es um Schulden für Drogen ging, die einer der beiden nicht begleichen wollte, und zur Rettung der Ehre hatte nur das Aufschlitzen des anderen zur Wahl gestanden.

Mir leuchtete nicht ein, wie man im Beisein von Beamten eine solche Tat begehen konnte. Man wusste doch vorher, welche Konsequenzen das nach sich ziehen würde. Die Gleichgültigkeit aber war in denen zu Hause, die nichts mehr zu verlieren hatten oder denen es im Knast nicht so schlimm vorkam. Dreimal essen am Tag und ein Bett sind für viele ein gutes Argument. Ich konnte das nicht nachvollziehen.

Auch in Zukunft hielt ich mich aus jeglichem Ärger heraus. Stattdessen arrangierte ich mich mit den meisten Situationen, die ich vorher umgangen hatte, wie zum Beispiel die Freistunde auf dem Hof, die ich nun regelmäßig besuchte, obwohl ich vorher hier oft angegangen worden war.

Für die Analphabeten oder Legastheniker schrieb ich Briefe an ihre Anwälte oder an Therapieeinrichtungen und wurde dafür mit Kaffee oder Tabak bezahlt. Mein Spitzname auf dem Flügel war schnell gefunden, ich war der »Professor«. Ein simpler Realschulabschluss reichte aus, irgendwie fand ich das lustig. Lustige Situationen gab es natürlich nicht allzu viele, umso mehr brannten sich die positiven Momente ins Gehirn ein.

Was mich damals wirklich verblüffte: Wie schnell konnte man sich doch an Situationen anpassen und war in der Lage, mit den neuen Gegebenheiten zurechtzukommen und sich aus allem ein Hilfsmittel zu basteln. Meine Tätowierungen führten rasch zu der Annahme, dass ich selbst tätowieren könnte, was selbstverständlich nicht stimmte. Zeichnerisch war ich so unbegabt, dass eine Hand, die ich hätte zu Papier bringen sollen, wie eine Blume ausgesehen hätte. Trotzdem dachten alle, ich könnte es, und dementsprechend wurde ich fast täglich von jemandem deswegen angesprochen.

Die Jungs tätowierten sich gegenseitig auf den Zellen beim Umschluss. Die Maschinen bauten sie aus Motoren von Kassettenrekordern oder elektrischen Rasierapparaten, an die Nadelführungen aus Teelöffeln und Kugelschreibern gebastelt wurden. Manche Maschinen waren echte Kunstwerke, andere sahen aus wie Elektroschrott der vorletzten Generation. Die Farbe wurde aus Zigarettenasche und Urin angemischt. Bei ganz angstfreien Häftlingen schmolz man Plastikkleiderbügel. Die Substanz wurde in die Haut gestochen, bevor sie dort aushärtete und nach wochenlanger Infektion herauseiterte und nur die Pigmente in der Haut zurückblieben.

Nach langer Überredungskunst eines Mithäftlings versuchte ich mich schließlich doch als Knasttätowierer und stach diesem das Bild einer Moschee auf den rechten Oberarm, mit einem Spruchband darunter. Wir machten das ebenfalls während des Umschlusses, und Ümit, mein Opfer, hielt tapfer durch. Es sah einfach beschissen aus, aber Ümit mochte es. Eine Packung Tabak und eine Bombe Kaffee, wie eine Dose Instantkaffee genannt wurde, und das Geschäft war besiegelt.

Überhaupt: Bei der Essenszubereitung konnte man durchaus kreative Züge bei Leuten erkennen, denen man vorher nicht einmal zugetraut hätte, sich allein die Schuhe zuzubinden. Marc, mit dem ich aus Platzgründen meine Einzelzelle für ein paar Wochen teilen musste, führte mich in die Welt des improvisierten Kochens ein. Er hatte schon ein paar Jahre Knast auf dem Buckel und eine Vergangenheit in Kinderheimen und die klassische Missbrauchs-Gewalt-Drogen-Karriere hinter sich. Seine kurzen roten Haare und die Sommersprossen machten ihn zu einem schelmischen, kleinen Jungen, der er allerdings schon lange nicht mehr war. Seine Augen erzählten von dem Leid, das ihm widerfahren war, und in unseren Gesprächen spürte ich, wie sein Licht in der Kindheit ausgepustet worden war. Doch er war nicht verbittert, er hatte nicht aufgegeben. Und er konnte kochen. Ich war echt verblüfft, wie man aus so wenig so viel zaubern konnte.

Er nahm einen Eimer und füllte ihn zu einem Fünftel mit Wasser, in das er ein Paket Nudeln schüttete. Dann hängte er einen Tauchsieder in den Eimer und wickelte um den Rand ein bis zwei Handtücher, bis sich der Querschnitt des Eimers so weit verkleinerte, dass man einen Suppenteller als Deckel aufsetzen konnte. Während das Wasser im Eimer zu kochen begann und die Nudeln garten, erhitzte der aufsteigende Wasserdampf den Boden des Tellers so dass man auf ihm Eier, Speck oder Zwiebeln anbraten konnte.

Das waren Momente, in denen ich ein Grinsen auf dem Gesicht hatte, weil Dinge passierten, die ich so nicht erwartet hätte. Marc pfiff dabei schiefe Töne, die ein französisches Lied sein sollten, und sagte Sachen, die er aus Kochbüchern auswendig gelernt hatte. Manchmal fühlten wir uns richtig unbeschwert.

Der Knastjargon war ein weiterer Teil des mir vollkommen neuen Universums. Worte wie »Popshop«, was nichts anderes als »Zapfenstreich« oder »Schluss für heute«, modifiziert aber auch »Ende der Fahnenstange« bedeutete, musste ich erst lernen. Begriffe wie »Zinker« oder »Moped«, mit denen ein selbstgebauter Tauchsieder gemeint war, gehörten dazu. Einiges erschloss sich mir nur, indem ich es selbst erlebte. Ich hätte gern darauf verzichtet.

Schon zu Beginn meines Aufenthalts vernahm ich ein Klopfen von einem direkt nebenan gelegenen Haftraum. Ich stellte mich ans geöffnete Fenster und versuchte, etwas zu hören. Ja, jetzt konnte ich meinen Nachbarn verstehen.

»Hinter dir am Waschbecken hängt ein kleiner Spiegel. Nimm ihn und streck ihn aus dem Fenster, dann kannst du mich sehen.«

Ich tat, wie er es mir gesagt hatte. Es war unglaublich. Durch den kleinen Spiegel konnte ich eine etwa dreißig Meter lange Betonmauer erkennen und die Fassade des Zellentrakts. Aber nicht nur: Aus nahezu jedem Fenster ragte eine Hand mit einem Spiegel heraus. Die Leute unterhielten sich auf diese Weise von Zelle zu Zelle, manchmal über mehrere Stockwerke hinweg.

Nun drehte ich den Spiegel so, dass ich meinen Zellennachbarn sehen konnte und er mich. Er grinste und sagte: »*Spiegel-TV* ... kanntest du noch nicht, was?«

Beinahe hätte ich laut gelacht, so skurril war die Situation. Das Fernsehformat mit der gleichnamigen Sendung war noch nicht erfunden, aber der Gag saß. Amüsiert schüttelte ich den Kopf. Aber bald danach folgten wieder Momente, in denen mir das Lachen im Halse stecken blieb.

Über diese Erinnerung schlafe ich ein.

COUNTDOWN IN DER EINZELZELLE

Mein Job als Hausarbeiter mit den täglich anfallenden Pflichten hilft mir, mich von der Ausweglosigkeit abzulenken. Morgens stehe ich sicher als Erster auf, anschließend werde ich von einem Beamten aus meiner Zelle gelassen. Mehr oder weniger selbständig habe ich Zugang zur Putzmittelkammer, einem kleinen Raum, der ehemals die erste Zelle im Gang gewesen war und nun zur Aufbewahrung von Wischmopp, Reinigungsmitteln, Bohnerwachs und der Bohnermaschine dient.

Habe ich das Essen aus der Küche abgeholt und den Essenswagen durch den langen Hauptgang zu meinem Flügel geschoben, verteile ich die Rationen an die Häftlinge: drei Brotsorten, Margarine und Marmelade, Aufschnitt, dünnen Kaffee und den grauenhaften Hagebuttentee. Danach mache ich mich an die Reinigung des Flügels. Zwei Stockwerke, etwa vierzig Meter lang, werden zuerst gefegt und dann feucht gewischt. Zwischendurch gehe ich ab und zu in meine geöffnete Zelle, um eine Zigarette zu rauchen, wenn ich noch Tabak habe. Manchmal ist am Ende des Monats nur noch ein kleiner Rest übrig. Dann muss ich mir aus alten Kippenstummeln die Tabakkrümel entfernen und aus dem ekligen Zeug eine Art Not-Zigarette drehen. Filterzigaretten sind der totale Luxus, in ihren Genuss komme ich nur ab und an, wenn etwa ein Beamter einen spendablen Tag hat oder Mithäftlinge meine Kurierdienste damit bezahlen. Ich bringe Kassiber, also geheime

Botschaften, Drogen und andere Sachen von Zelle zu Zelle und werde dafür entlohnt.

Sind die Gänge getrocknet, müssen sie gebohnert werden, mindestens alle drei Tage, manchmal öfter. Ich kippe die stinkende Mixtur aus Wachs und Versiegelung aus einem Zehn-Liter-Kanister über die Linoleumböden und verteile alles mit einem Wischer. Nach einer kurzen Einwirkzeit fahre ich mit der Handmaschine darüber, ein uraltes Gerät mit einem Handgriff, an dessen unterem Ende eine rotierende Scheibe mit einer Bürste angebracht ist. Die bringt unter ständigem Hin- und Herbewegen die zerkratzten Böden zum Glänzen. Es ist eine stundenlange, stumpfe und eintönige Arbeit, aber dadurch kann ich meiner Zelle entkommen. Es ist weniger schrecklich, als die ganze Zeit aus dem Fenster zu starren.

Ich mache meine Arbeit gut, und die Beamten sind mit dem Ergebnis stets zufrieden. Daher übersehen sie oft, wie viel Zeit ich mir dafür nehme. Fast immer dauert es länger, als der Knastplan es vorsieht. Man gönnt mir die Momente außerhalb der Zelle, wenn nichts Wichtigeres ansteht und ich nicht nur herumsitze oder sonst unangenehm auffalle. Eine Art stille Vereinbarung.

An Weihnachten wird nicht geputzt. Es gibt zu wenig Personal im Gefängnis, da die meisten zu Hause bei ihren Familien sind oder im Urlaub die Skipisten unsicher machen. Während der Feiertage wird nur das Nötigste gearbeitet. Für mich heißt das, auf der Zelle zu sitzen und die Minuten zwischen den Essensausgaben zu zählen.

Ich bin jetzt seit etwas mehr als drei Monaten in Untersuchungshaft. Die Zeit verging sehr langsam, manchmal gar nicht, und manchmal kam es mir sogar so vor, als liefe sie rückwärts. Gedanken an zu Hause, an die gedrückte Stimmung beim Blick auf meinen leeren Platz und die Sorge meiner Mutter machten mich fast verrückt. Ich versuchte, alles nicht zu nahe an mich heranzulassen, was mir jedoch nur selten gelang.

Heiligabend sowie der erste und der zweite Weihnachtsfeiertag unterscheiden sich nicht von jedem anderen Tag, bis auf den Umstand, dass wir zum Abendessen zusätzlich einen kleinen, in Folie verschweißten Christstollen erhalten. Staubtrocken ist der und schmeckt nach nichts als Zitronat. Wie alles, was von der Norm und dem immer gleichen Alltag abweicht, ist er trotzdem eine willkommene Abwechslung und wird von uns verschlungen.

Und noch eine kleine Abwechslung gibt es. Abends, am ersten Weihnachtstag, kommt gegen 22 Uhr ein Beamter auf meine Zelle. Ich bin verwundert, denn eigentlich ist um zehn Uhr Popshop, also Nachtruhe, und man hockt allein herum und schaut vielleicht noch leise etwas fern. Der Mann hat eine Sozialarbeiterin vom Strafhaft-Flügel dabei, wo die bereits verurteilten Häftlinge einsitzen. Sie hatten dort eine kleine Weihnachtsfeier organisiert und wollen nun, dass ich die Reste des Weihnachtsessens an die Gefangenen meines Flügels verteile.

Die Sozialarbeiterin ist sehr hübsch, hat ein fein geschnittenes Gesicht und eine volle Unterlippe, die sie nach jedem Satz mit der Zunge befeuchtet. Sie ist nicht nur wegen ihrer Attraktivität sehr beliebt in der Anstalt. Sie hat sich schon oft bei der Anstaltsleitung erfolgreich für die Belange der Untersuchungshäftlinge eingesetzt. Wir mögen sie.

Erstaunt betrachte ich die kleine orangefarbene Plastikwanne, die vor meiner Zelle auf dem gebohnerten Boden steht. Es ist eine dieser Wannen, in denen man Babys badet oder Wäsche transportiert. Sie scheint etwas abgenutzt zu sein und ist mit Alufolie bedeckt. Was wohl darunter ist?

Nachdem die Sozialarbeiterin die Folie entfernt hat, strahlen mich etwa achtzig Bockwürstchen und gigantische Mengen an Kartoffelsalat an, als wären sie der Heilige Gral. Das ist so ziemlich das Einzige, was für einen kurzen Moment weihnachtliche Stimmung verbreitet, da es entfernt an ein Geschenk erinnert. Wir packen zuerst die Würstchen in einen Topf um, da die muslimischen Häftlinge sonst nichts von dem Salat genommen hätten und eine Revolte ausgebrochen wäre. Da es mehr Würstchen als Gefangene auf unserem Flügel gibt, lege ich mir die Differenz unter leichtem Grinsen des Beamten auf einen meiner Teller und stelle ihn mir auf den Tisch neben den Fernseher. Nachdem ich alle anderen versorgt habe und die Tür zu meiner Zelle wieder verschlossen wird, esse ich alle Würstchen auf, ungefähr zwanzig Stück, und verschlinge dazu den Kartoffelsalat, als gäbe es kein Morgen mehr. Ich sitze mit vollem Mund schmatzend auf dem Stuhl vor dem Fenster und starre gedankenverloren und kauend auf den Hof. Fast mechanisch schiebe ich mir eine Portion nach der anderen in den Mund. Eine Stunde später kotze ich alles wieder in mein Klo. Der Fressanfall war es dennoch wert.

Geplagt von Magenschmerzen (Würstchen) und Depressionen (Feiertage), kämpfe ich mich mit den anderen Insassen tapfer durch die verschärft langweilige Zeit und steuere geradewegs auf Silvester zu. Früher hatte ich schon Wochen im Voraus einen Plan gehabt, was ich an diesem Tag tun würde: auf alle Fälle exzessives Saufen – nur die Orte, an denen ich das tun wollte, änderten sich. Ich traf mich mit Freunden, Frauen und irgendwelchen Unbekannten an einem Platz, in einer Wohnung, in einem Club oder wo auch immer, verschoss gegen Mitternacht unzählige Pistolenmagazine mit teurer Munition und soff alles, was ich kriegen konnte. Es wurden Wünsche und Umarmungen verteilt, der Alkoholpegel stieg, und irgendwann wankte ich nach Hause. Ein Tag wie ein normaler Wochenendtag, nur mit verordneter Fröhlichkeit und der Annahme, dass ab jetzt alles etwas anders oder besser werden würde.
Wie sehr ich mir diesen Zustand in meiner Zelle wün-

sche, kann ich gar nicht beschreiben. Es sind nicht so sehr der Alkohol, das Ballern oder die guten Vorsätze, die ich vermisse. Ich vermisse Gesellschaft. Ich vermisse Menschen, das Lachen und Feiern, etwas, das ich draußen inflationär tat und irgendwann gar nicht mehr zu schätzen wusste. Hier drin wirkt es so wichtig und erstrebenswert. Verdammt, ich will endlich raus.

Das Knastradio spielt bis zum Einschluss wieder einmal »Freiheit« von Müller-Westernhagen und einige andere Kracher, dann wird es kurz ruhig. Ich weiß nicht, was mich um Mitternacht erwarten wird, es ist mein erstes Silvester im Gefängnis. Dass wir nicht auf den Hof gehen werden, um Raketen zu zünden, ist klar. Aber ich denke darüber nach, ob man vielleicht die Böller von Partys in der näheren Umgebung hören oder ein paar Raketen am Himmel sehen kann, die den dunklen Knasthof für einen kurzen Moment feierlich erstrahlen lassen würden. Ich sitze auf meinem Tisch, den ich vor das Fenster geschoben habe, rauche und sehe in meinem Spiegel die anderen Gesichter der Abteilung, wie sie an ihren Gittern hängen und reden.

Sie erzählen von Silvesterfeiern, die sie draußen erlebt haben, wild und exzessiv, wahrscheinlich zu einem Großteil erfunden und doch so interessant, dass ich ihnen lange zuhöre, bis ich merke, dass es gleich Mitternacht ist. Irgendjemand stimmt einen Countdown von zwanzig rückwärts an, und alle machen mit. Von Zahl zu Zahl scheint der Chor der Häftlinge lauter zu werden, und bei Fünf kann man uns wahrscheinlich bis in die nächste Stadt hören.

Als der Countdown bei null ankommt, passiert etwas, womit ich nicht gerechnet habe. Jeder wirft etwas aus seinem Fenster. Tassen, Teller, Teekannen und Gläser, alles, was beim Aufschlagen auf den Hof Lärm machen kann, fliegt raus. Ich mache mit. Dann zünden wir unsere Bettlaken an, nachdem wir sie durch die Gitterstäbe nach draußen gepresst haben, und schwenken sie hin und her. Dazu grölen und pfeifen wir, Schreie und Lieder klingen über den Hof, und am Himmel kann man hier und da eine bunte Färbung durch entfernt aufsteigende Raketen erahnen.

Für einen kurzen Moment ist es eine Feier, ein Zelebrieren der Aussätzigen mit den Mitteln, die ihnen zur Verfügung stehen. Es vereint uns für eine kurze Weile, erhebt sich über Schicksale, Lebensläufe, Nationalitäten und Delikte. Alle sind gleich. Alle sind gleich fröhlich und traurig, gleich verzweifelt und euphorisiert. Alle.

Bis die Beamten der Nachtschicht auf den Hof stürmen und dem Ganzen durch Androhung schwerer Konsequenzen – das geht bis zur Beruhigungszelle – ein Ende machen. Nach und nach verstummt der Lärm, doch einige Randalierer, die sich nicht abschrecken lassen und weiter Sachen aus dem Fenster werfen, werden in die B-Zellen verlegt. Schließlich hat sich die Nacht ihre dunkle, schwere Ruhe zurückgeholt.

Am nächsten Morgen werde ich von dem diensthabenden Beamten geweckt und auf den Hof geführt, der aussieht, als wäre dort ein Passagierflugzeug abgestürzt. In der Nacht hatte es noch geregnet, danach war der Frost gekommen, und so hatte sich aus unseren Wurfgeschossen und verbrannten Wäschestücken eine bizarre Landschaft aus weißen Bergen und Tälern gebildet. Als Hausarbeiter muss ich nun dafür sorgen, dass der Hof in zwei Stunden wieder so ausschaut wie vor dem Neujahrsfest. Ich brauche dreieinhalb Stunden.

Danach sieht es aus dem Hof aus, als wäre das alles nicht passiert. Das Erlebte erscheint wie ein Traum, kurz und unbeschwert, doch auch er soll bald in Vergessenheit geraten. Der Alltag kehrt mit der gleichen Härte zurück, mit der er mich verlassen hat. Stundenlanges stumpfes Herumsitzen in der Zelle, Kaffee kochen, Zigaretten rauchen und nachdenken. Nachdenken über die Zukunft, die ich mir unbedingt ansehen will. Ja, ich will immer noch.

Es gibt fiese Durchhänger, und manchmal überlege ich auch, wie es wäre, einfach aufzugeben, mich treiben zu lassen und die Macht des Schicksals über mein weiteres Leben anzuerkennen. Doch der unbedingte Wille, alles zum Besseren zu wenden, ist stärker und gewinnt immer wieder die Oberhand. Es hat sich ja gebessert. Jedenfalls zu kleinen Teilen. Der Hof, den ich gerade noch sauber gemacht und vom Unrat befreit habe, war vor ein paar Wochen noch ein Platz, den ich gemieden habe, nachdem zwei Mithäftlinge versucht haben, mich abzustechen. Wie ernst es ihnen war, kann ich nicht sagen, aber einer von ihnen, ein kleiner, gedrungener Libanese, hatte eine spitze Spiegelscherbe mit Klebeband als Griff umwickelt und mich damit attackiert. Ich wich im letzten Moment aus, doch er verfehlte nur knapp meinen Bauch und stach ein Loch in meine Jacke. Da er die Scherbe auf den Boden geworfen und sie mit dem Fuß zertreten hatte, konnte sie nicht mehr als Waffe erkannt werden. Er konnte nur bestraft werden, wenn ich gegen ihn aussagte, was ich natürlich nicht tat.

Wenn die Menschlichkeit momentweise in das dreckige Verlies zurückkam, nährte das meine inneren Durchhalteparolen. Es war nicht alles negativ und abgrundtief schlecht. Es gab diese Augenblicke, in denen ich herzliche, kleine aufmunternde Sachen erlebte und die mir zeigten, dass das hier nicht das Ende sein musste. Diese Dinge waren es, die mich hoffen, die mich weitermachen ließen.

Der Fernseher war an allen Seiten verplombt, damit keine elektronischen Teile entfernt und umfunktioniert wurden. Ich konnte ARD, ZDF und das Dritte Programm empfangen. Über eine selbstgebaute Antenne – eine Gabel mit einem Kupferkabel daran – bekam ich manchmal ganz schwach den Privatsender Tele 5 rein. Eines Abends sollte auf dem Ersten Programm ein Fußballspiel übertragen werden. Ich kann mich nicht mehr daran erinnern, wer gegen wen spielte, was auch ziemlich bezeichnend für meine Zeit als Hooligan war. Das Spiel stand nie im Vordergrund, wir gingen ins Stadion wegen der Ausschreitungen, der Gewalt.

Obwohl ich die Zeit mit Mike und den anderen Schlägern und auch diese Adrenalinkicks nicht vermisste, wollte ich das Spiel sehen. Langsam fand ich Gefallen am Sport. Vielleicht lag es aber nur daran, dass ich mich für so ziemlich alles interessierte, was nicht mit dem Knastalltag und seinen zermürbenden Regeln zu tun hatte. Jede Radiosendung, jedes Buch, jedes Hörspiel, jedes Erlebnis, das nicht mit der Welt der Häftlinge drin zu tun hatte, wurde von mir aufgesogen.

Es musste gegen halb neun gewesen sein, als es vorsichtig an meiner Tür klopfte. Beinahe hätte ich »Herein« gerufen, doch ganz so lustig fand ich die Situation nicht. Wenn um diese Zeit Beamte in die Zelle traten und dann auch vorher noch leise anklopften, statt die Tür einfach zu öffnen, bedeutete das Probleme. Entweder wollten sie Informationen oder einen Gefallen, der meist damit endete, dass man irgendetwas saubermachen oder aufräumen sollte, was sie selbst verschuldet hatten.

Argwöhnisch sah ich den Beamten an, der langsam in die Zelle trat, nachdem er die Tür vorsichtig, fast geräuschlos aufgeschlossen hatte. Es war Herr Zobel, um die fünfzig, Stirnglatze, Bart, leicht gebückte Haltung, unauffällig. Einer, den man mit wohlwollender Einstellung als »einen von den Guten« bezeichnet hätte. Er kam lächelnd auf mein Bett zu, auf dem ich es mir mit einer Tasse Kaffee gemütlich gemacht hatte.

»Sascha, wie ich sehe, guckst du dir das Spiel an. Ich hab heute den Dienst von meinem Kollegen übernommen, weil der freimachen wollte, hab aber vergessen, dass Fußball ist. Ich wollte dich ... also, ich wollte fragen ... ich weiß, das ist nicht üblich und auch untersagt, aber kann ich das Spiel bei dir sehen?«

Ich zog meine Augenbrauen hoch und sah ihn schweigend an. Wenn Mitgefangene davon erfuhren, konnte ich einpacken. Komplett. Die ganzen Mühen der letzten Monate, um mir das Vertrauen der anderen zu erarbeiten, hätte ich binnen neunzig Minuten zunichtegemacht. Jemand, der zu viel mit Beamten redete, mit ihnen scherzte oder freiwillig Dinge für sie erledigte, galt als Zecke, als halber Zinker. Als jemand, dem man nicht vertrauen durfte, weil er einen für eine Lockerung seiner Haftbedingungen sofort verraten würde. Zellendurchsuchungen, Leibesvisitationen und verschärfte Postkontrollen gingen auf das Konto solcher Typen. Ich war kein Zinker. Und ich wollte auch nicht, dass man dachte, ich wäre einer. Verdammte Zwickmühle, denn Herr Zobel war in Ordnung, hatte höflich gefragt und wollte keine Infos von mir abgreifen, sondern wirklich nur das Spiel sehen. Draußen wäre die Antwort innerhalb von Sekundenbruchteilen zu seinen Gunsten ausgefallen, hier drin aber galten andere Regeln. Ich musste nachdenken.

»Currywurst-Pommes-Mayo!«, sagte ich dann und starrte ihn durchdringend an.

Er kräuselte seine Stirn und zuckte mit den Schultern.

»Was meinst du ... was Currywurst?«

»Wir sehen uns zusammen das Spiel an, und Sie bringen mir bei Ihrer nächsten Nachtschicht eine Manta-Platte mit rein. In Ihrer privaten Tasche. Das ist nur fair. Sie wissen genau, welcher Gefahr Sie mich hier aussetzen, sonst hätten Sie die Tür nicht so leise geöffnet.«

Er legte den Kopf auf die Seite und lächelte mich an. Es war ein Lächeln, wie man es hat, wenn man einem Kompromiss zustimmt, ohne es wörtlich auszusprechen. Als er sich aufs Bett niederließ, konnte ich in seinen Augen die Wörter »Kleines Arschloch, du« lesen. Aus der Brusttasche seines grünen Diensthemds zog er eine Schachtel Ernte 23 und bot mir eine Zigarette an, die ich dankend annahm. Die letzte Filterzigarette war Wochen her.

Stumm saßen wir nebeneinander und verfolgten das Spiel, die Tür blieb angelehnt, und auch die Kommentare zu Spielzügen, Torschüssen und Fouls gaben wir sehr leise ab. Irgendwie war es lustig. Natürlich hätte ich mir lieber jemand anderen als Mitgucker gewünscht, aber überhaupt mal wieder in Gesellschaft fernzusehen war gut.

Nach der ersten Halbzeit ging Herr Zobel kurz in das Beamtenbüro, eine kleine, verrauchte Bude, die als Kontrollzentrum für unseren Flügel fungierte. Pünktlich zur zweiten Halbzeit kehrte er in meine Zelle zurück – und hatte Kaffee mitgebracht. Filterkaffee. Ich musste mich stark zusammenreißen, um nicht laut zu jubeln. Auch wenn ich davon ausgehen konnte, dass ich heute Nacht durch das Koffein nicht mehr schlafen würde, hätte ich doch nicht glücklicher sein können.

Als das Spiel zu Ende war, verabschiedete er sich kurz und knapp und verließ die Zelle umgehend. Niemand hatte etwas bemerkt, denn ich wäre sicherlich am nächsten Morgen von den anderen Häftlingen darauf angesprochen worden. War aber nicht der Fall. Glück gehabt.

TAGE IN DER KLAPSE

Der 15. Februar 1993 fängt beschissen an. Meinen zwanzigsten Geburtstag hatte ich mir anders vorgestellt. Früher hatte ich mir öfter ausgemalt, wie es wohl sein würde, hätte ich endlich eine »Zwei« vorne stehen, immerhin würde für mich ein neues Lebensjahrzehnt beginnen. Dass ich an diesem Tag aber im Gefängnis sitze, mit Aussicht auf eine mehrjährige Haftstrafe, hätte ich nicht gedacht. Überhaupt hatte ich nie daran gedacht, dass ich im Knast landen würde, obwohl ich doch jederzeit damit hätte rechnen müssen. Hunderte Straftaten, die ganzen Schlägereien, Freunde im Zuhälter- und Drogenmilieu – was sollte sonst die logische Schlussfolgerung einer solchen Karriere sein. Trotzdem hatte ich bis zu meiner Verhaftung gedacht, das würde nur anderen passieren, niemals mir selbst. In den Knast gehörten Verbrecher, Menschen, die nur Scheiße bauten und ihr Leben nicht auf die Reihe bekamen. Ja, genau solche Menschen landeten da. Und ich war nicht ein solcher Mensch.

Geirrt. Ich war solch ein Mensch. Ich war jemand, der sich nur mit Schlechtem umgeben und fast nur schlechte Dinge getan hatte. Ich hatte es verdient, hier zu sein. Auch an meinem zwanzigsten Geburtstag.

Als einziges Geschenk an diesem Tag erhalte ich einen Brief mit einer gerichtlichen Verfügung. Innerhalb der nächsten Tage, so heißt es in dem Schreiben, würde ich in die etwa fünfzig Kilometer entfernte Kinder- und Jugendpsychiatrie verlegt werden. Dort wolle man mich zur Untersuchung meiner Schuldfähigkeit befragen, die Psychologen und Mediziner würden auch meine Persönlichkeit und meine Steuerungsfähigkeit zur Tatzeit einschätzen. Ein wichtiger und für mich lange erwarteter Termin, obwohl ich nicht so richtig weiß, was dort auf mich zukommen wird. Jeder Gefangene, der dort gewesen war, erzählte was anderes über die Psychiatrie. Einige beschrieben das Ganze als einen erholsamen Ort ohne Beamte und mit geilen Krankenschwestern, die nett zu einem wären, und dass man dort gutes Essen bekommen würde. Eine Art Hotel mit Gittern vor den Fenstern, alles modern, und jeder wäre um das Wohl des Gefangenen besorgt. Andere hatten Vergleiche zu Horrorfilmen gezogen, berichteten von sabbernden Triebtätern in Zwangsjacken, die einen anstarren, wenn man im Gemeinschaftsschlafraum im Bett liegt. Man müsse Angst davor haben, vergewaltigt oder abgestochen zu werden. Die Realität hatte mit beiden Versionen nicht viel zu tun.

Es läuft nichts Spezielles im Fernsehen, als der gelbe Scheinwerfer vor meinem Zellenfenster angeht. Ich zucke kurz zusammen, wie immer. Kurz danach öffnet sich die Tür mit einem Ruck, und Herr Zobel betritt meine Zelle.

»Übermorgen geht's auf Transport, habe ich gehört. Darf ich dir eigentlich nicht sagen, aber ist ja nix Wildes. Der Bus fährt über verschiedene Knäste und sammelt Leute ein, die Reise kann also länger werden!«

Aktuell interessiere ich mich mehr für die weiße Plastiktüte, die Herr Zobel in seiner Hand hat. Ich grinse, denn ich weiß, was der Beamte da bei sich hat. Der Geruch, der sich auszubreiten beginnt, ist unverkennbar.

»Hier, ist natürlich kalt, ich musste das irgendwie reinschmuggeln. Das erzählst du aber niemandem, sonst sorg ich dafür, dass es dir schlecht ergeht, verlass dich drauf.«

Er wirft mir den Beutel zu. Nervös hole ich eine Papierschale aus der Plastiktüte, an der weißes Einwickelpapier klebt. Nachdem ich es entfernt habe, liegt der wertvolle Inhalt vor meinen Augen: eine kalte, matschige und entstellt aussehende Portion Currywurst mit Pommes. Die Mayonnaise bildet mit der oberen Lage Pommes eine schneeähnliche Schicht, vereinzelten lugen rote Ketchup-Tupfer hindurch. Obwohl es alles andere als appetitlich aussieht, bekomme ich feuchte Augen. Die Bedeutung mancher Dinge erschließt sich oft erst, wenn man lange genug darauf verzichtet hat. Wurst. Pommes. Freiheit. Eltern. Freunde. Wobei: nicht unbedingt in dieser Reihenfolge.

Ich nehme den gelben Plastikpikser in die Hand, steche ein-, zweimal in den Fettberg und stopfe mir eine große Portion in den Mund. Schmatzend kaue ich darauf herum. Herr Zobel und ich müssen lachen, dann verlässt der Beamte kopfschüttelnd meine Zelle und schließt die Zelle. Nachdem ich das Fastfood verschlungen habe, stecke ich die Verpackung zurück in die Plastiktüte, verknote alles luftdicht und verstaue die Tüte im Mülleimer. Anschließend öffne ich das Fenster, um den Geruch herauszulassen. Mein Bauch fühlt sich vom ungewohnten Fett aufgebläht an, aber das ist mir egal. Glücklich liege ich auf dem Bett, schaue weiter fern, bis zum Sendeschluss. Ich weiß nun, dass Herr Zobel wirklich zu den Guten zählt.

Es soll losgehen. Ich bin nervös und zerfahren. Erst geht es zur Kleiderkammer, dann auschecken, in die Wartezelle und schließlich auf den Hof, wo der grün-weiße Bus schon steht. Draußen ist es kühl, und etwa zehn weitere Gefangene warten darauf, in die Kabinen geführt zu werden. Wie bei meinem letzten Transport bringt man mich in eine kleine Einzelkabine. Dort setze ich mich und starre durch das kleine Bullauge hinaus, um mitzubekommen, wie sich das Tor zur Außenwelt öffnet. Lange habe ich nichts anderes mehr gesehen als die Zelle, den Freistundenhof und die langen Gänge. Der Ausblick ist zwar eingeschränkt, aber aufregend anders. Jeden Baum, jede Straße, jeden Mensch absorbiere ich. Ich kann meinen Blick nicht von dem kleinen Fensterchen abwenden und verfolge alles mit nervösen Augen. Der Bus quält sich durch die dörfliche Landschaft in die Stadt, in der ich jahrelang gewohnt habe. Es ist schlimm, diese Ecken hier alle aus meiner Erinnerung zu kennen.

Nach etwa einer Stunde Fahrt stoppen wir vor einem weiteren Knast, und die Türen öffnen sich für ein paar zusätzliche Mitreisende. Die Prozedur wiederholt sich mehrmals, bis wir schließlich in einen Knast einfahren, in dem wir zu Mittag essen sollen. Alle müssen aussteigen und werden in kleine Übergangszellen gebracht, da die Fahrt erst in ein paar Stunden weitergehen soll. Vor dem Essen haben wir noch die Möglichkeit, unter die Dusche zu gehen, und da wir durch die stundenlange Fahrt in den stickigen Kabinen ziemlich durchgeschwitzt sind, lehnt niemand dieses Angebot ab. Duschen ist Luxus und kommt viel zu selten vor.

Man dirigiert uns nun in die Umkleideräume, wo ich merke, dass wir mit den hiesigen Knastinsassen duschen sollen, was ich etwas seltsam finde. Wir sind in einem Gefängnis für Erwachsene, und meist werden Jugendliche nicht mit E-Häftlingen zusammengeführt, doch der Zeitmangel entschuldigt hier einiges. Die Duschen sind, wie der Rest dieses Baus, ziemlich alt und abgerockt. Große Gemeinschaftsduschräume mit bläulichen Fliesen, Stockflecken in den Fugen und an der Decke. Ansonsten ist, bis auf das Alter der anderen Häftlinge, alles so wie in meiner Stammanstalt. Alle stehen unter dem heißen Strahl, legen den Kopf zurück und genießen die Wärme und das Rauschen des Wassers, während sich die Stimmen der anderen zu einem unverständlichen Klangteppich verweben.

Mir gegenüber duscht ein Typ, der rechts und links jeweils einen Beamten als Bewacher, besser gesagt als Beschützer neben sich hat. Sein Gesicht ist geschwollen, er hat ein blaues Auge und eine aufgeschlagene Lippe. Die Verletzungen sind noch frisch, das kann ich sofort einschätzen, damit kenne ich mich aus. Ich versuche, nicht zu lange in sein Gesicht zu starren, da das schnell zu Schwierigkeiten führen kann. Dennoch registriere ich, dass ich einem prominenten Straftäter gegenüberstehe. Ich kann mich an die Berichte erinnern, habe ihn und seinen Mittäter im Fernsehen gesehen, als sie vor etwa fünf Jahren einen Bus entführten, nachdem sie eine Bank überfallen hatten. Er wirkt nicht mehr ganz so bedrohlich wie in dem Mercedes, als er dem Mädchen pausenlos einen Revolver an den Kopf gehalten hatte, während sich die Journalisten um den Wagen scharten.

Prominente sind im Knast oft nicht unbedingt erwünscht, und der Umstand, dass ein Mädchen und ein kleiner Junge erschossen wurden, hat ihm sicherlich nicht geholfen, Freunde zu finden, wie man deutlich an seinem Gesicht ausmachen kann. Seltsam, wie sich die Wege kreuzen, vor fünf Jahren hätte ich jeden für verrückt erklärt, der mir gesagt hätte, dass ich eines Tages auf dem Weg zur Psychiatrie einen Zwischenstopp einlegen und mit ihm in einer Knastdusche stehen würde.

Nach etwa fünfzehn Minuten wird das Duschen durch die üblichen Kommandos und Ermahnungen beendet. Nachdem wir gegessen und Stunden gewartet haben, werden wir wieder zum Bus gebracht. Die Fahrt geht weiter. Die letzte Station soll, laut Fahrplan, mein Bestimmungsort sein.

Die Beamten in diesem Knast sind ausnehmend freundlich und höflich, und nachdem ich den Check-in auf der Kleiderkammer hinter mir habe, werde ich auf meine Zelle gebracht.

Das Doppelstockbett ist abgewetzt. Ich lege mich auf das untere der beiden Betten, um mich etwas zu entspannen, die Matratze mit dem hässlichen Bettzeug will ich später beziehen.

Das obere Bett ist, Gott sei Dank, leer, und es sieht auch nicht so aus, als würde an diesem Tag noch jemand auf diese Zelle verlegt werden, denn der Nachtverschluss ist bereits verriegelt worden. Hoffentlich bleibt das Bett leer. Ich will keine Gesellschaft. Niemanden, dem ich blöde Fragen beantworten, blöde Fragen stellen und dem ich beim Essen, Schlafen und Scheißen zusehen muss.

Ich denke daran, dass ich morgen in die Psychiatrie gebracht und untersucht werden soll. Was wird mich dort wohl erwarten?

Am Morgen wasche ich mir das Gesicht und die wichtigsten Stellen mit kaltem Wasser an dem kleinen Emaille-Waschbecken. Dabei betrachte ich mich im Spiegel über der Ablage, während das Wasser weiter plätschert. Ich drehe den Kopf, ziehe einige Grimassen. Zum ersten Mal habe ich mir einen Bart wachsen lassen. Etwas mickrig noch, aber als Bart erkennbar, ziert er meine Oberlippe und mein Kinn. Aber es ist da ein anderer Grund, der mich so lange in den Spiegel starren lässt. Ich frage mich, ob ich älter aussehe, ob ich im Knast gealtert bin.

Die kleinen Fältchen neben meinen Augen, die Lachfalten um meinen Mund herum – sind die schon immer da gewesen, hat das schon immer so ausgesehen? Lange habe ich nicht mehr so genau mein Gesicht studiert. Während der ersten Zeit im Knast konnte ich mir nicht in die Augen sehen, danach gab es keinen Grund mehr dafür. Jetzt allerdings fühlt es sich so an, als würde ein weiterer, neuer Abschnitt beginnen. Vom Knast in die Psychiatrie – ja super, Junge, du hast es geschafft.

Nachdem ich meine Selbstanalyse und das Frühstück hinter mich gebracht habe, werde ich zu einem Einzeltransporter geführt, ein weißer VW-Bus mit Milchglasscheiben und Gitterkäfig. Darin werden Gefangene zu verschiedenen Terminen gefahren. Ich kenne diese Art von Transport, weil ich einmal in einem vergleichbaren Kleintransporter von meiner Stammanstalt zu einer »Ausführung« gebracht worden war. Diese »Ausführung« bestand damals in einem Termin bei einem Hautarzt meiner Heimatstadt, da der Anstaltsarzt nicht mehr weiterwusste. Ich hatte eine handtellergroße Schuppenflechte an der Innenseite meines Oberschenkels, auch Stellen am Oberkörper und am Kopf. Die Stellen juckten, ich kratzte nachts unbewusst daran, und sie drohten sich zu entzünden. Als kein Cortison mehr half, wurde ich zu dem Hautarzt gefahren. Zwei Beamte begleiteten mich, rechts und links waren sie mit Handschellen an mich gefesselt. Auf dem Weg vom Transporter zur Arztpraxis begegnete ich einigen Bekannten, die verschämt den Blick senkten, als sie mich wahrnahmen.

Es war demütigend gewesen. Ähnlich wie die Szenerie im Wartezimmer, als alle bei meinem Eintritt verstummten, ich angeglotzt und taxiert wurde und beinahe Herzinfarkte verursachte, als ich einen der Beamten nach vorne riss, weil ich die Handschellen vergessen hatte, als ich nach einer Zeitschrift aus dem Lesezirkel auf dem Glastisch greifen wollte. Erst als der behandelnde Arzt die Untersuchung ablehnte, solange ich in Handschellen läge, wurde mir der Armschmuck abgenommen. Die Beamten blieben aber während der Behandlung im Zimmer, da sie Angst hatten, ich könnte durch das Fenster im vierten Stock abhauen.

Bei diesem Transport setzen mich die Beamten ungefesselt in den VW-Bus, verschließen die Türen und fahren dann los.

Das Schild der Kinder- und Jugendpsychiatrie ist so groß, man kann es nicht übersehen, als wir daran vorbei auf das Gelände fahren. Hier wurden auch volljährige Häftlinge untersucht, da man bis zum Alter von sechsundzwanzig Jahren als Heranwachsender verurteilt werden kann, wenn man aufgrund des geistigen Standes, der Entwicklung oder anderer Parameter so eingestuft wurde.

Das Gebäude sieht hell und freundlich aus, ganz im Gegensatz zu dem Bild, das ich mir von der Klinik gemacht hatte. Ich hatte mir einen düsteren Bau vorgestellt, efeubewachsen und von einer hohen Mauer umschlossen, die nächtliche Alpträume heraufbeschwört. Trotz der positiven Überraschung bin ich mehr als nervös. Zum einen, weil in diesem Gebäude vielleicht über meine Zukunft entschieden wird, zum anderen spüre ich aber auch eine große Ungewissheit über die bevorstehende Untersuchung.

Meine Angst ist unbegründet, alles ist wesentlich entspannter, als ich es erwartet hatte. In der Klinik empfängt mich ein sympathischer Pfleger mit Kurzhaarschnitt, keine geile Krankenschwester, wie mir prophezeit worden war. Er gibt mir die ersten Informationen, die ich so sehnlichst erwartet habe. Er erklärt mir, dass ich nur zur Untersuchung hier sei und nicht in diesem Haus übernachten würde. Die Zimmer seien nur für stationär aufgenommene Patienten. Ich würde jeden Tag nach Ende der entsprechenden Tests wieder in die JVA, in die Justizvollzugsanstalt, zurückgebracht. Nach jedem Satz lächelt er und kneift beide Augen bestätigend zu, nickt kurz dabei. Er ist mir sympathisch. Jetzt gleich werde ich die behandelnden Ärzte, Psychologen und die Chefärztin der Klinik kennenlernen.

Der Gang, auf dem ich warten muss, ist nicht so steril, wie ich ihn aus Krankenhäusern kenne, er erinnert mehr an einen Hotelflur. Warme Farben, Schwarzweißfotos an den Wänden und Blumenarrangements bereiten eine emotionale Öffnung vor. Ich fühle mich tatsächlich nicht unwohl, jedenfalls nicht so, wie ich es befürchtet hatte.

Der erste Tag verläuft eher technisch. Ich werde vermessen, man hält Größe und Gewicht fest, aber auch Haarfarbe, Augenfarbe und Schuhgröße, sogar jede einzelne Tätowierung wird vermerkt, samt Umfang. Man macht ein Blutbild, ein EKG, und die Körperareale, die von Schuppenflechte befallen sind, werden ebenfalls in meine Akte aufgenommen. Dann muss ich nackt durch einen Raum gehen und die Füße dabei langsam von den Fersen zu den Zehen abrollen, was mir ziemlich unsinnig vorkommt – bis ich hinterher erfahre, dass man dabei auf die unbewusste Handhaltung achtet, während ich mich nur auf meine Füße konzentriert hatte.

Schließlich betritt ein hochgewachsener breitschultriger Mann in einem weißen Kittel den Untersuchungsraum, dabei lächelt er, wobei er unzählige perfekte Zähne entblößt. Er reicht mir die Hand.

»Hallo, Sascha ... ich darf doch Sascha sagen, oder?«

Ich nicke und lächele zurück. Er ist fast so groß wie ich, dunkelhaarig, etwas stämmig und riecht nach einem fast verflogenen Aftershave, das Moschus enthält. Sein Lächeln ist echt, das kann ich spüren. Er hat gute Laune und versteht es, sie auf mich zu übertragen.

»Ich bin Dr. Helge von Bahrens. Ich bin Psychologe und werde dich in den nächsten drei, vier Tagen untersuchen, danach wird dich unsere Chefärztin, Frau Dr. Sperling, behandeln. Mach dir keine Sorgen, hier passiert nichts Wildes.«

Seine Hände machen abwiegelnde Bewegungen, und er gibt mir bei jedem Satz das Gefühl, mir keine Sorgen machen zu müssen. Ich bin mir noch nicht sicher, ob das nur eine Masche ist.

»Wir machen ein paar Tests. Allgemeinwissen, Mathematik, logisches und räumliches Denken sowie einige Intelligenztests verschiedenster Art. Das wird vielleicht etwas ermüdend und auch langweilig für dich sein, aber da müssen wir durch. Mal sehen, vielleicht macht dir das alles ja sogar Spaß.«

Ich nicke wieder und sage: »Ich bin dankbar für jede Abwechslung vom Gefängnis und habe sicherlich Spaß, falls man das unter diesen Umständen so nennen kann, die grauen Zellen in Schwung zu bringen und Fragen zu beantworten. Das ist nicht unbedingt das Schlechteste, was ich mir in der kommenden Woche vorstellen kann.«

»Vorher musst du aber noch ein paar andere Tests über dich ergehen lassen, nur so kann man sicher sein, dass du nicht unter einer Fehlfunktion des Gehirns leidest.«

Auch wenn es sich seltsam anhört, nicke ich ihm beipflichtend zu.

»Wir machen als Allererstes ein Elektroenzephalogramm, ein sogenanntes EEG. Da messen wir Spannungsschwankungen an der Oberfläche deiner Kopfhaut mit Hilfe von Elektroden, die wir dir an eine Art Haube montieren, die du dann aufsetzt. Das Ganze dauert etwa eine Stunde. Es gibt mehrere Durchgänge, unter anderem mit einem Stroboskopblitz über deinen Augen, und bei einem weiteren Durchgang musst du mir währenddessen Fragen beantworten und Emotionen beschreiben.«

Er bemerkt meinen verunsicherten Gesichtsausdruck. Hört sich ja auch irgendwie an, als würden alle erwarten, dass ich geisteskrank wäre.

»Hört sich komisch an, ich weiß, aber das ist schnell erledigt und ganz simpel noch dazu. Keine Panik also. Wir können auch jederzeit abbrechen oder eine Pause einlegen, wenn du dich unwohl fühlst.«

Er macht seinen Job wirklich gut. In wenigen Sätzen so komplexe Dinge zu erklären, dabei kompetent, nicht überheblich oder zu technisch rüberzukommen und mir gleichzeitig noch auf eine kumpelhafte Art die Angst vor all dem zu nehmen, ist sicher nicht jedermanns Sache. Er hat es drauf. Ich vertraue ihm. Mich verstellen oder manipulieren will ich sowieso nicht. Ich kann eine richtige Einschätzung meiner Persönlichkeit genauso gut gebrauchen wie das Gericht, will ich doch selbst wissen, ob etwas mit mir nicht stimmt.

Die Tage in der Klapse waren ziemlich gut, ich machte das EEG und beantwortete Fragen zur Allgemeinbildung: Wer schrieb *Romeo und Julia*? Wer oder was ist die Kalahari? Wofür war der Prager Fenstersturz der Auslöser? Wie viel Stück ergeben drei Dutzend? Hunderte solcher Fragen musste ich beantworten, dazu Zahlenreihen vervollständigen, Zahlenreihen nachsprechen, geometrische Formen logisch erweitern und Begriffe ihrer Bedeutung zuordnen. Bei den mathematischen Fragen stieg ich recht schnell aus, während ich bei logischen Dingen sehr weit kam. Hatte ich auch nicht anders erwartet, quatschen konnte ich schon immer besser als rechnen.

Die Fragen machten mir wie versprochen Spaß, und die Zeit verflog ziemlich schnell. Der Aufenthalt in der Psychiatrie kam mir wie ein kleiner Urlaub vom Gefängnis vor. Das alles hatte mir gefehlt, wie ich mit Erstaunen feststellte. Interessierte und intelligente Menschen, Unterhaltungen. Ich wurde gefordert und musste den Kopf einschalten, alles Dinge, die ich bislang stark vernachlässigt hatte und die mir nun etwas mehr Lebensmut gaben. Es fühlte sich gut an.

Jeden Abend wurde ich vom Knasttransporter abgeholt und in die JVA zurückgebracht, wo ich nur noch kurz duschte, etwas aß und dann gleich schlafen ging. Auch wenn die Tests in der Psychiatrie nicht mit körperlichen Belastungen verbunden waren, so waren sie trotzdem anstrengend. Ich war danach immer sehr müde.

Dann lernte ich Frau Dr. Sperling kennen. Die kleine, schmächtige, fast dürre Frau Ende fünfzig hinterließ trotz ihrer schmalen Erscheinung einen imposanten und einnehmenden Eindruck. Vielleicht lag es daran, dass alle eine andere Körperhaltung einnahmen, wenn sie den Raum betrat. Sie strahlte Kompetenz und Führungsqualitäten aus, ohne ein Wort zu sagen. Sie gehörte zu den Menschen, die selbstsicher und voller Erfahrung sind, Menschen, die, ohne sich zu profilieren, demonstrieren, dass sie von etwas ganz Bestimmtem ganz besonders viel Ahnung haben. Sie war so jemand.

Die Klinikchefin stellte sich vor, schüttelte energisch meine Hand und sagte, sie hätte sich die Testergebnisse der letzten Tage angesehen, und ehrlich gesagt, sie wäre etwas überrascht. Dabei legte sie ihren Kopf auf die Seite und zog eine Augenbraue leicht hoch.

»Warum das?« Ich hob die Augenbrauen und sah sie irritiert an.

»Wie bei allen anderen Patienten sehe ich zuerst nur eine Akte, und sich daraufhin einen ersten, wenn auch nur sehr oberflächlichen, Gesamteindruck zu machen, ist nicht immer leicht. Bei dir ist der erste Eindruck aufgrund deiner Akte nicht besonders positiv gewesen, und durch meine jahrelange Erfahrung habe ich eigentlich einen stumpfen, debilen Schläger erwartet, der bei den Tests entsprechend abschneiden würde.«

Umso mehr habe sie das Testergebnis überrascht, bei dem ich einen IQ zwischen 115 und 125 erreicht hätte, sie hätte einen niedrigeren Wert vermutet.

Das Ergebnis hörte ich zum ersten Mal – und war reichlich überrascht, das klang nach einem recht hohen Wert.

»Das ist allerdings nur eine Zahl, sie sagt eigentlich nichts über den Menschen aus. Emotionale Intelligenz, praktische Intelligenz, Arbeitsgedächtnis, das alles sind Faktoren, die man nicht einfach in einer Zahl ausdrücken kann«, sagte Frau Sperling fast mahnend.

Sie redete meinen IQ wohl absichtlich etwas herunter, um keine große Bühne für meine narzisstischen Neigungen zu bauen. Sie hatte sicher ein Leuchten in meinen Augen bemerkt.

Ich sagte ihr, dass ich mir das schon gedacht hätte, die Vorverurteilung wäre mir schließlich bekannt, den Satz »Du bist ja ganz anders, als ich dachte« hätte ich nicht zum ersten Mal gehört. Trotzdem wäre ich ja hier, weil ich versucht hätte, einen Menschen zu töten. Letzteres war mir nicht leicht über die Lippen gegangen.

Über diesen Tötungsversuch redeten wir dann in den nächsten Stunden. Die Chefärztin hatte vorher ein Diktiergerät auf ihren massiven Schreibtisch im Kolonialstil gelegt, und bevor sie mit der Befragung begann, schaltete sie es ein. Sie ließ mich erzählen, fragte nur manchmal kurz nach und machte sich hier und da Notizen. Ich fing ganz von vorn an, bei den frühesten Kindheitserinnerungen, wir redeten über meine Jugend, meine Drogenerfahrungen, die Schule, Selbstmord, Freundinnen, Familie – und eben über die Tat. Wie Phillip und ich Jonathan fast totgetreten, auf ihn eingestochen und ihn liegen gelassen hatten. Es fiel mir sehr schwer, darüber zu reden, das merkte ich nur zu deutlich. Hatte ich vorhin noch ausgiebig erzählt und ihre Fragen schnell und detailliert beantwortet, so musste sie mir nun jeden Satz aus der Nase ziehen. Ich merkte, wie ich einen Kloß im Hals sitzen hatte, der meine Scham wegen der Tat nur noch mehr verdeutlichte. Die Klinikchefin wollte jedes Detail erfahren, sie brauchte eine lückenlose Darstellung, um den Bericht und das Gutachten so genau wie möglich anfertigen zu können.

In den nächsten zwei Tagen sprachen wir über dreißig Kassetten voll und arbeiteten uns mühsam durch mein Leben, von der Geburt bis zur Inhaftierung.

Frau Dr. Sperling hatte schon eine Menge Gewalttäter, Mörder und Sexualstraftäter vernommen und beurteilt, erwähnte jedoch immer wieder, dass sie die Schicksale hinter den Geschichten trotz einer professionellen Herangehensweise nie kaltließen. So auch bei mir. Immer wieder machten wir Pausen, schwiegen und tranken starken Kaffee.

Das Ergebnis der Gespräche war ein Bericht von 118 Seiten. Das Gutachten untersuchte meine Zurechnungsfähigkeit und Schuldfähigkeit und war eine Abhandlung über mein Leben, das bis zu diesem Zeitpunkt nicht besonders positiv verlaufen war. Ich durfte es nicht lesen, es war ausschließlich für das Gericht bestimmt und sollte zur Verhandlung verlesen und in die Urteilsfindung mit einbezogen werden.

Der Gedanke, wieder zurück in den Knast zu fahren, um die letzte Zeit vor der Verhandlung dort zu verbringen, gefiel mir nicht besonders. Ich würde diesen Ort vermissen, das wusste ich.

An meinem letzten Tag in der Psychiatrie sagte die Ärztin zum Abschied: »Ich habe dich hier sehr gut kennengelernt, Sascha, und ich denke nicht, dass in deinem Fall eine Haftstrafe von mehreren Jahren hilfreich wäre. Allerdings kann ich nur meine Sicht der Dinge präsentieren. Was der Richter daraus macht, liegt nicht in meiner Hand. Ich wünsche dir viel Glück auf deinem neuen Weg, wo immer er dich hinführen mag.«

Lange und fest drückte sie bei diesen Worten meine Hand. Es kam mir vor wie der Händedruck einer guten Freundin, fast wie der einer Verwandten, die einem wirklich von ganzem Herzen Glück wünscht. Das Gefühl hatte ich lange nicht mehr, und es gefiel mir.

Danach wurde ich wieder in die JVA gefahren, wo ich bis zum nächsten Morgen blieb, um mit dem Transporter zurück in meine Stammanstalt gebracht zu werden.

Ein paar Monate später wurde mir der offizielle Gerichtstermin zugestellt. Es wurde ernst.

ANGST, ANGST, ANGST

Wer noch nie in einer solchen Situation war, kann sich wahrscheinlich nicht vorstellen, wie man sich fühlt, wenn man vor Gericht sitzt. Das ist schon so ein merkwürdiger Begriff, »vor Gericht sitzen«. Hört sich fast ein bisschen gemütlich an. Ist es aber nicht. Ganz und gar nicht. Mir war völlig bewusst, warum ich da saß und dass das vollkommen zu Recht so war.

Die Situation selbst war jedoch so skurril gewesen und fühlte sich völlig unecht an, nichts zuvor in meinem Leben ließ sich damit vergleichen. Das Ganze war teilweise wie eine andere Welt, ein anderer Planet. Mein Kosmos hatte sich bislang auf festgefahrene Wege beschränkt, die ich als richtig und absolut erstrebenswert erachtet hatte. Sicherlich hatte es Momente gegeben, in denen ich gezweifelt hatte, ob das, was ich hier Leben nannte, so ablief, wie es sollte und gut für mich war. Dass es nicht gut für andere war, hatte ich begriffen. Schon längst. Und verdrängt.

Keineswegs hatte mich eine Art ferngelenkte Macht im Griff, die für mich Entscheidungen traf. Vielmehr verhinderten meine Unsicherheit und Angst, das von mir gewählte Leben als falsch zu bezeichnen, alles hinzuwerfen und neu anzufangen. Diese Angst, sie lähmte mich und flüsterte mir ein: Lass die Dinge besser, wie sie sind. Es läuft doch, vielleicht nicht perfekt, aber es läuft. Ändere nicht zu viel. Es könnte vielleicht schlimmer werden als vorher. Warum experimentieren? Das ist keine neue Wandfarbe, das ist dein Leben, Junge. Es ist die gleiche Angst und Unsicherheit, die einem in die Quere kommt, wenn man eigentlich auswandern oder den blöden Wichser verlassen will, der einen seit Beginn der Ehe verprügelt, oder die einem einredet, den richtigen Job ausgewählt zu haben, obwohl man schon beim Klingeln des Weckers merkt, wie die Magengeschwüre in einem durchdrehen. Die einem vermittelt, dass alles besser ist als das, was da noch kommen könnte. Weil man es schon kennt, sich daran gewöhnt hat und seit Jahren einigermaßen gefahrlos damit leben kann. Es ist wie ein beschissener warmer Mantel mit langen Ärmeln, der dich im Wind sicher fühlen lässt, aber eigentlich nur eine übergestülpte Hülle ist. Es kommt auf die Umgebung an, in der er seinen Nutzen wirklich zu 100 Prozent entfaltet. In einer gemütlichen Umgebung würde man darin ersticken.

Als ich nach etwa neun Monaten zu meiner Gerichtsverhandlung geführt wurde, wusste ich, dass es an der Zeit war aufzuräumen. Mit allem. Bekäme ich die Chance dazu, egal welcher Art, ich würde sie nutzen. Das leuchtete als Ansporn vor meinem inneren Auge auf und kämpfte mit mir und der Ahnung, dass es auch ein Traum bleiben könnte. Aber ohne diesen Traum wäre ich wohl niemals bis zu diesem Punkt gekommen. Ich wollte es jetzt, dieses Aufräumen. Mit allen Konsequenzen. Es konnte nicht mehr schlimmer werden. Ich hatte so viel Lust auf die Möglichkeit, den Zusammenbruch der alten Welt als Reset zu verstehen. Denn von vorn anfangen konnte bedeuten, noch mal neu beginnen zu dürfen und nicht zu müssen. Mit dem Wissen, das ich jetzt hatte, in einen früheren Lebensabschnitt einzusteigen und eine Zeitreise zu machen – ja, so fühlte es sich an. Ich hatte meine Jugend, mein Teenie-Dasein, große Teile meiner Kindheit, das Aufwachsen und Menschwerden gegen ein Stück Scheiße aus Gewalt, Hass und krankem Mist getauscht, und das freiwillig. Warum musste erst ein so schlimmes Ereignis dazu führen, diesen Gedanken des Neubeginns in meinem Kopf zu einem Wunsch werden zu lassen, an den ich mich auch tatsächlich herantrauen würde? Was sollte schon passieren? Mir war bereits alles passiert, und noch viel mehr, als ich es mir je hätte vorstellen können. Das war doch schon lange kein Leben mehr, keine Perspektive, so weiterzumachen wie bisher.

Tief atme ich durch, als die Tür der Gefängniszelle in der JVA mit dem verhassten Geräusch geöffnet wird. Ich bin für meinen Prozess wieder in die JVA Hagen verlegt worden, derselbe Ort, an dem ich meine erste Nacht im Knast verbrachte und die Bekanntschaft mit Heinz und den anderen machte. Das Landgericht ist gleich nebenan, die Wege sind also kurz.

Meine unfreiwilligen Mitbewohner sehen von dem, was sie gerade tun, hoch und nicken mir zu. Ich frage nicht nach ihren Namen, interessiere mich nicht für sie. Ich will gar nicht erst weitere Schicksale kennenlernen. Keine Glückwünsche, kein Händeschütteln, keine »Kopf hoch!«-Sprüche. Ich will nur raus aus diesem Loch, diesem luftraubenden Loch voller Krach, Angst und Wahnsinn. Raus.

Meine Sachen bleiben im Haftraum zurück, da die Möglichkeit, entlassen zu werden, gegen null geht. Der Beamte wirft mir ein knappes Kommando entgegen und deutet mit seinem Schlüssel zur Tür. Es ist so weit. Meine Beine zittern, als ich mich wie in Zeitlupe von meinem Bett erhebe und durch das Spalier der Mitgefangenen in Richtung Flur gehe. Ich drehe mich nicht um, sehe nicht noch mal zurück in die Zelle, zu den anderen, zu meinem Ordner mit den Gerichtsakten, zu meinem Duschgel, meinem Shampoo, zu meinen Postern mit nackten Weibern, den Chips und Schokoladentafeln, dem Tabak und dem Instant-Kaffee.

Ich will keinen Verabschiedungsblick in die Hölle werfen, weil ich pure Angst davor habe, eine Art Aberglauben heraufzubeschwören, meine Rückkehr damit zu besiegeln. Ähnlich dem Blick zurück, wenn man aus dem letzten Tor an der Gefängnispforte geht. Steif, fast mechanisch wanke ich hinter dem Grünhemd den Gang hinunter, durch einen weiteren Flur in einen Vorraum und schließlich in eine Zelle. Dazwischen das gewohnte Warten und Stehenbleiben an den einzelnen Stationen, so dass Türen auf- oder hinter mir wieder abgeschlossen werden können.

Die Zelle, in der ich nun sitze, ist kleiner und karger als die Normalzelle, eine Art Warteraum, bevor man in den Gerichtssaal geführt wird. Das Gericht ist durch einen Tunnel unterirdisch mit dem Knast verbunden. Der Bau stammt aus dem ersten Drittel des 20. Jahrhunderts und wartet mit einigen Sonderheiten auf, die in heutigen Gefängnissen unvorstellbar wären. In denen hätte man Kameras, Nato-Draht und elektronische Notfallgeräte installiert, um im Ernstfall innerhalb von Sekunden in jeden Bereich des Knasts Prügeltrupps entsenden zu können.

Hier gibt es nur gekalkte, etwa vier Meter hohe Decken und lackgrau gestrichene Wände, die von Hunderten von Wartenden vor mir mit Hilfe von Draht, Stiften oder Fingernägeln beschriftet, verziert oder verunstaltet wurden. Namen, Daten, Herkunftsorte, Länderflaggen und Frauennamen. Wünsche, Flüche und Pornographisches. Alles ist vermischt zu einer großen Wall of Fame des Wahnsinns.

Ich ziehe meinen Kugelschreiber aus meiner Jackentasche heraus, breche den Halteclip ab und ritze mich zwischen die anderen düsteren Künstler. Ich schreibe meinen Namen, sonst nichts. Mein Kopf hat nicht mehr Ideen parat als diese rudimentäre, austauschbare Verewigung ohne Wiedererkennungswert. Zu stark ist meine Nervosität.

Ich laufe die etwa drei mal drei Meter große Zelle auf und ab, immer wieder. Ein Fenster gibt es nicht, Licht fällt durch eine gitterverdeckte Neonröhre unter der Decke auf den zerschundenen Fußboden. Auch die Geräusche, die man aus den normalen Zellen kennt, sind hier nicht zu hören. Es ist still. Das Einzige, das ich noch höre, ist ein leichtes Pfeifen in meinem Ohr, das mit der Zeit immer lauter zu werden scheint, je mehr ich mich darauf konzentriere.

Das Laufen hilft, meine Schritte gewinnen gegen den Pfeifton. Ich knalle mal die Hacken auf, mal schlurfe ich durch die Zelle. Die Zeit scheint stehengeblieben zu sein. Wenn sich vor der Zelle auf dem Gang Schritte nähern, werde ich so unruhig, dass ich Angst habe, mein Herz wird mir in den Hals springen.

Nach gefühlten vier Stunden, die in Wirklichkeit nur etwa dreißig Minuten umfassten, vernehme ich wieder jemanden, der sich über den Gang nähert. Die Zellentür öffnet sich ruckartig und laut.

»Geht es jetzt los?«

Die Augen des Beamten, den ich das gefragt habe, sind klein und rund, wie bei einem Teddybären, seine untersetzte Statur verstärkt diesen Eindruck. Er nickt kurz und ungewohnt freundlich, dann tritt er in die Zelle, um mir die Handschellen anzulegen. Ich drehe mich dazu um, lege meine Arme auf den Rücken. Das Armband der Schande klickt zu. Wieder einmal.

Der Teddybär fasst mit zwei Fingern von oben um die kleine Kette, die die Handfesseln verbindet, und deutet mir durch leichten Druck, dass ich mich in Richtung Tür zu bewegen habe.

Der Gang ist mit normalen Lampen hell erleuchtet. Nach dem Aufenthalt in der Neonzelle ist das sogar angenehm, wie ein paar Sonnenstrahlen. Wir gehen ruhig, aber nicht langsam den Gang hinunter, bis wir an eine letzte Tür kommen, die mir geöffnet werden muss.

Es ist eine Art Doppeltür, ich kenne sie aus Hotelzimmern, ein Schutz vor unangenehmen Geräuschen. Die Rückseite der Tür ist mit dunklem, edlem Holz verkleidet und verbirgt den Schrecken auf der anderen Seite. Wir haben also das Gerichtsgebäude betreten, das Licht hier ist anders, die Gerüche auch. Die Ernsthaftigkeit dieses Ortes liegt in der Luft zusammen mit einer Schwere, die einen fühlen lässt, dass hier über Schicksale entschieden wird, dass hier schon viele Leben erneuert oder beendet wurden.

Panik kriecht in mir hoch. Ich habe Schwierigkeiten, regelmäßig zu atmen, meine Augen zucken und suchen hastig die Umgebung ab, selbst starre Objekte scheinen sich in meinem Augenwinkel zu bewegen. Mein Gehirn spielt mir einen bösartigen Streich. Und nicht nur einen. Ich kann plötzlich Stimmen hören, ohne auszumachen, woher sie kommen. Es sind sehr viele Stimmen, das macht mir Angst. Was wird heute mit mir passieren?, schießt es mir durch den Kopf. Keine Antwort.

Der Vollzugsbeamte öffnet eine Seitentür und übergibt mich an den Gerichtsdiener, der mich in den Gerichtssaal führen soll. Er ist wesentlich kleiner als ich, hat aber ein breites Kreuz, ein breites Grinsen und vermittelt den Eindruck, dass er weiß, was hier notwendig und was überflüssig ist. Er spart sich Zurechtweisungen und ist professionell, menschlich dazu.

Die Handschellen werden von ihm mit einem geübten Handgriff entfernt und gegen die mir schon vom Haftprüfungstermin bekannte Knebelkette ersetzt. Diese Metallspange umschließt das Handgelenk und ist durch eine Kette gesichert, die extreme Schmerzen bereiten oder gar das Gelenk brechen kann, wenn der Beamte an ihr dreht. Mit ruhiger Stimme sagt er:

»So, mein Großer. Mach dir keine Sorgen, das wird schon. Wir gehen jetzt ganz ruhig da vorne durch die Tür. Dahinter ist ein öffentlicher Vorraum mit etlichen Leuten; die Presse ist da, ebenso das Fernsehen mit Kameras. Ich glaube, deine Familie und ein paar Freunde stehen auch da rum. Keiner von denen weiß, dass wir gleich durch diese Tür kommen.«

Ich muss schlucken und merke, wie ich kurzatmig werde. Meine Nervosität ist kaum noch zu ertragen, und doch will ich endlich da raus.

»Ich gehe vor, du gehst dicht hinter mir und bleibst in meinem Tempo. Wir müssen danach durch die Halle, dann durch eine weitere hölzerne Doppeltür. Dahinter ist der Gerichtssaal, und in dem wartet die zugelassene Presse, die Journalisten schreiben aber nur mit, die fotografieren nicht. Hast du das alles verstanden, Großer?«

Scheiße. Scheiße. Scheiße. Das sind nicht so viele Informationen, aber es ist genug, um mich innerlich beinahe sterben zu lassen. Ich sehe ihm in die Augen und nicke nach einem tiefen Atemzug kräftig mit dem Kopf und starre auf die Tür.

Türen, verdammt. Für die meisten Menschen sind sie nur Verbindungen von einem Raum zum nächsten. Für mich wirkten sie die letzten Monate wie Portale von einer Welt zur anderen. Diese Welt jetzt und hier kenne ich in dieser großen, einvernehmenden Form noch nicht. Das ist kein kleiner Gerichtsraum wie in einem Amtsgericht, wo ich schon Dutzende Male Protagonist oder Zuschauer war und die eher das Flair einer Bibliothek verströmten. Das hier ist nun die 1. Große Strafkammer des Landgerichts mit insgesamt fünf Offiziellen, also drei Richtern und zwei Schöffen.

Der Gerichtsdiener geht einen langsamen Schritt nach vorne, öffnet die letzte Tür zwischen mir und der alten, der ersehnten Welt. Durch den Türspalt kann ich die Menschen sehen, die sich da versammelt haben und in Gruppen zusammenstehen. Doch konkret kann ich niemanden ausmachen, ich versuche es auch nicht richtig. Der Gerichtsdiener läuft los und steuert mich zielgenau durch die Mitte der Halle. Wir gleiten durch die Leute, als plötzlich jemand ruft:

»Da kommen sie!«

Mein Blick schießt umher und trifft Dutzende Augen, die mich teils mitleidig, teils neugierig oder einfach nur wütend ansehen. Es ist, als würde ich zur Salzsäule erstarren. Dennoch ziehe ich das Tempo durch. Fast habe ich die Tür zum Saal erreicht, als ich die Stimme meiner Mutter höre. »Sascha«, ruft sie verzweifelt, gepresst, auch ein wenig erleichtert, mich endlich wieder persönlich sehen zu können. Unsere letzte Begegnung ist nun schon ein paar Wochen her, da der Aufenthalt in der Psychiatrie den Besuchsplan etwas durcheinandergebracht hatte.

Ich drehe meinen Kopf hektisch hin und her, mein Wegbereiter schleppt mich allerdings ohne Gewalt weiter zum Gerichtssaal und versucht, die Tür hinter sich zu schließen, während die Kameraleute von RTL und Co. sich Mühe geben, ihn daran zu hindern, um noch ein paar Sekunden länger filmen zu können.

Mein Puls rast. Ich bin froh, ihnen entkommen zu sein.

Der Gerichtssaal ist riesig, die Deckenhöhe sicher nicht unter sechs Metern. Die holzvertäfelten Wände wirken edel und recken sich majestätisch um die Milchglasfenster in die Höhe. Die Tische, die Besucherbänke und die Richterbank sind aus dem gleichen kostbaren Holz, man fühlt sich sofort beeindruckt, will mit ihnen respektvoll umgehen.

Der Gerichtsdiener zeigt auf einen Tisch links neben der Richterbank, wo ich meinen Anwalt erblicke. Er nickt mir aufmunternd zu und deutet auf den Platz links neben sich.

Nachdem der Beamte meine Knebelkette geöffnet hat, gehe ich zu meinem Anwalt hinüber und schüttle ihm die Hand. Endlich jemand Bekanntes. Endlich jemand, der mir irgendwann einmal etwas gesagt hat, das mit Hoffnung zu tun hatte. Sein altes, von Falten gezeichnetes Gesicht erinnert mich an Matlock, den Fernsehanwalt aus der gleichnamigen amerikanischen Vorabendserie. Er hat riesige Ohren und eine ergraute Haarpracht, die er mit Schwung nach hinten gekämmt hat. Seine Erscheinung ist fast weise, erhaben, und das ist nicht nur dem schwarzen Talar geschuldet, den er sich für die Verhandlung übergezogen hat. Er ist derjenige, der mir eine Aussicht auf Freiheit eröffnet, der die Geister geweckt hat, die meinen Überlebenstrieb wachhielten.

Jetzt sieht er, dass Panik mich ergriffen hat. Er legt seine linke Hand auf meine Schulter, drückt sie leicht und sagt:

»Wir sind jetzt hier, und das ist auch gut so. Unser Auftrag ist es, stark und überzeugend zu sein, nicht schwach und bemitleidenswert, das steht uns nicht zu und wird ins Gegenteil umschlagen, wenn wir nicht auf unserem Weg bleiben!«

Das leuchtet mir ein.

Ich bin weit davon entfernt, das Wort »Taktik« in meinen Kopf zu lassen, zu tief sitzt die Schuld in meinem Kopf. Aber ich habe jetzt die Möglichkeit, alle davon zu überzeugen, dass ich zwar wie ein Arschloch wirke, würde man sich meine Akte ansehen, dass ich es jedoch definitiv nicht mehr bin. Ich habe mich verändert, nicht nur durch die fast schulterlangen Haare, die ich mir mit etwas Gel nach hinten gestrichen habe, auch mein Denken ist ein anderes geworden. Ich will nicht um meiner selbst willen diese Prüfung bestehen, ich will meinen Neuanfang. Ehrlich, offen und dessen bewusst, was mich und Phillip hierhergebracht hat. Keine platten, nachgelaberten Sprüche und Ideologien, keine Maske. Ich will hier endlich geradestehen für das, was ich getan habe. Ich habe Jonathan fast ins Grab geprügelt, sein versautes Leben noch mehr versaut.

Ich stehe hier stellvertretend für alle Verfehlungen, Gewaltausbrüche und Missetaten, die ich begangen habe. Jetzt bin ich dankbar für eine Chance. Eine Chance, aus der sich vielleicht ein neues Leben entwickeln kann. Das will ich mehr als alles andere. Der Blick auf den neuen Weg ist klar und macht mich stark, auch wenn ich jetzt gerade alles andere als stark wirke.

Jetzt betritt Phillip mit einem Gerichtsdiener an der Kette den Saal, und wir sehen uns seit Monaten das erste Mal wieder in die Augen. Ich bin erleichtert, dass er immer noch so imposant wirkt wie früher. Er geht aufrecht, lächelt mir zu, und wir nicken mit dem Kopf. Eine telepathische Aufmunterung, denke ich. Mit seinem Anwalt nimmt er neben uns Platz, uns trennen etwa eineinhalb Meter. Wir schauen aber nach vorn zum Staatsanwalt, der sich mit ein paar Beratern unterhält und zwischendurch kurze Statements abgibt, die für die vier geladenen und zugelassenen Vertreter der Printmedien gedacht sind.

Kurz darauf öffnet sich abermals die Saaltür, die Prozessbeobachter werden hereingelassen. Zuschauer, die neugierig sind oder sich nur die Zeit vertreiben wollen, aber auch meine Mutter und meinen Bruder Stefan kann ich unter ihnen erkennen, ebenso Angehörige von Phillips Familie, die ich jedoch nicht genau zuordnen kann. Sein Bruder ist auf jeden Fall dabei, wohl in Begleitung seiner Frau.

Meiner Mutter kann ich nur kurz in die Augen sehen, ihren Anblick ertrage ich nicht länger. Die Sorgen um mich haben sie sichtlich mitgenommen, haben Spuren hinterlassen. Nicht minder die Beschimpfungen der Nachbarn, der fremden Frauen, die sie im Supermarkt anspuckten. Sie hatte mir nicht davon berichtet, es waren meine Geschwister gewesen. Es ist ihr anzumerken, dass viele ihrer Nächte schlaflos gewesen waren. Sie so zu sehen ist wie eine Faust ins Gesicht. Was habe ich ihr alles angetan? Das jagt mir einen kalten Schauer über meinen Rücken.

Stefan ist der Einzige von meinen Geschwistern, der da ist. Meine anderen Brüder und Schwestern müssen, überlege ich, entweder arbeiten oder wohnen zu weit weg. Ich denke auch, dass sie die ganze Situation nicht ertragen können und somit Stefan als Stellvertreter geschickt haben.

Ich senke meinen Blick auf meine Schuhe. Mein Kehlkopf schlägt mehrmals unter meinem Kiefer, bevor ich mich wieder meinem Rechtsbeistand widme, um ein letztes Mal in die Akten zu sehen. Ich versuche mich zu sortieren. Phillip und sein Anwalt tun es uns gleich.

Schließlich öffnet sich die Tür hinter der Richterbank, und mein Anwalt fordert mich mit dem Ellbogen dazu auf, aufzustehen. Alle Anwesenden im Saal erheben sich ebenfalls. Es herrscht eine gespenstische Ruhe im Raum, als fünf Menschen in schwarzen Roben ihre Plätze einnehmen.

Der Richter, ein stattlicher Mann, würdigt uns keines Blickes, schaut nur kurz in den Saal, danach wendet er sich sofort an den Mann unmittelbar neben ihm, dessen Rang mir vollkommen unbekannt ist. Alles erscheint mir unwirklich.

Es kommt mir auch vor, als würde der Richter die Eleganz eines Adlers haben. Er begrüßt die Anwesenden, danach geht es sofort los. Die Zeugen werden aufgerufen und belehrt, dass sie Fragen wahrheitsgemäß zu beantworten hätten. Ihre Befragung werde aber erst am zweiten und dritten Tag stattfinden. Weil es so viele Zeugen sind, wurde die Gerichtsverhandlung auf drei Tage angesetzt.

Drei Tage. Verdammt. Sicher ist mir klar, dass heute nicht endgültig über mein und Phillips Schicksal entschieden wird, doch drei Tage sind echt hart. Der Ernst der Lage packt mich mit jedem Wort mehr am Schopf, und ich merke, wie mein Vorhaben, stark zu bleiben, immer schwerer umzusetzen sein wird. Ich habe Angst. Ich bin ein Verbrecher, ein kriminelles Arschloch, das sich viele der hier Anwesenden für immer weggesperrt wünschen. Ich hatte einen armen, alten Mann, einen hilflosen Penner, töten wollen. So jemand gehört nicht in ihre Mitte. Fast kann ich sie verstehen. Sie sehen in mir nicht den ängstlichen und hilflosen Typen, der sich gerade in die Hose scheißt, der sich hasst für das, was er gemacht hat, und sich nichts sehnlicher wünscht als eine Zeitmaschine, um das, was passiert war, ungeschehen zu machen.

Der Richter entlässt die schon anwesenden Zeugen, unter ihnen die Punks, die uns damals die Info über Jonathan und seine Begleiterin gegeben hatten, die Bedienung jener Diskothek, die wir aufgesucht hatten, bevor wir uns von dort aus zur Tat aufmachten, weiterhin Dr. Sperling, die Chefärztin der Kinder- und Jugendpsychiatrie. Einer der anwesenden Zeugen soll noch mit seiner Aussage kräftig an meinem Plan zur Freiheit rütteln. Der Arzt, der Jonathan behandelte und ihn bei seiner wochenlangen Leidensgeschichte auf der Intensivstation begleitet hat. Natürlich. Ich weiß, dass er da sein wird, seine Aussage war jedoch bisher so weit von mir entfernt gewesen, dass ich nicht ahnen kann, was sie in mir und den anderen im Gerichtssaal auslösen wird.

Nachdem sie alle entlassen sind, befragt der Richter Phillip und mich zu unserer Person und unserem Werdegang.

Phillip kann mehr erzählen als ich, seine Familienverhältnisse sind härter als meine, etliche Male mehr ist er auffällig geworden. Ich stammele bei den Fragen des Richters und verliere mehr und mehr an Selbstsicherheit, was der zu bemerken scheint. Die Sprüche meiner Zellennachbarn, dass der Richter das größte Arschloch im Raum sei und man der Versuchung widerstehen solle, dem Gefühl der Verbrüderung nachzugeben und sich zu öffnen, sind vergessen. Der kleine Scheckbetrüger aus meiner Zelle, den ich für den Eloquentesten, aber auch Vertrauensunwürdigsten meiner Knast-Bekanntschaften halte, verglich diesen Zustand sogar mit dem Stockholm-Syndrom: »Erst ist er der Diktator, er wirft dir ein Stück Gnadenbrot hin – und dann, zack, bist du geliefert. Lass dich nicht darauf ein, das sind alles miese Wichser. Miesere Wichser als wir, das kannst du mal glauben, Alter«, hatte er gesagt.

Scheiß auf ihn, scheiß auf die ganzen Freizeitpsychologen und Hobbyanwälte, denke ich. Ich bin hier, und ich bin der, der bestimmt, was für mich wichtig und richtig ist. Ich will das selbst entscheiden. Jedenfalls die Dinge, die ich mir zutraue, für alles andere ist mein Anwalt da. Diese wirschen um richtig oder falsch streitenden Gedanken schießen mir durch den Kopf und verwirren mich mehr und mehr. Es geht einfach um zu viel. Was immer ich sage, wird unwiderruflich Teil unserer Akten.

Dann ist die Verhandlung für diesen Tag beendet. Ich schaue meine Mutter an, zum ersten Mal seit Stunden. Ihre Augen sind gerötet, sie sieht verheult aus. Stefan hält ihre Hand und sieht mich auf unerklärliche Weise an, er ist mir ganz nah.

Phillip und ich werden von den Gerichtsdienern nacheinander durch den Gang zu unseren Zellen geführt, vorbei an der Pressemeute.

Auf der Zelle sind natürlich alle gespannt, wie es gelaufen ist. Sie fragen mich aus, kochen den Höllenkaffee und rauchen irrsinnig viele Zigaretten. Es ist fast schon gemütlich. Die Zelle ist mit blauem Rauch gefüllt, durch das Fenster zieht jedoch genug davon ab, um uns nicht ersticken zu lassen. Die auf dem Bett und am Tisch sitzenden Mithäftlinge verströmen den längst vergessenen Charme einer Nacht im Schullandheim. Nur ohne Rumknutschen und ohne Apfelkorn oder Genever.

»JUNGE, MACH DAS NIE WIEDER!«

Tag zwei der Verhandlung. Heute sollen die Gutachter aussagen. Frau Dr. Sperling nimmt ihre Notizen zur Hand, und nach Aufforderung des Richters berichtet sie über mein Aufwachsen, meine Entwicklung, die Familienverhältnisse und meine emotionale Verfassung. All das hat sie durch die Untersuchungen und persönlichen Gespräche mit mir und meiner Familie in Erfahrung gebracht.

Im Saal wird es still, ich kann die Scham meiner Mutter spüren, als vieles aus ihrem privaten Leben enthüllt und der Öffentlichkeit preisgegeben wird. Ich schäme mich ebenso. Aber weniger wegen der Indiskretion, sondern für das, was ich getan habe, für den Ärger, den ich meiner Familie bereitet habe. Trotz der versöhnlichen Ausrichtung des Gutachtens kann nur ein schlechter Nachgeschmack bei den Prozessbeobachtern hängenbleiben. Die letzten Sätze der Klinikchefin brennen sich in meine Seele, sie sagt:

»Bei Sascha handelt es sich um einen überdurchschnittlich intelligenten Jugendlichen mit großen emotionalen Defiziten und Spuren seelischer Abartigkeiten. Es ist jedoch nicht davon auszugehen, dass Sascha weitere Straftaten begeht oder eine Gefahr für sich oder die Gesellschaft darstellt. Nach ausführlichen Tests und Untersuchungen sind die Psychologen, Ärzte und ich zu dem Ergebnis gekommen, das Sascha zur Tatzeit eine stark eingeschränkte Schuldfähigkeit attestiert werden muss. Die zusätzlich errechnete Einschränkung durch einen Alkoholgehalt von 3,3

Promille untermauert und bestätigt unseren Eindruck, dass er in der Tatnacht nicht nach Mustern einer freiwilligen Eigensteuerung gehandelt haben kann. Eine lange Haftstrafe wäre bei Personen mit diesem Persönlichkeitsbild kontraproduktiv und wird daher von uns nicht empfohlen.«

Durch meinen Körper geht ein Ruck und durch den Gerichtssaal ein Raunen. Hin- und hergerissen zwischen Freude über die positive Grundaussage des Gutachtens und die Scham über die Offenlegung privatester Emotionen, bleibt eine Leere in mir zurück. Ich spüre, dass es meiner Mutter und meinem Bruder genauso geht. Wir sehen uns nicht an. Das Gesagte hat Wunden aufgebrochen, die wir lieber zu Hause behandelt hätten, schweigend, stumm, wie immer. Durch Ignorieren.

Dass das hier aber ein neuer Anfang sein könnte, wird mir und uns erst langsam klar. Die Taktik, die wir in der Familie zwanzig Jahre lang verfolgt und angewandt hatten, hat sich hier und jetzt als falsch herausgestellt. Habe ich vielleicht doch eine Chance auf Heilung vom Irrsinn?

Dieses Gefühl wird jedoch mit dem nächsten Gutachter, der befragt werden soll, unmittelbar wieder begraben. Der behandelnde Arzt der Notaufnahme, Erstversorger von Jonathan und begleitender Arzt bei der weiteren Behandlung, wird in den Zeugenstand gerufen. Was jetzt vorgelesen, ausgesagt und zu den Akten gegeben wird, ist an Grauen kaum zu überbieten. Der Arzt, ein jungenhafter, dunkelhaariger Typ mit blendend weißen Zähnen und langgliedrigen Fingern, berichtet über Jonathans Zustand, als er eingeliefert wurde, über die Verletzungen, die Phillip und ich ihm zugefügt hatten. Wir folgen den Ausführungen aufgrund des schrecklichen Beamtenjargons nur mühsam, zum ersten Mal erfahren wir im Detail von den Konsequenzen des Überfalls auf unser wehrloses Opfer.

Als Jonathan in die Notaufnahme gebracht wurde, hatte er einen Schädelbruch, einen beidseitig gebrochenen

Kiefer, gebrochene Jochbeine, unzählige Hämatome am ganzen Körper und dreizehn Stichwunden, davon zwei im Gesicht. Sein Darm war perforiert, die Bauchhöhle zerstochen, und in einer sofortigen Notoperation musste ihm die Milz entfernt und der Zwölffingerdarm genäht werden. Die Beine waren zerstochen. Niemand der anwesenden Ärzte ging davon aus, dass Jonathan die Nacht überleben würde. Sein schlechter Allgemeinzustand war durch jahrelangen Alkoholmissbrauch und das Leben auf der Straße ein weiterer Grund für das Ärzteteam, ihm keine große Überlebenschance einzuräumen.

Der Chirurg spricht jetzt von einem Wunder, von unglaublichen Heilungskräften dieses stark geschwächten Menschen, den wir ohne Mitleid zugerichtet hätten »wie ein Stück Schlachtvieh«.

Dabei sieht der Arzt immer wieder zu Phillip und mir und versucht uns seine Worte in unsere Gehirne zu treten, so wie wir es bei Jonathan gemacht hatten. Mit Erfolg. Seine Ausführungen schütteln mich durch, lähmen mich, und ich habe mit den Tränen zu kämpfen. Das, was da vorgelesen wird, ist von mir verursacht worden. Eine Tat, die ich selbst als unentschuldbar verurteile. Ich zittere am ganzen Körper, die Scham kriecht in meinen Kopf wie eine kleine Ratte, die die Teile abnagen will, die sie für überflüssig hält. Die Teile für Menschlichkeit, Selbstachtung und Respekt.

Ich fühle, wie ich mich aufgeben will. Die ersehnte Freiheit, die Verhandlung, die Prozessführung – wofür noch? Ich habe es nicht verdient, Gnade zu erfahren. Ich soll verdammt noch mal verschimmeln in dieser mir selbst eingebrockten Scheiße. Ich habe zu leiden wie Jonathan, noch hundertmal mehr als er, denn ich habe es verdient. Im Gegensatz zu ihm.

Die Betroffenheit hat im Gerichtssaal eingeschlagen wie eine Fliegerbombe, niemand unterhält sich mehr tuschelnd oder tauscht Mutmaßungen aus. Mein Anwalt sieht kurz zu mir herüber, und auch in seinem Blick entdecke ich Betroffenheit. Wir beraten uns nicht danach. Wir schweigen.

Der Richter beginnt nun, einen Zeugen nach dem anderen aufzurufen und zu befragen. Die Punks sind als Erstes an der Reihe, sie erzählen von ihrer Nacht, die unserer gleicht und sich nur im Ausgang des Abends unterscheidet. Da sie selbst wegen versuchten Mordes verhaftet worden waren, schwingt in ihren Aussagen noch der Versuch einer endgültigen Reinwaschung mit, der ihnen durchaus zusteht.

Die weiblichen Punks fügen den sachlichen Fakten hinzu, dass sie in den ersten Wochen nach Phillips und meiner Verhaftung mit Polizeischutz zur Schule gefahren werden mussten. Meine ehemaligen Wegbegleiter aus der rechten Szene hatten ihnen gedroht, sie umzubringen, falls sie ihre Aussage bei der Polizei nicht zurückzogen.

In der Untersuchungshaft hatte ich schon erfahren, dass Skinheads aus meinem früheren Umfeld versucht hatten, die Zeugen zu beeinflussen. Sie hatten ihnen Hausbesuche abgestattet und damit gedroht, sie im heimatlichen Fluss zu versenken, vorher würden sie ihnen aber noch den Schädel einschlagen. Mich hatte das aufgebracht. Immerhin konnte ich noch einen Kassiber aus dem Knast schmuggeln und ihnen darin unmissverständlich klarmachen, dass das nicht nur kontraproduktiv für den Prozessverlauf sei. Vor allem würden sie auch ihre Energie verschwenden, da ich mit ihnen, der Szene und ihrem Denken gebrochen hätte. Daran würde sich auch nichts mehr ändern. Eine Reaktion auf meine Nachricht blieb aus, die Auswirkungen für mich waren damals noch nicht einzuschätzen. Was das für Folgen für mich selbst haben sollte, musste ich später noch auf die harte Tour lernen.

Die nächste Zeugin ist die Bedienung jener Diskothek, in der wir den Abend hatten ausklingen lassen, bevor wir uns auf den Weg in den Park begaben. Sie soll Angaben machen, was und wie viel an alkoholischen Getränken wir bestellt hatten. Sie balanciert zwischen freundschaftlichem Beistand und Ehrlichkeit, weshalb sie nicht alle Getränke bestätigen kann, die Phillip und ich zu Protokoll gegeben hatten.

Der Alkoholgehalt von 3,3 Promille für mich und 2,6 Promille für Phillip wird allerdings nach Aussage der Ärzte, die die Polizei mit der Errichtung des Wertes beauftragt hatte, und des Landeskriminalamts Düsseldorf in die Akten übernommen und nicht in Frage gestellt, obwohl die Polizeikräfte es bei unserer Verhaftung versäumt hatten, eine ordentliche Blutprobe zu entnehmen, die den Wert hätte bestätigen können. Der Wert wird aus den Angaben der Bedienung und unseren Einlassungen errechnet. Glück für uns, wie mein Anwalt mir zuflüstert, da er diesen Fauxpas als nicht unerheblich für das Strafmaß empfindet.

Im Anschluss werden Polizeibeamte, Rettungssanitäter und Beteiligte der Hausdurchsuchung bei meiner Verhaftung verhört. Es ist schrecklich. Jeder Zeuge äußert seinen Unmut über die Tat, und wenn die Sprache auf Jonathan kommt, sind sich alle einig. Dieser Mann wurde von uns aufs Übelste zugerichtet. Keiner kann die Brutalität, mit der wir vorgegangen waren, nachvollziehen.

Wir beide sitzen teilnahmslos da, äußerlich zumindest, denn in uns brodelt es. Jede Sekunde meldet sich das Gewissen.

Mein Anwalt zieht mich zu sich hinüber und sagt leise: »Gleich haben wir den heutigen Tag überstanden, ein Zeuge fehlt noch. Ich weiß aber nicht, wer es ist.« Dabei sieht er mich nicht an und rutscht auf seinem Stuhl hin und her. Noch ahne ich nicht, dass meine schwerste Prüfung unmittelbar bevorsteht.

Der Richter nickt kurz und bestätigt in Richtung der Anwälte und des Staatsanwalts: »Ein Zeuge wird noch befragt, sein Erscheinen war bis zu diesem Zeitpunkt nicht sicher.«

Der Zeuge ist Jonathan. Sein Name schlägt ein wie ein Blitz. Bei Phillip, bei mir, bei unseren Anwälten und den Prozessbeobachtern. Als der Richter den Gerichtsdiener bittet, ihn in den Saal zu führen, ist es so still, dass es kaum auszuhalten ist. Ich traue mich nicht, in Richtung Tür zu sehen, als diese von außen geöffnet wird. Die Zuschauer im Gerichtssaal starren aber alle dorthin.

Dennoch zwinge ich mich hinzuschauen. Jonathan betritt wankend den Raum und torkelt unter starkem Husten und unverständlichem Murmeln in Richtung Zeugentisch. Ich blicke zu ihm hin, kann ihm aber nicht in die Augen sehen. Die Aussagen zur Tat sind immer noch in meinem Gehirn, und die Angst vor mir selbst, die Scham und die Erinnerung verhindern das zusätzlich.

Jonathan wird nun von dem Richter aufgefordert, sich an den Tisch für die Zeugen zu setzen und seine Personalien anzugeben. Er ist so betrunken, dass er mehrmals dazu aufgefordert werden muss. Die unangenehme Situation verschlimmert sich noch, als sich zeigt, wie sehr er unter den Verletzungen gelitten hat und immer noch leidet. Denn während der Belehrung durch den Richter steht er plötzlich auf, öffnet seinen blauen Daunenanorak, zieht den speckigen, grauen Wollpullover hoch und dreht sich zu den Zuschauern um, bevor er lautstark und lallend schreit:

»Seht mal, was die beiden mir angetan haben. Umbringen wollten sie mich. Ich sehe aus wie ein abgestochenes Schwein.«

Sein gesamter Oberkörper ist übersät von Narben, die so verwachsen sind, dass sie ein groteskes Bild auf ihm hinterlassen haben. Einige scheinen verheilt, andere sind stark gerötet, entzündet und geschwollen und laufen unförmig, in nicht enden wollenden Schlangenlinien den Körper entlang. Mein Anwalt fasst sich an die Stirn, verbirgt seinen ungläubig enttäuschten Blick dahinter und sieht auf den Aktenstapel vor ihm. Mit offenem Mund und feuchten Augen starre ich auf unser Werk, unsere Spuren, die wir an ihm hinterlassen haben und die uns jetzt brachial und ungefiltert vorgeführt werden.

Der Richter hat sichtlich Mühe, gefasst zu bleiben. Der Staatsanwalt scheint irgendwie zufrieden mit dem für diesen Tag unangemeldeten Besuch. Jonathan hat ihm durch seine bloße Anwesenheit einen Vorteil in die Hände gespielt. Seine Aufgabe besteht darin, uns nicht nur die Schuld nachzuweisen, sondern auch dafür zu sorgen, dass der Richter sein Strafmaß für berechtigt erachtet. Nach Jugendstrafrecht konnte ich eine Freiheitsstrafe von zehn Jahren erwarten, das wusste ich. Staatsanwälte mögen es nicht besonders, wenn ihre Vorschläge unbeachtet bleiben oder weit unterschritten werden.

Aber all das interessiert mich jetzt nicht wirklich, für einen Moment ist diese Überlegung letztlich nur ein Nebenaspekt, eine Flucht. Meine Gedanken kreisen nun wieder um die unvorstellbaren Schmerzen, die Jonathan durch mich und Phillip erleiden musste. Es sind grausame Verletzungen, von denen er sich aller Wahrscheinlichkeit nach nie wieder erholen wird. Nicht nur sein Oberkörper wirkt wie dilettantisch zusammengeflickt. Auch sein Gesicht scheint deformiert, sicher fällt es ihm nicht nur aufgrund des Vollrausches schwer, sich deutlich zu artikulieren. An einigen Stellen wächst sein Bart nicht mehr richtig, das hat mit den Narben im Gesicht zu tun. Seine Augen sind gerötet, leer und suchen den Raum unkontrolliert ab, als würde er nicht genau wissen, aus welcher Richtung die Stimme des Richters zu ihm dringt.

Langsam zieht Jonathan seinen Pullover hinunter und lässt sich zurück auf den Zeugenstuhl fallen, sein Kopf schwankt hin und her, als er gebeten wird, sich auf die Fragen zu konzentrieren.

Jonathan murmelt etwas vor sich hin, zugleich bittet ihn der Richter, den Tathergang zu schildern, das, was ihm in Erinnerung geblieben ist. Obwohl fast ein Jahr seit der Tat vergangen ist, kann Jonathan noch viele Details nennen, die für die Rekonstruktion des Abends wichtig sind, sie entsprechen Phillips und meinen Einlassungen.

Jonathan berichtet, wie wir uns im Park über ihn hergemacht haben, er benutzt treffende und berührend einfache Formulierungen, die die ganze Scheiße auf den Punkt bringen. Abgeschlachtet hätten wir ihn, trotz seiner Schreie hätten wir immer weiter auf ihn eingetreten und mit dem Messer auf ihn eingestochen.

»Ich hab doch gar nichts gemacht, die haben versucht, mich umzubringen. Hilfe habe ich gerufen, das war schrecklich, irgendwann hab ich nix mehr gemerkt bei den ganzen Tritten in mein Gesicht, da bin ich dann einfach weg gewesen, ich dachte, jetzt ist es aus. Als ich wieder wach wurde, war ich im Krankenhaus, an alles andere kann ich mich nicht mehr erinnern. Hab gehört, dass ich an 'ner Tanke gefunden wurde, weiß nicht, wie ich da noch hingekommen bin.«

Auf die Frage, ob er sich an die Täter erinnern könne, erwidert er, dass es dunkel gewesen sei und er sich nur an die Stiefel erinnern könne, mit denen ihm immer wieder ins Gesicht getreten wurde. Der Richter fragt Jonathan: »Wissen Sie etwas davon, dass einer der Angeklagten Ihnen einen Brief geschrieben hat und dass dieser Angeklagte heute hier im Gerichtssaal sitzt?«

Jonathan holt tief Luft und sagt:

»Ja, ich hab einen Brief bekommen. Der eine hat mir geschrieben. Das hat mich gefreut. Der hat versucht, das alles zu erklären, und hat sich auch entschuldigt. Ich fand das gut und hab ihm auch zurückgeschrieben, dass ich das gut fand. Also den Brief. Dass der mich getreten hat, fand ich nicht gut, das habe ich auch geschrieben. Aber ich war froh, als ich von dem gehört habe, dass der das bereut und so ...«

Mir fehlen alle Möglichkeiten, meinen Zustand in diesem Moment zu beschreiben. Die fast infantile Art, über dieses Verbrechen und meinen Brief zu berichten – es ist diese Unbedarftheit, die mich schockt, mir den Atem raubt und mich kleiner und kleiner werden lässt. Ich bin völlig fertig.

»Können Sie den Verfasser dieses Briefes hier im Gerichtssaal erkennen?«, fragt der Richter.

Jonathan sieht zu Phillip und mir hinüber und verneint die Frage. Er wisse nicht, wer das sei, aber einer von denen da müsse es gewesen sein, sagt er und zeigt grob in unsere Richtung.

»Der junge Mann da vorne hat Ihnen den Brief geschrieben«, erklärt der Vorsitzende und weist auf mich.

Im Saal ist es ruhig. Alle sehen mich an, ich wiederum schaue zu Jonathan, meine Augen sind feucht und meine Hände verschwitzt. Ich will irgendwas sagen oder tun, weiß aber nicht was. Ich bin noch geschockt, am liebsten würde ich unter den Tisch kriechen, der zwischen mir und meinem Opfer steht und die letzte Deckung für mein durchgeschütteltes Ich darstellt.

Jonathan erhebt sich ruckartig, stößt dabei fast seinen Stuhl um und geht direkt auf mich zu. Der Gerichtsdiener springt mit schnellen Schritten nach vorne und versucht, ihn davon abzuhalten näherzukommen. Er befürchtet wohl, Jonathan würde versuchen, mich zu schlagen oder anzuspucken. Alles ist möglich, alles wäre gerechtfertigt. Wie versteinert sitze ich auf meiner Bank und starre in Jonathans Augen. Jonathan hebt beide Hände und deutet dem Gerichtsdiener an, dass er nichts unternehmen wird, was man verhindern müsse.

Jonathan steht jetzt unmittelbar vor mir. Ich beobachte jede seiner Bewegungen, da ich immer noch unsicher bin, ob die Situation nicht doch eskalieren wird. Dieser von mir gequälte, geschundene Mann blickt mir nun in die Augen und streckt mir langsam seine rechte Hand entgegen. Ich kann es nicht fassen. Augenblicklich erhebe ich mich, sehe Jonathan ebenfalls in die Augen, kurz, und nehme seine Hand. Er schüttelt sie fest, lässt sie nicht los, schaut mich weiterhin an und sagt:

»Junge, mach das nie wieder!«

Ohne meine Hand loszulassen, dreht er seinen Kopf zum Richter und gibt ihm zu verstehen:

»Eine milde Strafe für den Jungen, eine milde Strafe, der macht das nicht noch mal. Aber der da, der muss weg. Der hat mit 'nem Messer auf mich eingestochen, der muss weg!«

Jonathan lässt meine Hand los und zeigt mit seiner frei gewordenen auf Phillip. Dann begibt er sich zurück zu seinem Tisch. Ein Raunen und Flüstern geht durch den ganzen Saal.

Ich fühle, wie mein ganzes Leben an mir vorbeizieht.

Der Richter nickt sehr nachdenklich. Ihm scheinen die Worte zu fehlen, wie allen anderen im Saal wohl auch. Auch mein Anwalt sieht ziemlich ergriffen aus. In meinem Kopf schwirren alle möglichen Gedanken umher. Immer wieder stelle ich mir dieselbe Frage: Habe ich das verdient? Die Absolution von ihm. Dem Menschen, der am meisten unter mir gelitten hat. Ich war an Hunderten von Schlägereien beteiligt, habe Zähne ausgeschlagen, Haare angezündet, Ohren abgeschnitten und sämtliche Dinge getan, die andere nur aus dem Kino kennen. Ich war ein mieser Wichser, der sich das Leid anderer zunutze gemacht hat, um sich selbst besser zu fühlen, um sich aufzuwerten.

Ich habe mich für einen coolen Typen gehalten, der es vielleicht nicht mit jedem aufnehmen konnte, es aber definitiv versuchte. Ich war ein arrogantes, sich selbst überschätzendes Arschloch und hatte meine Unzulänglichkeit damit zu kompensieren versucht, indem ich anderen Schmerzen zufügte, ihnen das Leben zur Hölle machte und mich an ihrem Leid ergötzte.

Ich hatte es genossen, wenn die Affen vor mir wimmerten und kapitulierten, bevor ich ihnen grinsend zu verstehen gab, dass ich oben war und sie unten. Ich fühlte mich im Recht, unbesiegbar und auf der Seite der Elite; ich stand mit meinen Opfern nicht auf einer Stufe. Die Lust auf Gewalt und die damit einhergehende Stimmung waren so groß geworden, dass ich es irgendwann sogar gut fand, wenn ich selbst etwas auf die Schnauze bekam. Es ging nur noch um eingeschlagene Gesichter, das konnte dann auch gern mein eigenes sein.

Mich durch Gewalt lebendig zu fühlen, mich überhaupt zu fühlen, war groß und bedeutsam. Anders als alles andere, was ich zuvor empfunden hatte. Eine willkommene Abwechslung zum stupiden Alltag, der aus Schule, Arbeit, Familie und der zu planenden Zukunft bestand, die mir so unwirklich, so unsinnig und so unerreichbar schien. Unmengen an Alkohol hatte ich in mich hineingeschüttet, Drogen und Stimulanzien zu mir genommen, die mein verkümmertes Emotionszentrum weiter betäubten und mich davon abhielten, darüber nachzudenken, was mich antrieb. Dazu kam die Einsamkeit, die innere Leere, die ich zu füllen versuchte, fernab von vermögenswirksamen Leistungen, Bausparverträgen, Autokäufen, Familienplanung und Kinderwunsch.

Es brauchte zwanzig Jahre, um zu bemerken, dass ein einziger Satz, ein Händedruck, ein wohlwollendes Vergeben meiner Wut ausreichen, um mich dahin zu befördern, wo ich allein nicht hingekommen wäre.

Ich fühle, wie der Druck von mir abfällt, mein Kopf sich öffnet und alles, was mir wichtig erschien, endgültig sinn- und nutzlos wird. Mein Leben war keins. Aber jetzt habe ich eine Vorstellung davon, wie es aussehen könnte, wie es werden sollte. Dieser ehrlich gemeinte Satz von Jonathan, er riss die Festung ein, die ich errichtet und verteidigt hatte. Ich wollte alles. Augenblicklich. Doch nun will ich nur noch eins: mich auf null runterfahren. Noch einmal ganz von vorne anfangen.

Verdammt, ich bin erst zwanzig Jahre alt, ich hab doch noch alles vor mir, die guten Zeiten jedenfalls, die schlechten habe ich gesehen, gelebt und ausgereizt. Ich habe mich fallen gelassen in diesen Sumpf von Gewalt. Es ist an der Zeit, ehrlich zu mir zu sein. Was will ich? Was will ich wirklich? Jedenfalls nicht die allseits bekannten Phrasen vom glücklichen Leben, ohne genau zu wissen, was das eigentlich ist.

Eine Gänsehaut überströmt jeden Bereich meines Körpers, ich will herausfinden, was da noch auf mich wartet. Die ganzen Dinge, die ich umgangen hatte, um mich den düsteren Teilen der Welt zu widmen, um mich zu betäuben und wegzulaufen vor dem guten, dem echten Leben. Ich will es wirklich.

GUTE AUSSICHTEN

Nach stundenlanger Beratung kehren am dritten Verhandlungstag der Richter, sein Beisitzer und die Schöffen wieder in den Gerichtssaal zurück, um das Urteil zu verkünden. Meine Beine zittern, als ich aufstehe und in das Gesicht meiner Mutter blicke. Jetzt und hier wird sich alles entscheiden, ich bin bereit. Meine schwitzenden Hände reibe ich an meinen Hosennähten.

Der Richter nimmt seinen Platz ein und beginnt sogleich das Urteil zu verlesen. Zwei Jahre Gefängnis für mich. Mich durchzuckt ein Glücksgefühl, ich bin den Tränen nahe. Zwei Jahre, die U-Haft wird angerechnet, und würde man mich nach zwei Dritteln der Haft entlassen, müsste ich nur noch ein paar Monate absitzen und wäre dann frei. Ein Urteil, mit dem ich so nicht gerechnet habe.

Der Richter blättert eine Seite um und fügt hinzu:

»Diese Haftstrafe wird zu einer dreijährigen Bewährungsfrist ausgesetzt.«

Ein Raunen geht durch den Saal, meine Mutter schluchzt auf, und mein Anwalt reibt mir mit der flachen Hand über den Rücken. Ich verstehe nicht sofort, was das bedeutet. Erst als mein Anwalt mir zunickt, realisiere ich, was der Richter da gerade für einen bedeutenden Satz angehängt hat. Ich werde den Gerichtssaal noch heute als freier Mann verlassen. Ich komme nach Hause, zu meiner Familie, ich komme hier raus und muss nie wieder zurück in die Zelle. Nie wieder.

Was danach geschah, habe ich nur noch schemenhaft in Erinnerung. Ich wurde zu einer hohen Geldstrafe verurteilt, eine Schmerzensgeldklage über mehrere 10 000 Mark stand mir noch bevor. Außerdem hatte man mir eine Anti-Gewalt-Therapie zur Auflage gemacht, abzuleisten bei einem Psychiater meiner Wahl.

Phillip wurde zu drei Jahren Haft verurteilt. Ohne Bewährung. Er nahm es fast regungslos zur Kenntnis. Er nickte mir zu. Brüderlich, kumpelhaft, so wie er es immer getan hatte, wenn er sich sicher war, dass alles seine Ordnung hatte. Auch er hatte sich verändert. Phillip und ich sollten in Kontakt bleiben, uns nie vergessen – und vor allem niemals diesen Tag vergessen. Das alles sah ich in seinem Blick – und er in meinem.

Meine Mutter und Stefan lächelten mir zu, als ich wie schlaftrunken den weiteren Ausführungen zu folgen versuchte. Ich konnte es kaum glauben. Ich war frei.

Das Licht draußen kam mir auf einmal noch heller vor, als es sowieso schon war. Vielleicht war es nur eine Einbildung, aber die Sonne schien mit einer solchen Kraft und Wärme, da konnte ich mir nicht vorstellen, dass mir die Endorphine einen Streich spielten.

Für den Hausarbeiterjob in meiner Haftzeit stand mir Entlassungsgeld zu. Der letzte offizielle Ablauf im Gefängnis. Mir wurde etwas vom eigentlichen Betrag abgezogen, da alles ersetzt werden musste, was man während der Inhaftierung an Eigentum der Anstalt verliert oder unbrauchbar gemacht hatte: Tassen, Teller, Kleidung, Möbel und sonstiges Inventar. Ich hatte von all dem eine Menge zerstört. Allein mein Ausraster in meiner Zelle kostete mich die Hälfte meines Verdiensts, da praktisch der ganze Haftraum renoviert werden musste. Der ausgezahlte Betrag war lächerlich gering. Mir war es egal. Ich hätte sogar noch etwas dafür bezahlt, um hier rauszukommen.

Die Beamtin, die mich auf meinem letzten Gang durch die Anstalt begleitete, lächelte, als sie mir den Weg zur Tür wies. Die goldblonden schulterlangen Haare und ihr puppenhaftes Gesicht wirkten im Zusammenhang mit ihrer Uniform skurril und schön zugleich. Sie wünschte mir viel Erfolg für die kommenden Zeiten und kniff ein Auge zu, als ich mich nervös umdrehte, um dann endlich auf die kleine eiserne Tür zuzugehen. Der Summer ertönte, ich drückte dagegen, und die hell scheinende Sonne traf mein Gesicht. Ich musste unweigerlich grinsen. Ein Glücksgefühl ging wie eine Welle durch meinen Körper und verursachte trotz der Wärme Gänsehaut.

Auf der gegenüberliegenden Straßenseite warteten ein paar treue Freunde aus für mich längst vergessenen Zeiten und freuten sich mit mir über die zurückerlangte Freiheit. Dennis, Frank, André und noch ein paar Jungs hatten einen Kasten Bier mitgebracht, den sie neben sich auf der Mauer platziert hatten. Ich musste lachen.

Neben mir hörte ich ein Räuspern, und als ich mich umwandte, sah ich meinen Bruder Stefan und meine Mutter. Ich ging zu ihnen hinüber und nahm sie fest in den Arm. Meine Mutter weinte, mein Bruder war gerührt, ich strahlte bis über beide Ohren. Wir drückten uns und tauschten unsere Freude aus.

Kurz begab ich mich wieder zu meinen Freunden, und obwohl ich wirklich Durst hatte, lehnte ich dankend ein angebotenes Bier ab, das so sehr ersehnte erste Bier. Aber hier, direkt vor dem Knast, zwei Minuten nach meiner Entlassung, wollte ich nicht sofort wieder in alte Schemata verfallen. Der Umstand, dass auch meine Mutter in der Nähe war, bekräftigte mich noch darin. Meine Freunde hatten Verständnis, und wir verabredeten uns für den Abend.

In Stefans Auto fuhren wir in Richtung Heimat, etwa fünfzehn Kilometer vom Knast und dem daran angeschlossenen Gericht entfernt. Auf der Fahrt fielen mir immer wieder Sachen auf, die ich vorher nicht so gesehen hatte. Nicht dass mir Bäume oder der Himmel vorher nicht aufgefallen wären, aber sie wirkten auf einmal größer, mächtiger und in jedem Fall eindrucksvoller auf mich.

Mein Bruder hatte die Strecke über die Autobahn gewählt, ich streckte meinen Kopf durch das geöffnete Fenster und genoss den Fahrtwind, der meine ungewohnt langen Haare zum Fliegen brachte.

Drei Ausfahrten vor der, die wir eigentlich hätten nehmen müssen, verließ Stefan die Autobahn.

»Wohin fahren wir?«, fragte ich.

Er schwieg, grinste nur. Dann stoppte er an einer Tankstelle und sprang aus dem Auto, um schnell noch etwas zu holen, wie er sagte. Als er zurückkam, hatte er zwei 0,5-Liter-Dosen Warsteiner Pils in der Hand und drückte mir eine davon lächelnd in die Hand.

»Hier, trink. Ich hab deinen Durst gesehen, als Dennis dir das Bier angeboten hat ...«

Ich sah mir die Beschriftung genau an, als hätte ich nie zuvor eine solche Dose gesehen, und öffnete schließlich den Verschluss. Es zischte, aufgeregt setzte ich für einen großen Schluck an. Der gelbe, kalte Saft, der mich mein halbes Leben begleitet hatte, rann mir schnell und fordernd die Kehle herunter, ich fühlte mich großartig. Nicht wie früher, nicht als Notwendigkeit, um mich zu betäuben. Nein, es war ein Genuss nach langem Verzicht, befriedigend. Und ich trank zusammen mit meinem Bruder, es war fast wie eine Art Begrüßungsritual. Wir rülpsten beide laut und lachten. Von der Rückbank hörte ich auch das Lachen meiner Mutter. Wir waren alle glücklich mit diesem kleinen, unbedeutenden Moment. Ich zündete mir eine Zigarette an und lehnte mich zurück, während mein rechter Arm aus dem Autofenster hing.

Zu Hause angekommen, begrüßten mich einige der Nachbarn aus unserem Haus. Sie hatten die Berichterstattung über die Verhandlung im Radio verfolgt und freuten sich, mich nach fast einem Jahr wiederzusehen. Diese Nachbarn hatten nicht zu denen gehört, die applaudierten, als ich verhaftet wurde. Die zeigten sich nicht, was aber letztlich auch gänzlich unwichtig war. Ich war frei. Ich hatte es geschafft. Darum ging es.

Die Dose Bier blieb nicht ohne Wirkung, ich war tatsächlich etwas angetrunken. So lange ohne Alkohol, da brauchte es nicht viel. Ich ging durch unsere Wohnung und erkundete Raum für Raum, bis ich zum Schluss mein altes Zimmer betrat. Meine Mutter hatte mit Hilfe meiner Geschwister das Zimmer renoviert. Neue Tapeten, neuer Teppich, einige Möbel waren weg, andere dafür neu hinzugekommen. Ich war sprachlos.

Nachdem die Polizei mit den Sprengstoffspürhunden und dem Sondereinsatzkommando durch unsere Wohnung marschiert war, hatte mein Zimmer ausgesehen, als wäre eine Bombe darin explodiert. Sie hatten alles aus den Schränken herausgerissen und waren nicht besonders vorsichtig gewesen, als sie nach Beweismaterial suchten. Jetzt war alles neu und sauber, ein neues Zimmer, ein neuer Anfang. Etwas steril das Ganze, aber besser hätte es nicht losgehen können.

Ich war überwältigt. Im Knast hatte ich schon viel Unterstützung und Kraft durch meine Familie bekommen, aber damit hatte ich nicht gerechnet. Andere Gefangene bekamen nicht mal Post, geschweige denn Besuch von ihren Verwandten. Sie hatten über ihre Mütter wie über einen Virus geredet. Viele gaben ihnen die Schuld an ihrem verbockten Leben und spuckten auf den Boden, nachdem sie das Wort »Mutter« ausgesprochen hatten. Meine Mutter hatte jahrelang unter meinem zügellosen Lebensstil gelitten, auch wenn sie es nie so gesagt hätte. Und jetzt half sie

mir bei meiner zweiten Chance. Das war nicht selbstverständlich. Ich drückte sie abermals an mich. Das zweite Mal
an diesem Tag. Mir fiel auf, dass ich mich nicht an Umarmungen aus meiner Zeit vor dem Knast erinnern konnte.

Der erste Gang durch meine Heimatstadt war unglaublich.
Es hatte sich nicht viel verändert, aber selbst die kleinsten
Erneuerungen fielen mir auf. Neue Gesichter schienen
sich durch die City zu bewegen, mir kam es vor, als wäre
ich Jahrzehnte nicht hier gewesen. Sosehr ich mich auch
über alles freute, beschlich mich zugleich das Gefühl, dass
ich mit meinem Wunsch, einen Neuanfang zu machen, in
dieser Umgebung nicht unbedingt überall auf Unterstützung stoßen würde. So richtig wohl und sicher fühlte ich
mich hier nicht mehr. Das werde ich bald mit meinem Bewährungshelfer besprechen, dachte ich. Jetzt widme dich
erst einmal den richtig wichtigen Dingen im Leben eines
Typen, der gerade aus dem Knast kommt. Ich ging in eine
Pommesbude und bestellte mir eine doppelte Portion Currywurst-Pommes-Mayo ...
Abends traf ich mich mit Dennis, Frank, Nico und den
anderen. Nico hatte mittlerweile einen Führerschein und
kam mit quietschenden Reifen in einem blassroten Opel
an. Alles war so unbeschwert, so leicht, als wäre ich in
einem Ferienlager. Die untergehende Sonne stand direkt
über unseren Köpfen, die wir aneinanderdrückten, als wir
uns umarmten.
Ich trank ein paar Bier und lachte viel, gab hier und da
ein paar Anekdoten von mir und verbreitete die gleichen
Illusionen wie andere vor mir, wenn sie ihren Freunden
vom Knast erzählten. Alles sei dort drin zwar schlimm, aber
man könne es aushalten. Dass ich mich aufhängen wollte,
fast jeden Tag geweint habe und getreten und beinahe abgestochen worden war, verheimlichte ich. Ich wunderte mich
selbst, wie unbeschwert ich über die Monate in der U-Haft

redete, dabei hatte ich noch vor wenigen Wochen gedacht, ich könne nach diesen Erfahrungen nie mehr an einem normalen Leben teilnehmen. Im Knast war ich ernster geworden, dachte viel nach, grübelte über Sinn und Wege des Lebens. Hier war ich wieder frei, und so fühlte es sich auch an. Ein dauerhaftes Lächeln war in mein Gesicht gemeißelt, ich scherzte, freute mich über jeden, der zu uns stieß und mit uns feierte. An diesem Tag drückte ich mehr Menschen an meine Brust, als ich in meinem ganzen Leben zuvor gedrückt hatte.

Claudia, eine Freundin, die mir im Knast tonnenweise Briefe geschrieben hatte, sagte:

»Du hast dich verändert, Sascha. Irgendwas ist anders. Das gefällt mir.«

Ja, sie hatte verdammt noch mal recht. Etwas war anders. Nicht dass es mir noch nicht selbst aufgefallen wäre, aber das jetzt so direkt gesagt zu bekommen, gab dem Ganzen eine neue Bedeutung. So wie nach dem Verlust von sechs Kilogramm Körpermasse durch Training oder Diät. Man fühlt es, aber wenn man darauf angesprochen wird, erhält es eine andere Dimension, eine, die einen bestärkt und vielleicht sogar ermutigt weiterzumachen, weil man merkt, dass es anschlägt und auffällt. So ging es mir auch. Früher hätten wir uns an diesem Platz bis in die frühen Morgenstunden hinein besoffen, wären noch in irgendeine der ansässigen Spelunken gegangen, und wenn es irgendwo Ärger gegeben hätte, auf den man nie lange warten musste, wären alle dabei gewesen. Das alles erschien mir jetzt so sinnlos. Ich war glücklich über die Möglichkeit, hier sitzen zu können, über die ausgelassene Stimmung, über das Wetter, über das Leben. So konnte es weitergehen.

Jonathans Worte waren nicht verhallt. Ich dachte oft daran, wie er mich angesehen, wie er meine Hand geschüttelt und mir verziehen hatte. Dieser Moment sollte mein Motor sein, um loszulegen. Ich ließ auch meinen Freunden gegenüber keinen Zweifel daran, dass ich ein anderer, ein besserer Mensch werden wollte. Das klang etwas platt, aber was machte es – für mich war es das nicht. Und Claudia hatte das auch erkannt, und es hatte ihr gefallen. Das machte mir Mut.

Die nächsten Tage wollte ich nicht nur mit der Freude über die wiedererlangte Freiheit verbringen, und so beschloss ich, die Projekte umzusetzen, die ich mir im Knast zum Ziel gesetzt hatte. Den ersten Termin bei meinem Bewährungshelfer hatte ich jedoch erst in ein paar Wochen, was mich etwas verwunderte. Sollte man nicht direkt an das neue Leben herangeführt werden und so vermeiden, dass man auf dumme Gedanken kam oder dem Trott des Alltags und der Langeweile verfiel? Sicher hätte ich mich ausruhen und abwarten können. Das wollte ich aber nicht, ich war voller Tatendrang.

Während die Ämter sich noch über Zuständigkeitsbereiche und irgendwelchen Papierkram stritten, versuchte ich mir einen Job und eine Wohnung zu besorgen. Zu Hause war es zwar wesentlich schöner als vor meiner Inhaftierung, jedoch war die Situation nicht ganz einfach. Meine Mutter war glücklich, mich wieder bei sich zu haben, und wir gingen sehr vorsichtig und rücksichtsvoll miteinander um. Trotzdem wollte ich die Unabhängigkeit durch eine eigene Wohnung. Meine Mutter kontrollierte und überwachte mich unbewusst, um mich davon abzuhalten, wieder in alte Muster zu verfallen. Sicherlich meinte sie es nur gut mit mir, aber ich musste einfach auf eigenen Beinen stehen und mich endlich von zu Hause lösen.

Die Wohnung, in der ich meinen Vater hatte dahinsiechen sehen, in die ich nach all den vielen schlimmen Erlebnissen immer wieder zurückgekehrt und in der ich verhaftet worden war, löste manchmal eine Beklemmung aus, die mir den Atem nahm. Etwa zwei bis drei Wochen nach meiner Entlassung fingen die gleichen Träume wie im Knast an. Träume, die heftig und gewaltig waren, machten mich fertig, zerrten an meinen Nerven und ließen mich unausgeruht und verwirrt morgens in meinem Bett aufwachen. Das Bett, in das ich mich in der U-Haft so oft zurückgewünscht hatte, schien mir auf einmal wie verhext und nicht mehr ganz so erstrebenswert.

Anfangs träumte ich von vergangenen Erlebnissen, die einen realen Hintergrund hatten, von Gewalttaten und Exzessen, denen ich beigewohnt hatte. Später jedoch träumte ich immer wieder von Jonathan, von unserer Tat, von dem Ort, an dem wir Jonathan misshandelt und gequält hatten. Der Ablauf war fast immer identisch, es war aber nicht der genaue Tathergang, wie ich ihn in Erinnerung hatte. Der Hauptteil bestand darin, wie er in dieser Nacht von mir erlebt wurde, real und unbarmherzig. So wie wir.

Überdeutlich konnte ich hören, wie meine Tritte sein Gesicht zerdrückten, vernahm die stumpfen Schläge auf den Knochen seines Kopfes und das blutige Wimmern. Wieder und wieder, Nacht für Nacht. Woche für Woche. Ich muss raus aus diesem Bett, aus diesem Zimmer, aus dieser Wohnung, das redete ich mir wenigstens ein. Vielleicht würde dann alles anders werden, alles etwas ruhiger; durch eine neue Umgebung wäre ich bestimmt nicht mehr so vorbelastet.

Meine Mutter war von meiner Idee, in eine eigene Wohnung zu ziehen, nicht besonders begeistert.

»Bist du dir sicher, dass du das wirklich willst?«, fragte sie. »Du bist doch gerade erst wieder zu Hause angekommen. Finde dich doch erst mal wieder zurecht und dann fang was Neues an.«

Ich schaffte es aber, sie davon zu überzeugen, dass ein Neuanfang auch ein richtiger Neuanfang sein sollte, mit allen Konsequenzen.

Meine Träume verschwieg ich ihr, obwohl sie bestimmt

etwas ahnte, da ich oft nachts schreiend aufwachte und sie etwas gehört haben musste. In dieser Zeit veränderte ich mich weiter, wurde noch ernster und war längst nicht mehr so unbeschwert wie früher, was sich aber nicht falsch anfühlte. Das Recht auf Spaß und ein unbekümmertes Leben hatte ich mir verspielt; ich musste es mir erst wieder verdienen, so viel war sicher. Ich fand es nicht richtig, das als schlechtes Gewissen abzutun, auch wenn es das vielleicht im Grunde war. Mir kam es vielmehr wie eine tiefe Einsicht vor, ich war an einem Punkt angelangt, wo ich mein Leben neu ausrichten konnte. Und das sollte wohlüberlegt sein.

In den folgenden Wochen schrieb ich etwa dreißig Bewerbungen für Jobs in lokalen Stahlfirmen und Betrieben in der näheren Umgebung. Grundschule, Realschulabschluss, abgeschlossene Ausbildung mit Gesellenbrief – und dann ein großes Loch im Lebenslauf. Ich wollte kein Geheimnis aus meiner Haftzeit machen, weil ich eine Lebenslüge auf einem offiziellen Schreiben nicht gerade als guten Start ansah. Ich schrieb also, als es um mein vergangenes Jahr ging, »in Haft«, aber nicht, warum ich gesessen hatte. Das konnte ich dann beim Vorstellungsgespräch immer noch näher erläutern, würde man mich danach fragen.

Dazu kam es allerdings nie, denn ich erhielt auf die dreißig Bewerbungen dreißig Absagen, fast immer in einem identischen Wortlaut, einzig die Gründe variierten. Mal waren es personaltechnische Umstrukturierungen, die für die Ablehnung herhalten mussten, ein anderes Mal ein Mangel an Stellen, die für meine Qualifikation in Frage kämen. Ich vermutete bald, dass meine Haftzeit wohl nicht ganz unschuldig am reservierten Verhalten der Personalchefs war, und so schrieb ich eine Bewerbung für einen Hilfsarbeiterjob bei einer Aluminiumfabrik im Nachbarort, bei der ich die Lücke in meiner Biographie einfach mit »arbeitsuchend« umschrieb. Nach drei Tagen bekam ich eine schriftliche Einladung zum Vorstellungsgespräch.

Ziemlich nervös betrat ich das Personalbüro. Zum ersten Mal nach langer Zeit sollte ich wieder ein Gespräch mit einem »offiziellen« Menschen führen. Das fühlte sich merkwürdig an, da sich meine Unterredungen im letzten Jahr einzig auf Polizisten und Justizvollzugsbeamte, Psychologen und Richter beschränkt hatten. Die Haft, das begriff ich, war immer präsent und bestimmte mein Leben sogar in Bereichen, in denen ich es gar nicht erwartet hatte. Allerdings wollte ich diesen Job, er war der Schlüssel dazu, dass der Tag nicht einfach an mir vorbeizog.

Ich beantwortete freundlich alle Fragen des Personalchefs, wobei der mich seltsamerweise gar nicht auf die fehlende Zeit in meinem Lebenslauf ansprach. Er wollte nur wissen, welche Tätigkeiten ich bei meinem Ausbildungsbetrieb erlernt hatte und ob ich bereit wäre, in drei Schichten und auch am Wochenende zu arbeiten. Natürlich war ich das, herumgesessen hatte ich genug. Der Personalchef war gutaussehend, ein Typ mit gebräunter Haut und einem teuren Anzug, seine Krawatte war breit und ihr Knoten perfekt gebunden. Nach etwa einer halben Stunde in seinem Büro unterzeichnete ich einen befristeten Vertrag über achtzehn Monate, damit war ich im Team der Aluminium-Arbeiter aufgenommen. Auf der Stelle eilte ich nach Hause, um meiner Mutter davon zu erzählen, die sich sichtlich freute und mich an sich drückte. Umarmungen wurden häufiger bei uns beiden, das konnte keiner von uns mehr ignorieren.

Abends stöberte ich in den Briefen, die ich im Knast bekommen und die ich alle aufbewahrt und in einer blauen Pappschachtel unter dem Bett verstaut hatte. Sie waren nicht sortiert, ich hatte sie einfach in den Karton gelegt, doch ein paar Briefe hatte ich nach ganz vorne gesteckt, weil ich sie immer wieder lesen wollte. Sie waren von Katja, meinem Schwarm aus der Schule, der ich das aber nie gestanden hatte.

Nachdem ich ein weiteres Mal ihre Briefe überflogen hatte – ich kannte sie mehr oder weniger auswendig –, rief ich sie an.

»Magst du mit in die Disko kommen?«, fragte ich.

»Klar.« Katja hatte tatsächlich prompt zugestimmt.

Anfangs hatte ich Sorge, dass sie mir zwar in den Knast schrieb, aber danach auch ganz froh war, wenn sich unsere Wege wieder trennten. Dem war nicht so. Katja und ich trafen uns. Nicht nur einmal. Oft. In einer versoffenen Nacht erzählte ich ihr, wie sehr mich ihre Briefe gefreut hätten und dass ich bereits seit Jahren in sie verknallt sei. Genauer gesagt gestand ich ihr, dass sie seit Jahren die Protagonistin meiner Masturbationsphantasien sei. Sie lachte, ich lachte. Wir küssten uns und beschlossen, das Ding, das sich Leben nennt, zusammen zu meistern, egal wie lange das halten würde. Katja wurde meine feste Freundin, und ich hätte nicht glücklicher sein können.

In den nächsten Tagen durchforstete ich die Zeitungen nach Wohnungsangeboten und telefonierte mit dem einen oder anderen Vermieter. Für einen Makler hatte ich kein Geld, und so beschränkte ich mich auf die privaten Anzeigen. Nach einigen enttäuschenden Wohnungsbesichtigungen fand ich aber eine kleine Dachgeschosswohnung, in die ich mich augenblicklich verliebte, auch wenn sie in einem sozialen Brennpunkt lag. Meine Nachbarn waren Taxifahrer und Arbeitslose, Normal-Trinker und Viel-Trinker, aber das war mir egal. Wenn ich hinter mir die Tür schloss, konnte ich mein eigenes Leben unabhängig davon organisieren und aufbauen. Mein türkischer Vermieter war anfangs etwas misstrauisch, da meine großflächigen Tätowierungen zwar in das Wohnviertel, nicht aber in sein Weltbild passten, doch nach den ersten pünktlich gezahlten Mieten ließ sein Unbehagen nach.

In der Post fand ich dann endlich den Bescheid über meinen ersten Termin bei meinem Bewährungshelfer. Ein paar Tage später war es so weit. Die Bewährungshilfe befand sich im Nachbarort, ich konnte mit dem Bus dorthin fahren. Da Katja ein Auto hatte, fuhr sie mich zu den meisten Terminen oder lieh mir ihren weißen Opel Corsa, der so roch wie sie, süß und blumig, aber diesen Termin wollte ich allein erledigen.

Im Bus blickte ich aus dem Fenster, sah in der Spiegelung, wie ich grinste. Ich war verliebt, hatte eine Bude und einen Job. Ich hatte es geschafft, jedenfalls äußerlich. Ein Neustart konnte schlechter anfangen, viele meiner damaligen Mithäftlinge waren nach ihrer Entlassung schnell wieder in U-Haft gelandet. Wie konnte man nur so blöd sein, nach zwei Wochen in der langersehnten Freiheit ein weiteres Delikt zu begehen?

Zu großen Teilen lag es an dem, was ihnen verwehrt wurde und ich gerade genießen durfte. Ein stabiles Umfeld. Menschen, die zu einem standen, einen unterstützten und dafür sorgten, dass man einen emotionalen Halt hatte, so dass man gar nicht erst auf die Idee kam, alles wieder zu versauen. Und zwar nicht, weil man sein Umfeld nicht enttäuschen wollte, sondern weil man gemerkt hatte, dass es Zeit war, den geraden Weg zu gehen. Keine Umwege mehr.

Mir lag nichts ferner, als irgendetwas zu tun, was meine neuerlangte Freiheit gefährden könnte. Empfand ich nicht so etwas wie Glück?

Einen glücklichen Eindruck machte ich wohl auch auf meinen Bewährungshelfer, der mich übertrieben freundlich empfing, als er mir die Milchglas-Tür im Bewährungshilfezentrum öffnete.

»Es ist schon mal ein gutes Zeichen, dass du überhaupt zum Termin erschienen bist«, sagte er. »Und dann auch noch pünktlich. Ein Umstand, der selten geworden ist.«

Er ging voraus, den schmalen Flur zu seinem Büro hinunter, ab und zu warf er einen kurzen Blick über seine rechte Schulter, um zu sehen, ob ich noch da war. Ich war da. Ich war da und folgte ihm, hörte zu und antwortete, wenn es angebracht war. Keinerlei Groll gegen ihn oder seine Einrichtung wegen des langen Wartens, ich war ja schließlich hier, um zu beweisen, dass ich gewillt war, es zu packen. Ich war froh darüber, dass der Typ richtig nett war und nicht das Bild bestätigte, das ich erwartet hatte. Eingestellt hatte ich mich auf einen steifen Typen mit schlechter Laune, schlechter Frisur und schlechtem Atem, einen Sesselfurzer halt.

In seinem Büro angelangt, stellte er sich vor.

»Hallo, ich bin der Hartmut, wir duzen uns einfach, oder? Mir wäre es jedenfalls lieber, dann komme ich mir nicht so alt vor.«

Dabei drückte er ein weiteres Mal meine Hand. Er deutete auf den Stuhl, einen Freischwinger aus silbernem Stahlrohr mit Sitzfläche und Lehne aus schwarzem Echtleder. Hartmut hatte Geschmack. Alle Möbel waren entweder im Bauhausstil oder im psychedelischen Stil von Verner Panton gehalten, kein Schnickschnack, kein Kieferholzmobiliar, auch keine Bilder von Kandinsky oder Miró, die gern solche öffentlichen Räume bestückten.

Hartmut bot mir einen Kaffee an, den ich dankend – auch noch typische Knastangewohnheit – annahm.

Nachdem wir uns ein bisschen warmgeplaudert hatten, erklärte mir Hartmut, dass es jetzt an der Zeit wäre, die ersten wichtigen Schritte einzuleiten. Er kaute dabei mit seinen perfekten Zähnen auf seinem Kugelschreiber herum. Seine von Adern übersäten Hände, die an einen Bauarbeiter erinnerten und so gar nicht zu einem Pädagogen passten, fassten beim Reden oft an das grau gestoppelte Kinn.

»Wir müssen schnell dafür sorgen, dass du einen Job bekommst, und eine Wohnung, wenn du zu Hause ausziehen möchtest.«

»Ich habe bereits einen befristeten Arbeitsvertrag, und

die Meldeadresse ist nicht die meiner Mutter, sondern die meiner eigenen Wohnung«, erwiderte ich schnell.

Ungläubig sah er mich an, dann war er für einen Moment still, bevor mit einem verschmitzten Lächeln verkündete:

»Sascha, ganz ehrlich ... das kann ich fast nicht glauben. In all den Jahrzehnten meiner Tätigkeit als Bewährungshelfer ist es nur selten vorgekommen, dass sich jemand selbst geholfen hat, ohne die staatliche Unterstützung in Anspruch zu nehmen.«

Bedächtig schüttelte er den Kopf.

»Ernsthaft, das freut mich sehr. Ich kann es kaum fassen, dass jemand mit deiner Vorgeschichte und dieser Akte mit einem solchen Start aufwartet. Ich sehe die Namen und Geschichten meiner Klienten anfangs ja nur auf dem Papier, und auch wenn man versucht, sich von Vorurteilen freizumachen, ist es doch oft so, dass sich im Kopf ein Bild von dem Menschen formt, ohne ihn jemals gesehen zu haben. Ich bin erleichtert und auch begeistert, dass du das Bild, das ich von dir hatte, nicht erfüllt hast.«

Ich nickte ihm zu und war mächtig stolz, dass er das genauso sah wie ich. Seine Worte erinnerten mich an die von Frau Dr. Sperling. Ich schien auf dem richtigen Weg zu sein. Abzuwarten und darauf zu hoffen, dass jemand das schon alles für mich regeln wird, war eben nicht mein Plan gewesen. Ich wollte selbst bestimmen, was ich tue, und vor allem, wie ich es tue. Das war ich mir und allen anderen schuldig. Es fühlte sich gut an, das von jemandem bestätigt zu bekommen, der als offizieller Ansprechpartner und Fachmann wissen musste, wovon er redete.

Hartmut erklärte mir, ich sollte im Rhythmus von zwei Wochen bei ihm vorstellig werden, falls nicht besondere Umstände seine Hilfe nötig machen würden. Ich könne ihn jederzeit anrufen und alles fragen, wenn ich Probleme hätte. Ab nächster Woche müsse ich mich dann auch bei dem vom Gericht verordneten Psychiater melden, um die auferlegte Verhaltenstherapie zu beginnen und mir den ersten Termin für die Sitzungen zu besorgen – zwanzig Sitzungen à neunzig Minuten bei einem Psychiater im Nachbarort, der häufiger vom Gericht als Therapeut bei Anti-Aggressions-Therapien empfohlen wurde.

Ich versprach, mich umgehend darum zu kümmern. Ich hatte bei Hartmut einen guten ersten Eindruck hinterlassen, und ich hatte nicht vor, den zweiten anders aussehen zu lassen.

Wir verabschiedeten uns an der Tür mit einem festen Händedruck. Als ich das Haus der Bewährungshilfe verließ und auf die Straße trat, glaubte ich, Entscheidungen getroffen zu haben, die sich als richtig erwiesen hatten. Das war bisher nicht oft vorgekommen.

Die Beziehung mit Katja verstärkte das Gefühl, auf dem richtigen Weg zu sein. Wir teilten alles miteinander. Unsere Sorgen, unsere Liebe und bald auch Tisch und Bett. Sie zog bei mir ein, und manchmal hatte ich fast Angst, das alles könnte nur ein Traum sein. Meine eher spartanisch eingerichtete Wohnung war wie ein sicherer Hafen, in den ich gern heimkehrte, auch wenn die Gegend grau und trostlos war.

Ich arbeitete in drei Schichten, früh, spät und nachts. Ich kam nach Hause, legte mich zu Katja ins Bett oder weckte sie, damit sie selbst nicht zu spät zu ihrer Arbeit als Friseurin kam. Es war eine kleine, funktionierende Familie. Sie, ich und Bonnie, eine fettbäuchige, schwarz-weiße Katze, die ich im Alter von acht Jahren, die sie fast komplett in Gefangenschaft verbracht hatte, aus dem Tierheim zu uns nach Hause holte. Ein Gefühl der Zufriedenheit machte sich breit, und ich war oft dankbar, dass ich das alles erleben durfte.

Katja wusste jedes hässliche Detail meiner Vergangenheit – und stand trotzdem zu mir. Sie ertrug meine Launen und Tiefpunkte, wenn ich mal wieder schlecht geträumt hatte. Die dunklen Träume, sie gingen nicht weg. Egal wie glücklich ich zu sein schien, ich träumte immer wieder dieselben Träume. Sie verfolgten mich, unabhängig davon, wo ich wohnte, wo ich schlief oder was ich tat.

Die Beziehung mit Katja hielt zwei Jahre, dann verließ sie mich wegen eines anderen. Ich wechselte die Wohnorte, die Freundinnen, die Freunde. Das Leben entwickelte sich und war nicht immer so rosig, wie ich es mir vorgestellt hatte. Ich blieb auf meinem Weg, hatte jedoch auch lange, dunkle Phasen, die mir alle Kraft abverlangten, weiterzumachen.

Ich arbeitete achtzehn Monate im Hilfsarbeiterjob als Profilrichter in der Aluminiumfabrik, wurde nach Ablauf meines Vertrags gekündigt und schlug mich anschließend mit Aushilfsjobs durch, bis ich bei einem Tätowierer in der Nachbarstadt eine Ausbildung zum Piercer begann. Der Job gefiel mir, ich konnte über mich selbst bestimmen und hatte mit Menschen zu tun. Meine Arbeitszeiten konnte ich mir fast frei einteilen, und der Verdienst war sehr gut für die damalige Zeit. Die Therapie bei meinem Psychiater war längst zu Ende, und oft dachte ich über eine freiwillige Fortsetzung nach. Besonders wenn die Träume so schlimm und regelmäßig wurden, dass ich dachte, es alleine nicht schaffen zu können.

Dazu kam, dass die vom Gericht verordnete Therapie keine richtige Therapie war. Der Psychiater verschrieb mir stimmungsaufhellende Medikamente aufgrund meiner Träume und hörte mir zu, wenn ich etwas zu sagen hatte. Jedoch schien ihm seine Zeit zu kostbar, um sie mit wirklichen Gesprächen zu vergeuden. Er fragte kurz meine private Situation ab, ließ mich etwas erzählen und stellte dann mein Rezept aus. Keine der richterlich verordneten Sitzungen dauerte länger als zwanzig Minuten, aufgeschrieben wurden jedoch sechzig. Niemand kontrollierte das, und es schien auch niemanden zu interessieren, ob das Urteil in vollem Maße eingehalten wurde.

Im Laufe der kommenden Jahre machte ich deshalb noch mehrere Verhaltenstherapien und suchte Psychologen auf, denen ich in langen Gesprächen meine Träume schilderte und auf Besserung hoffte. Langsam wurde ich müde, konnte nicht verstehen, wieso ich einfach keine Ruhe fand. Ich fühlte mich getrieben und rastlos, und manchmal erschien es mir sogar, als würde ich kein Ziel mehr haben. Mein Körper zeigte die ersten Symptome, regelmäßige Magenschleimhautentzündungen waren die Folge dieser Situation.

Irgendwann erfuhr ich von Hartmut, meinem Bewährungshelfer, dass Jonathan verstorben war. Seine Verletzungen waren nie richtig verheilt, und durch das Trinken erkrankte er immer wieder, bis sein geschwächter Körper aufgab. Das war ein Tiefpunkt für mich. Selbsthass und Vorwürfe machten sich in mir breit. Ich fragte nach dem Sinn. Was für einen Sinn hatte der Mist, der passierte? Wie sehr ich es auch versuchte, ich ging drei Schritte nach vorne und vier zurück. Ich suchte nach etwas – und wusste nicht wonach.

Jonathan war weiterhin präsent in meinem Kopf. Eigentlich täglich. Manchmal fuhr ich zum Tatort, an dem Phillip und ich Jonathan niedergemetzelt hatten, und setzte mich stundenlang dort hin. Je mehr ich versuchte, mir in diesen Momenten die Tat noch einmal vorzustellen, desto weniger konnte ich begreifen, was uns damals dazu getrieben hatte, so durchzudrehen. Das alles wurde immer surrealer und wirkte auf mich wie ein Film, in dem ich zwar mitgewirkt hatte, aber die Spielweise trotz meiner Hauptrolle nicht hatte beeinflussen können. Die Zeit im Gefängnis, das Warten und Bangen und Hoffen, der Briefkontakt mit Jonathan und die Freude darüber, dass er aus dem Krankenhaus entlassen wurde. Die groteske Situation im Gerichtssaal, als

Jonathan betrunken seine Narben zeigte und mir danach trotz dieser schlimmen Erfahrungen verziehen hatte. Das alles wankte in meinem Kopf von einer Seite zur anderen und hämmerte mir die Wahrheit in alle Gehirnwindungen. Jonathan war, wenn auch viel später, an den Folgen der Verletzungen gestorben. Jonathan war tot. Wir, Phillip und ich, hatten ihn umgebracht. Der Gedanke war wie ein rostiger Nagel in meinem Kopf.

DIE WIEDERKEHRENDEN DÄMONEN

Ich lag bei Carlos, einem befreundeten Tätowierer, in Düsseldorf unter der Nadel, der mir gerade ein paar Rosen auf meinem Hals verewigte, als Stefan anrief. Er teilte mir mit, unsere Mutter würde im Sterben liegen. Wir wussten, dass sie einen Gehirntumor hatte, der von den Ärzten jahrelang übersehen worden war. Jetzt hatte er ihr Gehirn so stark beschädigt, dass es keine Aussicht auf Heilung mehr gab. Sie hatte bereits eine Operation hinter sich, in der man ihr den apfelsinengroßen Tumor aus dem Kopf entfernt hatte. Es war ihr nach der OP wesentlich bessergegangen, jedoch wuchs das Ding innerhalb eines Jahres so massiv wieder nach, dass die Ärzte die Hoffnung auf eine Heilung aufgegeben hatten.

Nach dem Anruf meines Bruders fuhr ich zu ihr ins Hospiz und setzte mich an ihr Bett. Sie sah eingefallen aus und war nicht mehr bei Bewusstsein, als ich ihre Hand nahm und sie vorsichtig streichelte. Da lag sie nun vor mir, diese alte Frau, der ich so viel Kummer bereitet und die trotzdem immer hinter mir gestanden hatte. Sicherlich plagten sie viele Fragen und auch Selbstzweifel, ob sie bei mir etwas falsch gemacht hat, dachte ich in diesem Moment.

Obwohl sie die Augen geschlossen hatte und ganz woanders zu sein schien, wirkte es, als würde sie mitbekommen, was ich ihr sagte. Ich erzählte von mir, von meinen Taten, von dem ganzen Leid, das ich ihr zugefügt hatte, und bat sie um Vergebung. Den Fehler, den ich bei meinem Vater gemacht hatte, wollte ich nicht noch einmal begehen. Ich sagte, dass sie eine gute Mutter gewesen sei, dass sie sich aufgeopfert hätte für diese Maschine namens Familie, bestehend aus sieben Kinder, darunter ein Sorgenkind – damit meinte ich mich –, und einem verbitterten Ehemann. Sie bräuchte sich keine Vorwürfe zu machen, sie hätte alles richtig gemacht, sie könne ruhigen Gewissens gehen. Dann sagte ich, dass ich sie liebe. Das erste Mal. Ich küsste ihre Stirn, streichelte ihre Wange und verließ das Hospiz. Zwei Tage später starb sie.

Nun hatte ich keine Eltern mehr. Inzwischen war ich Mitte dreißig, und in diesem Alter Vollwaise zu werden war natürlich aufgrund meiner alten Eltern rein rechnerisch zu erwarten gewesen. Jetzt war es Realität geworden, und es fühlte sich befremdlich an. Die Vorstellung, keine Besuche mehr in meiner Heimatstadt bei meiner Mutter machen zu können, so selten sie auch waren, konnte ich lange nicht akzeptieren. Keine gemeinsamen Weihnachtsfeste, keine Geburtstage, keine Gänge auf den Friedhof zu den Gräbern meiner toten Geschwister und meines Vaters. Das alles würde nun ohne sie stattfinden. Auch meinen weiteren Weg konnte sie nun nicht mehr verfolgen, nicht mehr an ihm teilhaben. Früher hatte ich auf ihren Segen verzichtet, jetzt war mir die Absolution von ihr sehr wichtig. Jetzt, wo sie unmöglich geworden war.

Meine Geschwister und ich nahmen uns vor, das, was man Familienverband nennt, nicht zu vernachlässigen. Wir wollten unsere Mutter in Ehren halten und die üblichen Feiertage weiterhin so zelebrieren wie bisher. Und das taten wir auch.

Anja kannte ich von früher. Sie arbeitete im Jugendamt meiner Heimatstadt, und wir hatten uns des Öfteren in Kneipen getroffen. Hätte uns jemand gefragt, wie wir unsere Beziehung bezeichnen würde, so hätten wir beide wahrscheinlich dieselbe Antwort gegeben: »Bekannte«.

Eines Tages stand sie in dem Tattoostudio, in dem ich arbeitete. Mit ihrer tiefen, verrauchten Stimme warf sie mir ein saloppes »Hi« zu und grinste freundlich. Ob ich einen Moment Zeit für sie hätte, wollte sie wissen. Hatte ich.

Viele weibliche Kunden stellten diese Frage, wenn kein anderer Kunde mitbekommen sollte, welche Stelle sie sich piercen lassen wollten. Meist ging es dann um die Brustwarzen oder den Intimbereich. Ich zeigte also auf die Tür zu einem Nebenraum und folgte ihr.

Sie druckste erst etwas herum, aber dann sagte sie: »Sascha, das mag jetzt vielleicht komisch klingen, aber ich kenne deine Geschichte und deine Vergangenheit durch meinen Beruf und aus Erzählungen in heimischen Kneipen. Seit ein paar Wochen arbeite ich mit ein paar Jugendlichen, die eine ähnliche Perspektive haben wie du damals, sprich: Knast. Wir haben demnächst eine Gesprächsrunde mit den härtesten Fällen, und ich wollte dich fragen, ob du dir vorstellen könntest, dabei zu sein und ein wenig aus deinem Leben zu erzählen?«

Ich war sprachlos, was nicht sehr häufig vorkommt. Mit offenem Mund sah ich sie an und überlegte, was ich sagen sollte. Ich war davon ausgegangen, dass sie mir sehr private berufliche Fragen zu ihren sehr privaten Körperteilen stellen würde, und nun stand ich völlig perplex neben meiner Arbeitsliege und dachte nach.

»Ich weiß nicht, Anja. Was soll ich da erzählen, und wer sind diese Jungs?«, entgegnete ich nach kurzer Pause.

»Das sind alles Jungs mit schwierigem Background, Jungs, die einem auf der Straße das Handy oder die Schuhe abnehmen, je nachdem, worauf sie Bock haben. Jungs ohne Ziel, Getriebene, die Lust auf Action haben, auf Gewalt, und mit jeder Menge Hass und extrem wenig Respekt ausgestattet.«

Die meisten hätten sich aufgegeben und den Knast als logische Folge ihres Lebens für sich akzeptiert.

Das machte mich neugierig. Ich sagte zu. Allerdings ohne Garantie. Würde ich mich fehl am Platze fühlen, würde ich nichts sagen oder sogar vorzeitig gehen. Mir war nicht wohl bei dem Gedanken. Die letzten Jahre hatte ich ganz gut gepackt, davor waren meine inneren Dämonen sehr präsent gewesen. Ich wollte nicht, dass sie wieder auftauchten. Dabei waren sie nur betäubt und noch längst nicht fort. Immer wieder war ich zu Drogen und Alkohol zurückgekehrt, um mich und alles um mich herum zu vergessen. Die Flucht war zeitweise sogar stärker geworden als das Handeln. Der einzige Vorteil im Vergleich zu früher war, dass ich nur noch mir selbst schadete und nicht anderen, wie ich es gewohnt war. Oft erschien es mir, als würde ich mich selbst für meine Vergangenheit bestrafen wollen, der ich doch um jeden Preis entkommen wollte.

Jonathan war schon einige Zeit tot, und nachdem ich nicht herausgefunden hatte, wo man ihn beerdigt hatte, ging ich an dem Tag, an dem Phillip und ich ihn halb totgeschlagen hatten, zum Tatort zurück. Jedes Jahr. Ich setzte mich dann im Park in den Pavillon und trank Jägermeister. Einen für ihn, einen für mich. Manchmal redete ich mit Jonathan, als wäre er da, erzählte ihm von Ereignissen aus meinem Leben oder saß einfach nur dort herum. Hin und wieder rauchte ich auch nur eine Zigarette und ging dann wieder. Die Dauer und Art meiner Besuche waren von meiner Stimmung abhängig.

Kurz vor Anjas Besuch im Studio hatte ich einen Brief von einem Anwaltsbüro in meinem Postkasten gefunden, und als ich ihn öffnete, fand ich darin eine Zahlungsanweisung. Ich wurde aufgefordert, innerhalb von vier Wochen etwa 22 000 Euro zu bezahlen oder diese in einer Ersatzfreiheitsstrafe abzusitzen. Der Anwalt schrieb im Namen von Jonathans Sohn. Nach dem Tod seines Vaters hatte dieser Sohn den gerichtlichen Titel für das Schmerzensgeld genutzt, um das Geld für sich einzufordern; in Deutschland kann man nämlich Schmerzensgeld vererben. Bis zu diesem Brief wusste ich nicht einmal, dass Jonathan überhaupt einen Sohn gehabt hatte.

Jahre nach der Haft und den Therapien, Jahre des Verzweifelns und Weitermachens holten mich augenblicklich ein. Jonathan spukte verdientermaßen in meinem Kopf herum, aber nun war alles auf einmal wieder sehr präsent. Es war wie ein Zurückrufen in jene brutale Zeit, wozu auch Anjas Einladung zu einer Sitzung mit gewaltbereiten Jugendlichen beitrug. Noch begriff ich nicht, dass es vielleicht eine Chance sein konnte, aus dem Leid und dem Schrecken etwas Positives zu machen.

Tage, in denen ich voller Angst war, man könnte mich wegen der Geldforderungen erneut inhaftieren, endeten damit, Jonathans Sohn in einem sterilen Anwaltsbüro zu treffen und einen Vergleich mit ihm zu schließen. Groß und schlank war er, ungepflegt und mit einer Cordhose und einer grellbunten Daunenjacke bekleidet. Seine Haare waren mit viel Gel gebändigt worden, und man sah, dass er gerade erst aufgestanden sein musste, da er verschlafene Augen hatte und seine linke Wange noch deutliche Liegespuren des Kopfkissens aufwies.

Da stand ich nun also vor ihm und reichte ihm die Hand, die er widerwillig schüttelte. In die Augen sehen konnte ich ihm nicht. Ihm, dessen Vater ich getötet hatte und der hier war, um darum zu feilschen, wie viel sein Vater und dessen Leben nun wirklich wert seien. Der Sohn, der sich jahrelang nicht um seinen Vater gekümmert hatte, der ihn auf der Straße schlafen ließ und ihn entmündigt hatte, befürchtete nun, aufgrund meiner finanziellen Situation leer auszugehen.

Dem Anwalt eröffnete ich, gerade vor sechs Monaten

hätte ich, nach fast dreizehn Jahren, die letzte Zahlung für Jonathans Krankenkasse getätigt und damit die Kosten für die Behandlung auf der Intensivstation beglichen. Ich war zu einer Zahlung von 60 005,26 Mark verurteilt worden. Da ich den Betrag aber nur in kleinen Raten bezahlen konnte, hatte er sich irgendwann sogar auf 105 000 Mark, nach der Währungsumstellung auf 53 000 Euro erhöht. Nachdem ich diese Summe mit Hilfe meiner Familie, mit der Unterstützung von Freunden und meinem Arbeitgeber, der mir Geld lieh, endlich abgezahlt hatte, war ich pleite. So pleite, wie man nur sein konnte. Jetzt 22 000 Euro aufzutreiben erschien mir unmöglich.

Nach einigem Hin und Her einigten sich Jonathans Sohn und ich auf eine Einmalzahlung von 9600 Euro. Die wollte ich mir von Freunden leihen, um ein für alle Mal mit diesem Kapitel abzuschließen. Lieber wollte ich jahrelang Raten an meine Kumpels abdrücken, als mit diesem Mist mein ganzes Leben zu verbringen. 9600 Euro, so viel war ein Leben also wert, zumindest das von Jonathan.

Mir war schlecht, als ich das Büro des Anwalts verließ.

Es gab aber nicht nur die Verzweiflung. Ich hatte mich Hals über Kopf verliebt. Anna war die Bedienung in meiner neuen Stammkneipe. Ich war in eine nahe gelegene Großstadt umgezogen, wollte fort aus meiner Heimat, in der ich in jedem Bierzelt nur der »Pennermörder« war.

Anna war Ungarin, in Budapest geboren und mit jüdischem Familienhintergrund. Ich hatte sie gesehen und wollte sie auf der Stelle heiraten, was ich dann auch drei Jahre später wirklich tat. Die erste Jüdin, die ich persönlich kennenlernte, habe ich also gleich geheiratet, manche Dinge sind so seltsam schön, dass sie nur in einem Buch vorkommen können. Sie war so erfrischend anders, herrlich unkonventionell und schön wie ein Sommertag. Anna inspirierte mich, ermutigte mich zum Schreiben und gab mir Kraft in den dunklen Tagen. Doch selbst sie hatte die Dämonen nicht vertreiben können. Oft nahm sie mich in den Arm, wenn ich nachts schweißnass aufwachte und wieder geträumt hatte.

Anna meinte, als ich ihr von Anjas Besuch im Tattoostudio erzählte: »Probier es aus, pass aber gut auf dich auf. Eigentlich kann es für dich nur Vorteile haben.«

Ich versuchte es.

THERAPIE GEGEN GEWALT

Die Jungs saßen in einer kleinen Runde im Gemeinschaftsraum des Jugendhilfeprogramms. Ich hatte sie mir wilder vorgestellt, sie waren fast alle klein, manche wirkten eher schwächlich, und trotzdem konnte man den Wahnsinn in ihren Augen sehen. Einige von ihnen waren von Streetworkern zu Hause abgeholt worden, weil sie sonst erst gar nicht hier aufgetaucht wären. Lustlos hingen sie in Sesseln und auf Stühlen, die sie mit der Lehne nach vorn gedreht hatten, um dem staatlich verordneten Besuch dieser Veranstaltung wenigstens noch etwas Coolness zu entlocken.

Sie redeten wenig, widerwillig, nur wenn sie dazu aufgefordert wurden. Sie versuchten, keinen Millimeter ihrer angelernten Abwehrhaltung aufzugeben. Ich beobachtete sie, stellte hier und da eine Frage zu ihrem Alltag und entschied mich irgendwann dazu, einfach den Anfang zu machen. Die »Ich-war-mal-genau-wie-ihr«-Nummer ersparte ich mir, stattdessen berichtete ich von meinen Erfahrungen, von Drogen, Alkohol, Gewalt und vom Knast.

Auch wenn sie mich nicht die ganze Zeit über ansahen, konnte ich jedoch merken, dass sie mir zuhörten. Manche von ihnen stellten Fragen und schienen besonders an der Gefängniserfahrung interessiert zu sein. Hin und wieder konnte man kaum noch von einem Gespräch sprechen, dann, wenn die Jungs krasse Geschichten hören wollten und ihre eigenen zum Besten gaben. Es gelang mir jedoch, mehr und mehr eine Situation zu erschaffen, die wirkliches Interesse förderte und einen Dialog ergab. Das fühlte sich verdammt gut an. Zu erleben, wie diese beratungsresistenten Schläger und Abzieher, Diebe und Räuber immer mehr von sich preisgaben und mitmachten, anstatt nur dazusitzen und zu schweigen, das war schon unglaublich.

Einer von ihnen, ein schmächtiger, blonder Junge, etwa siebzehn oder achtzehn Jahre alt mit einem ellenlangen Vorstrafenregister, sagte allerdings kein Wort. Er wirkte gelangweilt, kaute auf seinem Daumen herum und blickte durchgehend auf seine Schuhe. Von Anja hatte ich erfahren, dass er das Sorgenkind der Runde war und sich auf dem besten Wege befand, in die gewaltbereite rechte Szene abzurutschen, mit der er seit ein paar Monaten Kontakt hatte. Tim, so sein Name, hatte ein beschissenes Elternhaus gehabt und war mit Prügeln und emotionaler Verwahrlosung groß geworden. Seit er eine Freundin hatte, die schwanger von ihm war, hatte sich allerdings zumindest seine Bereitschaft zur Teilnahme an solchen Treffen verbessert.

Nach etwa zwei Stunden beschlossen Anja, der Streetworker Michael und der Jugendamtsmitarbeiter Thomas, die Jungs in die Freiheit zu entlassen, wovon sie auch prompt Gebrauch machten. Alle verschwanden innerhalb kürzester Zeit aus dem Gemeinschaftsraum, nachdem sie sich bedankt und von mir verabschiedet hatten, einige mit Handschlag. Anja meinte, das sei bereits ein großer Fortschritt, meist seien sie nicht dazu bereit, solche Höflichkeitsbekundungen freiwillig zu leisten.

Gerade wollten wir in die Küche gehen, um den Abend noch einmal mit Michael und Thomas Revue passieren zu lassen, als plötzlich Tim neben mir stand.

»Hey, hast du mal Zeit, alleine mit mir zu reden? Oder per E-Mail oder so ..., will nicht nerven, aber wär schon cool.«

Ich sagte zu, und wir tauschten E-Mail-Adressen aus. Tim schüttelte meine Hand und sagte, dass er es sehr spannend gefunden hätte, was ich erzählt habe, dann kehrte auch er in sein altes Leben zurück.

Anja war sprachlos. Tim hatte sich noch nie an irgendetwas beteiligt, seine Form der positiven Resonanz war ihr gänzlich neu. Ich fühlte so etwas wie Stolz.

Zu Hause erzählte ich Anna aufgeregt von der Runde und teilte ihr mit, dass ich das gern öfter machen würde. Und das tat ich dann auch.

Die Treffen bei der Jugendhilfe wurden immer regelmäßiger, ich betreute manche der Jungs intensiver und kam mir vor wie ein ungelernter Sozialarbeiter, was ich auch irgendwie war. Tim musste nicht mehr zu Hause abgeholt werden, er nahm jetzt freiwillig an den Gesprächen teil, öffnete sich. Irgendwann aber verlor ich ihn aus den Augen, und als ich Anja fragte, ob sie etwas von Tim wisse, sagte sie, er sei mit seiner Freundin zusammengezogen. Er wolle zu dem Kind stehen und hätte sich von seinen neuen Nazi-Freunden distanziert.

Nach ein paar Wochen brachte mich Thomas, der Jugendamtsmitarbeiter, auf die Idee, präventiv zu arbeiten.

»Sascha, kannst du dir nicht vorstellen, mich mal in Schulklassen zu begleiten und dort von dir und deinem Leben zu erzählen? Ich könnte mir das wesentlich interessanter vorstellen als der trockene Theorieunterricht, der da sonst so abgeht.«

Die Gewalt an den Schulen nähme ständig zu und manche der Kids hätten nie gelernt, Konflikte anders zu lösen als mit der Faust. »Hurensohn«, »Nutte« oder »Opfer« wären zu alltäglichen Ausdrücken im Leben der Lehrer geworden, und man könne nur beschränkt dagegen vorgehen. Dabei gehe es nicht nur um Schulen in sozialen Brennpunkten, auch oder gerade an Gymnasien verbreite sich die Sucht nach Action und Abenteuer in Form von Gewalt und Hass. Zahnarztsöhne, die zu Hause, bis auf die emotionale Ausstattung, alles mitbekommen hätten, um ein sorgenfreies Leben zu führen, würden aufbegehren, würden am Wochenende ins Stadion pilgern und mit ähnlich verlorenen Seelen in der Fankurve herumstehen, würden Lieder grölen, in denen es um Gemeinschaftssinn gehe, danach würden sie anderen Fans eins auf die Fresse hauen.

Zwanzig Jahre nach meiner Zeit, dachte ich, und nichts hat sich verändert – abgesehen von dem Umstand, dass man jetzt mit dem Smartphone Videos und Fotos davon machte, wenn man jemandem auf die Schnauze haute.

»Meinst du, ich kann das? Was soll ich denn da erzählen? Was, wenn die gar keinen Bock auf mich haben? Ich jedenfalls hätte damals keinen Bock auf irgend nen Typen mit ner weinerlichen Story gehabt.«

Es war eine Mischung aus Angst, Scham und Unsicherheit, die mich an diesem Vorhaben zweifeln ließ.

»Probier es doch mal aus, du kannst ja jederzeit abbrechen, wenn es dir zu viel wird. Ich könnte mir vorstellen, dass das da sehr gut ankommen wird.«

Thomas war sich sicher, das merkte ich. Was sollte schon passieren, ich ließ mich also auf seinen Vorschlag ein.

Die ersten Sitzungen in den Schulklassen waren anstrengend. Ich war sehr nervös und hatte teilweise richtig Angst. Es ist nicht so leicht, sich vor dreißig fremden Kindern hinzusetzen und ihnen zu erzählen, dass du ein Arschloch erster Klasse warst, im Grunde fast dein ganzes Leben. Ich hockte da auf diesem hölzernen Stuhl hinter dem Pult, flankiert von Thomas, der alles organisiert hatte, und fing mit leiser Stimme an, den Kids mein Leben zu schildern. Ich berichtete von meinen Suizidversuchen, meiner Inhaftierung und von meiner Erkenntnis, dass ich eigentlich die ganze Zeit nur versucht hatte, dazuzugehören. Irgendwo Teil zu sein, teilzuhaben, egal wovon. Ob Nazis, Hooligans, Punks, Straßenkämpfer oder Rocker, sie alle wollen einen Platz finden, von dem sie glauben, ihn vorher nicht gehabt zu haben. Sie würden einen Familienersatz suchen, Menschen, die sie leiten und von denen sie ein einfaches, ein klares Weltbild vermittelt bekommen. Ein Weltbild, das so laute: »Wir sind die Guten und die anderen unsere Gegner, die bekämpft werden müssen.«

Ich hielt keine große Rede, sondern wollte sie dazu bringen, mir Fragen zu stellen. Persönliche Fragen. Fragen zu meiner Person, zu meiner Familie, zur Jugend, dem Aufwachsen und der Lust an der Gewalt.

In manchen Klassen ging alles nur schleppend voran, manche der Jungs und Mädchen tippten unter dem Tisch auf ihrem Smartphone SMS und kauten gelangweilt Kaugummi. In anderen Klassen waren die Fragen so zahlreich und die Auseinandersetzung mit dem Gehörten so emphatisch, dass wir nach zwei Stunden manchmal abrupt abbrechen mussten, weil die Zeit nicht reichte, jede Frage zu beantworten. Das passierte meist in jenen Klassen, die von ihren Lehrern auf dieses Zusammentreffen vorbereitet worden waren. Thomas und ich waren dann hinterher ziemlich geschafft, aber auch zufrieden mit dem, was sich da gelöst hatte. Die Resonanz war groß, viele Schüler schrieben mir hinterher Briefe, 99 Prozent davon waren positiv.

Diese Diskussionen fühlten sich richtig gut an, fast wie eine Therapie. Wenn ich ehrlich bin: Es war auch eine Therapie. Ich erzählte von meinen Dämonen, und die Jungs und Mädchen fragten nach Dingen, die sie bewegten und nach denen sie sonst niemanden fragen konnten oder wollten. Einige berichteten von engen Verwandten, die selbst im Knast saßen, und offenbarten so das erste Mal Dinge, wie sie persönlicher nicht sein konnten, vor ihren ahnungslosen Lehrern und Mitschülern. Die meisten Schüler waren in der Lage, damit adäquat umzugehen.

Die Lehrer sprachen untereinander über die in ihrer Klasse gemachten Erfahrungen und die Wirkung auf manche ihrer Schüler. So kam es, dass ich schließlich Fortbildungen und Seminare über Jugendgewalt und deren Muster für Lehrer gab. Thomas und ich gingen am Ende in sämtliche Schulen unserer Gegend, zwei- bis dreimal pro Woche fanden dann für mehrere Stunden Gesprächsrunden und Präventionskurse statt.

Phillip, den ich immer wieder traf, erzählte ich von meinen neuen Erfahrungen. Anfangs war er genauso skeptisch wie ich, da er wohl befürchtete, ich würde zu sehr ans Eingemachte gehen. Viele Erlebnisse aus dem Knast sollte man für sich behalten, dachten viele, die selbst gesessen hatten. Mit einem Suizidversuch in Schulklassen Diskussionen anzuregen gefiel nicht jedem. Er merkte aber schnell, dass mir diese Tätigkeit guttat. Er wusste wohl selbst zu gut, was es bedeutete, gegen die eigenen Dämonen anzukämpfen. Wir sprachen nicht über unsere Gefühle und Bewältigungsstrategien, aber ich denke, dass ihm die Musik Halt gab. Er sang in einer Band, sogar sehr erfolgreich. In seinen Texten über das Leben und die damit verbundenen Hürden und Probleme kanalisierte er das, was ich versuchte, in den Schulen rüberzubringen. Hätte uns das jemand zwanzig Jahre vorher erzählt, wir wären mit Sicherheit vor Lachen zusammengebrochen, so unglaubwürdig wäre es uns damals erschienen.

Doch es kam noch besser. Thomas kam eines Tages auf mich zu, ob ich Lust hätte, ein solches Seminar beziehungsweise eine derartige Gesprächsrunde in einem Kurs angehender Pädagogen an der Uni zu machen. Klar, ich sagte zu. Einen Hörsaal kannte ich nur aus dem Fernsehen, und deshalb war ich mächtig beeindruckt, als ich schließlich dort, wo sonst die Dozenten stehen, mit Thomas den Studenten Rede und Antwort stand.

Das Ganze verselbständigte sich immer mehr, so dass ein Termin auf den nächsten folgte. Niemanden interessierte, dass ich, der tätowierte Typ da vorne, eigentlich ein gelernter Schlosser und nur durch meine persönlichen

Erlebnisse befähigt war, diese Veranstaltungen zu leiten. Nun ging ich neben Fachhochschulen und Unis auch in Knäste und zu Fachtagungen der Polizei und erzählte von dem kleinen Jungen aus dem Sauerland, der irgendwo eine falsche Abzweigung genommen hatte. Die einen sollten meine Berichte warnen und dazu veranlassen, ähnliche Muster bei sich selbst wahrzunehmen, die anderen sollten sensibilisiert werden in ihrer Arbeit mit Straftätern, um die Abläufe einer Gewaltkarriere besser erkennen zu können. Auch das Innenministerium lud mich als Referent ein. Ich hielt und halte Vorträge zu Gewalt und Subkulturen und sprach und spreche vor Abgeordneten der verschiedensten Länder auf Tagungen der Europäischen Union.

Nach und nach baute ich Bausteine in meine Veranstaltungen ein, die ich im Laufe der Zeit von Thomas gelernt hatte. In verschiedenen Haftanstalten boten wir für junge Erwachsene und Straftäter, die bald entlassen werden sollten, Körpersprache- und Verhaltensschulungen an, die mit der Kamera begleitet wurden. So filmten wir verschiedene Provokationssituationen, in die wir die Teilnehmer brachten, danach projizierten wir diese auf eine Leinwand und sagten dazu, was wir beobachtet hatten. Einige Teilnehmer dachten, dass sie total souverän mit der Situation umgegangen seien, sahen dann aber auf der Leinwand die traurige Wirklichkeit. Obwohl es sich immer nur um eine Simulation handelte, waren einige nicht mal zehn Minuten in der Lage, sich und ihr Aggressionspotential zu kontrollieren. Überzogen arrogantes Verhalten oder einfache Ablehnung ihres Gegenübers konnten sie auf der Leinwand nun deutlich erkennen. Körperhaltung, Aggressionsverhalten und Konfliktlösungen konnten so selbst beurteilt und verarbeitet werden. Innerhalb weniger Monate hatten Thomas und ich über hundert Veranstaltungen gegeben – und waren hungrig auf mehr, da der Erfolg und die positive Resonanz einfach überwältigend waren. Ich merkte, wie

Thomas mich förderte und damit gleichzeitig mir und den Teilnehmern unserer Seminare half. Ich hatte endlich eine Arbeit, die sinnvoll war und die genau dort ankam, wo sie gebraucht wurde.

Schließlich wurde man auch überregional auf uns aufmerksam, wir besuchten nun Schulen im ganzen Bundesland, und mittlerweile agierte ich auch in dem Knast, in dem ich selbst gesessen hatte. Ich gab hier Seminare zur Gewaltprävention und betreute Gruppen von bis zu acht Jungs, die, wie ich damals, ein etwas schwieriges Verhältnis zu Gewalt hatten. Das machte mich jetzt richtig stolz. Dieser graue Betonbunker, in dem ich so viele Tränen vergossen und der mich beinahe in den Wahnsinn und um ein Haar in den Tod getrieben hatte, war nun mein Arbeitsplatz. Damit hatte ich niemals gerechnet.

Die Jungs akzeptierten mich, sagten mir oft, wie geil sie es finden würden, dass jemand aus ihren Reihen es geschafft hätte, das würde ihnen Mut machen. Häufig fuhr ich nach einem Tag in der JVA mit Freudentränen in den Augen nach Hause. Zu Hause erzählte ich Anna von diesem Tag, und neben ihrem bestätigenden Lächeln verspürte ich eine Art innere Zufriedenheit, die mir gänzlich unbekannt war. Das alles fühlte sich sehr gut an. Ich schlief besser, die Träume wurden weniger, jedoch verschwanden sie nie ganz. Bis heute nicht.

SCHULD – UND DINGE, DIE SICH GUT ANFÜHLEN

Die Schuld ist noch da, sie wird auch bleiben. Die Wirkung auf mich wandelt sich allerdings. Was mich vorher lähmte, mich depressiv und antriebslos machte, entwickelte sich nun zu einer Art Motor. Die bestätigenden Worte der Jungs und Mädchen in den Schulen, die Dankbarkeit der Lehrer und der Zuspruch durch Studenten, Dozenten, Polizisten und Häftlinge veränderten mein Denken.

Ich kann etwas bewegen, ich kann Menschen aufklären und anderen diese Scheiße, die ich erlebt habe, ersparen. Ich kann Jonathan etwas zurückgeben von dem, was ich ihm angetan habe und das ich nie in Worte fassen konnte. Die Schemata bei den Kids sind die gleichen wie einst bei mir.

Es lebt sich einfacher, wenn man mit dem Finger auf jemanden zeigen kann und weiß, dass man ihn bloß hassen muss, um selbst richtigzuliegen. Es ist einfacher, wenn man die Schuld am eigenen Versagen und der falschen Art zu leben auf die Fehler anderer abwälzen kann. Dazu kam noch die Mischung aus romantisch verklärter Männerfreundschaft und dem Gefühl, Teil von etwas Großem zu sein, sowie einem gewissen Maß an Abenteuer. Der neue Kickertisch im Jugendzentrum stinkt gewaltig ab gegen einen Pulk von vierhundert aufgeladenen und gewaltbereiten Jungs, mit denen man schreiend auf einen Gegner zuläuft. Das sind die archaischen Überbleibsel in uns, die jedem innewohnen, die aber manche nicht kontrollieren können. Ich konnte es zu lange nicht.

Es ist nicht so, als würde ich mit meinen Erfahrungs-
berichten vor Jugendlichen das Rad neu erfinden. Aber ich
habe mit meinem Auftreten und meiner Geschichte ganz
andere Möglichkeiten bei den Kids als übliche Sozialarbeiter. Jungs und Mädchen, die schon drei bis vier Sozialarbeiter verschlissen haben, kann man nicht mit einem Vertrauenslehrer zu Leibe rücken, der ihnen einen Tee anbietet
und dann Sachen sagt wie: »Du, Kevin, das vorhin war aber
nicht in Ordnung. Da sollten wir mal drüber reden.« Diese
Jungs scheißen auf das ganze pädagogische Gelaber und
lachen darüber, wenn sie nicht sogar versuchen, dem Sozialarbeiter dafür eins auf die Schnauze zu hauen.

Das war schon immer so, nur wird es jetzt deutlicher.
Es gab schon immer Durchdreher und Kids, die über die
Stränge schlagen. Nur zeigen heute Überwachungskame-
ras in S- und U-Bahnhöfen, wie das aussieht. Und diese
Bilder dringen dann über die Fernseher ins sichere Wohnzimmer. Es werden einerseits Denkmäler für Helden und
Mahnmale gegen Gewalt errichtet, andererseits werden
aber auch Teile von Generationen aufgegeben. Und die
Gutmenschen sitzen in den Talkshows und reden darüber,
woher die Gewalt bloß auf einmal komme und wie man am
besten dagegen vorgehen solle. In meinen Augen ist das
ein ewiges Bekämpfen der Symptome, ohne die Ursachen
zu erkennen, geschweige denn, sie zu beheben.

In einer Gesellschaft, in der den Heranwachsenden
vermittelt wird, welche Markenklamotten man zu tragen,
wie gut man zu singen, zu tanzen oder wie attraktiv man
zu sein hat, um eine Karriere als Model zu starten, kann
man Gewalt nicht mit einem großen Besen beseitigen.
Es bedarf mehr, viel mehr. Was zu Hause von Eltern oder
Aufsichtspersonen tagtäglich versaut wird, kann nicht in
sechs Schulstunden von unterbezahlten und überforderten
Pädagogen wieder hingebogen werden. Der Verlust von
Werten und dem Respekt anderen gegenüber macht anfäl-

lig für Gruppenideologien, Gewalt und unorthodoxe Konfliktlösungen.

Ich habe angefangen, alles anders anzugehen, und es hat bis heute ganz gut für mich funktioniert. Auch heute würde ich mich nicht als Engel bezeichnen, in mir schlummern genügend Dinge, auf die ich verzichten könnte. Die Maßlosigkeit habe ich mir bewahrt, so viel ist sicher. Heute kanalisiere ich das nur anders, unter anderen mit einem Dasein als »Referent«.

Aber ich bin nicht nur Referent. Ich bin inzwischen auch Fotograf und selbständiger Kameramann und Cutter, habe eine kleine Videoproduktionsfirma und schreibe ein Blog mit Prosa und Kurzgeschichten, die ich auf Lesebühnen vor Publikum vortrage. Und jetzt, einundzwanzig Jahre nach meiner Entlassung aus dem Gefängnis, habe ich dieses Buch geschrieben. Alles Dinge, die ich niemals für denkbar gehalten hätte. Mein Leben ist das genaue Gegenteil von dem, was ich früher daraus gemacht habe, und ich befinde mich endlich an einem Punkt, an dem ich mich als glücklich beschreiben würde.

Glücklich über die Dinge, die sich mir eröffnet haben, glücklich über die Menschen, die mein Leben zu einem besseren Leben gemacht haben, und glücklich über die Chancen, die ich bekommen und genutzt habe.

Habe ich dieses Glück verdient? Ich weiß es nicht. Vielen wäre es wahrscheinlich lieber, wenn ich für meine Taten in der Hölle schmoren würde. Wem das etwas bringen würde, weiß ich nicht, ich kann es allerdings verstehen. Aber ich muss weitermachen mit dem, was sich Leben nennt, und ich muss etwas tun, nicht nur für mich, sondern auch für die, die es noch vor sich haben, und die, denen ich ihr Seelenheil genommen habe.

Noch heute begehe ich den Jahrestag mit Jonathan. Sehr oft denke ich an ihn und an seine Vergebung, die das alles für mich erst ermöglicht hat. Ich bin ein Mensch geworden, der mit seinen Ecken und Kanten lebt und nicht vergessen hat, wo sie herkamen und wo sie mich hintreiben können. Es gab in meinem Leben eine Menge Dinge, die ich getan hab, die sich gut angefühlt haben, so schlecht sie auch waren.

Jetzt tue ich zum ersten Mal etwas, das sich nicht nur gut anfühlt, sondern auch noch richtig ist. Dafür bin ich dankbar.

DANK

Mein Dank geht an die Menschen, die mich gestärkt und die an mich geglaubt haben. Danke an meine Familie für eine zweite Chance in ihrer Mitte, danke an Anna für eine zweite Chance in meinem Herzen und danke an Anja und Thomas für eine zweite Chance in meiner Seele.

Joe Bausch
KNAST

ISBN 978-3-548-37490-1

Als Rechtsmediziner Dr. Joseph Roth beugt er sich im Kölner Tatort mit grünem Kittel mürrisch über Leichen. Nach Drehschluss fährt er zurück in sein richtiges Leben: Seit über 25 Jahren arbeitet Joe Bausch als Gefängnisarzt in Werl, einer der größten deutschen Justizvollzugsanstalten. Die Häftlinge vertrauen ihm und lassen ihn tief in die Abgründe ihrer Seele blicken. Hautnah erlebt er Konflikte und Tragödien. Sehr persönlich erzählt Joe Bausch von einer Welt mit völlig eigenen Regeln.

Auch als ebook erhältlich
e-book

»Faszinierende Einblicke in eine abgeschlossene Welt« *Der Spiegel*

www.ullstein-buchverlage.de

ullstein

US423